AF387359

HELMUT STÜCHER

Kulturwende durch den Glauben

Daniel – das verschlossene Buch bis zur Zeit des Endes

Was ist von der Reformation geblieben?

Bibliografische Information der
Deutschen Nationalbibliothek:
Die Deutsche Nationalbibliothek
verzeichnet diese Publikation in
der Deutschen Nationalbibliografie;
detaillierte bibliografische Daten
sind im Internet über dnb.dnb.de
abrufbar.

© 2017 Helmut Stücher

2. korrigierte Auflage 2021

Umschlaggestaltung, Layout und Satz:
Henrich GmbH, Siegen

Herstellung und Verlag:
BoD – Books on Demand, Norderstedt

ISBN: 978-3-7460-6124-5

INHALTSVERZEICHNIS

DANIEL

„*Gott ändert Zeiten und Zeitpunkte.*"
(Dan.2,21)

„*Es ist an der Zeit,
dass die Wahrheit zu Tage komme!*"
(Luther)

Vorwort

Die vorliegende Studie des Buches Daniel entstand schon in den siebziger Jahren. Anlass waren besondere Umstände des Verfassers, die ein Suchen nach Wahrheit bewirkten. Das Manuskript, mit Schreibmaschine geschrieben, lag viele Jahre unberührt unter anderen daraus entstandenen Schriften. Sollte es einmal veröffentlich werden, was ihm jetzt an der Zeit scheint, bedurfte es der Digitalisierung. Dabei hielt er einen Rückblick auf die Entwicklung der Kirchengeschichte, besonders der letzten Jahrzehnte, die bereits im Manuskript angedeutet war. Besonders der prophetische Teil des Buches Daniel hat in dieser Zeit eine dramatische Aktualität bekommen. Deshalb war eine weitere und mehr ins Einzelne gehende Überarbeitung nötig.

Zu bemerken ist, dass diese Betrachtung nicht von anderen Auslegungen inspiriert wurde, sondern eigenständig unter Gebet und viel Nachdenken über den Sinn des Wortes und seine geistliche Bedeutung für heute entstanden ist. Ob damit die gegenwärtige kirchliche und gesellschaftliche Situation beleuchtet wird, muss der Leser beurteilen. Das Buch will eine prophetische Botschaft zur Mahnung und Ermunterung sein.

Siegen, im November 2017

Helmut Stücher

EINLEITUNG

Das Buch Daniel befasst sich mit der Zeit des Endes. Bis zu dieser Zeit sollte es versiegelt sein, die Worte verschlossen bleiben. Doch dann, wenn die Ereignisse eintreten, werden viele es durchforschen, und die Erkenntnis wird zunehmen, wird Daniel am Schluss gesagt. Auch er verstand vieles nicht, weil die Zeit noch nicht da war. Ist sie aber gekommen, wie wir glauben, wird vieles verständlicher. Die Träume und Gesichte bedürfen einer neuen zeitgemäßen Deutung.

Mit dem Ende des Königtums Israel beginnen die „Zeiten der Nationen" (Luther: Heiden-Zeit). Daniel schließt sich dem Propheten Hesekiel unmittelbar an, als Jerusalem gefallen war und die Herrlichkeit Jehovas von dem Tempel wich; das Reich Gottes geht auf die Nationen über und wird ein Weltreich. Die Beziehungen Gottes zu dem abtrünnigen Israel und Juda waren schon früher abgebrochen, wovon die erste Wegführung zeugt, der Daniel angehörte. Hesekiel kam einige Jahre später zu den Weggeführten, wo Daniels Gerechtigkeit und Weisheit inzwischen bekannt ist.

Das Buch Daniel zerfällt in einen geschichtlichen und in einen prophetischen Teil. Im ersten Teil finden wir Ereignisse und Erfahrungen, im zweiten Teil Gesichte, Prophezeiungen. Die ersten vier Kapitel schildern die Geschichte des Königs Nebukadnezars, dem anstelle Israels das Königtum und die Macht übergeben war; ihm war die Verwaltung des Reiches anvertraut worden. Dies wird kurz festgestellt, um dann zu zeigen, welchen Gebrauch die Nationen von den neuen Besitzrechten machen. Das Ergebnis ist wie in der Geschichte Israels ein großer Abfall, nur Israel unter Gesetz, die Nationen ohne Gesetz zur Gesetzlosigkeit. Jedes Kapitel führt uns einen bestimmten kritischen Höhepunkt in den „Zeiten der Nationen" vor Augen, den Gott zugunsten der Gerechten wendet.

Nach Belsazar geht das chaldäische Reich auf die Meder über, es entstehen neue Konflikte für die Knechte Gottes in der Verwaltung. Doch Glaube und Treue der Überwinder, geläutert durch Feuerofen und Löwengrube, überzeugen die Machthaber und schaffen gesegnete Zeiten in Gottes Weltreich. Endlich wird das Reich in neuer Gestalt „den Heiligen der höchsten Örter" gegeben.

Die Herrschaft der Nationen wird durch das Evangelium überwunden, aber als Obrigkeit dauern sie bis heute fort. Unter dem neuen Bund haben wir wieder zuerst Israel, hinzu kommen die Nationen und werden miteinverleibt, später aber machen sich die Nationengemeinden selbständig und bilden einen Gegensatz zu Israel, wobei sie Israel und Israel verwechseln. Doch auch diese Zeiten finden wiederum ein Ende, was wir Endzeit nennen, die aber nicht unbedingt das Weltende bedeutet, sondern eine Wende anbahnt, die sich in der Offenbarung vollzieht.

Im Buche Daniel spiegelt sich die Geschichte der Kirche wider: Im ersten Teil historisch, im zweiten Teil prophetisch endzeitlich. In den letzten sechs Kapiteln sehen wir die Wirksamkeit der Gesetzlosigkeit, die mit der Vernichtung der widergöttlichen Mächte endet. Dem Handeln der Nationen – und diese treiben es noch schlimmer als vorher Israel –, steht jedesmal ein Zeugnis der Knechte Gottes gegenüber.

Ich war lange im Zweifel, ob ich mich von meiner früheren übernommenen Sichtweise her zu den „Nationen" (Heiden) rechnen sollte oder, nachdem ich meine Stellung und Berufung als „von den Söhnen Israels" erkennen durfte, die Sicht Daniels teilen soll. Im ersten Falle müssten „wir, die Nationen", uns in dem Heiden Nebukadnezar und seinen Nachfolgern wiedererkennen und uns demütigen bzw. selbst richten. Wo dies aber geschehen ist, darf der Leser sich zu Daniel und seinen Genossen zählen, gehört dann aber zu dem Überrest Israels in den babylonischen Umständen. Ich entschied mich während der Betrachtung dieses Buches für letzteren Standpunkt, weil mich die geistliche Betrachtung gegen meine buchstabistische dispensationalistische Prägung einfach dahin zwang. Betrübliche Erfahrungen im Kreise exklusiver Brüder brachten mich auf die Suche nach mehr Licht über unsere Zeit, das mir zuerst im Buche Daniel aufleuchtete und mein altes überliefertes Zukunftbild revidierte.

Zum Verständnis des Buches Daniel ist es unerlässlich, dass wir darüber Klarheit bekommen, was die Schrift im alten Bunde und im neuen Bunde unter „Nationen" und was sie unter „Israel" versteht. Der Dispensationalismus hat einen dritten Begriff eingeführt, die „Gemeinde" als Gegensatz zu beiden Vorgenannten. Diese Sicht teilt weder Daniel noch die Offenbarung, welche das Gegenstück zum Buch Daniel ist. Beide Bücher lösen im Vorbild „die Gemeinde der Heiden", die mit Paulus begann und allen Kirchenvätern identisch als neues Israel, bestehend aus Juden und Heiden, fortgeführt wurde, auf. Daraus wurde im Laufe der Kirchengeschichte unmerklich das „Geheimnis Babylon", womit uns die Offenbarung überrascht. Ein Datum kann man freilich nicht festsetzen, aber wo Weltreich mit Kirchenreich, Christentum und Politik fusionieren, beginnt das christliche Babylon. Durch die Darstellung der babylonischen Könige kommen wir zu einer klaren Unterscheidung über das Wesen der „Nationen" und was nach Gottes Gedanken das wahre „Israel Gottes" ist, das in Daniel während der ganzen Zeit der Nationen nur als ein kleiner, aber treuer Überrest erscheint. Die Reformatoren waren darüber klar, was Gottes Israel und Reich ist, was in der heutigen Zeit politisch verwischt wird.

Werfen wir zunächst einen kurzen Blick auf die Nationen und Israel im Alten Testament. Im 2.Buch Mose fängt Gott an, ein Volk für Seinen Namen abzusondern. Mit starker Macht und ausgestrecktem Arm führte Er die Kinder Israel aus der Knechtschaft Ägyptens heraus und gibt ihnen die Verheißung: „Wenn ihr willig auf meine Stimme hören und meinen Bund halten werdet, dann sollt ihr mir aus allen Völkern mein Eigentum sein; denn mir gehört die ganze Erde. Und ihr sollt mir ein Königreich von Priestern und eine heilige Nation sein" (2.Mo.19,5.6). Er gab ihnen ein Gesetz und setzte Sein Heiligtum in ihre Mitte. Vierzig Jahre pflegte Er sie in der Wüste, versorgte sie mit Brot vom Himmel und tränkte sie mit Wasser aus dem Felsen. Doch Israel hielt nicht den Bund Gottes und glaubte nicht an Seine Verheißungen, sie waren widerspenstig gegen den Höchsten, so dass Er sie richtete, bis das ganze Geschlecht, das aus Ägypten gezogen war, in der Wüste aufgerieben war; übrig blieben nur die Männer des Glaubens, Kaleb und Josua.

Bei der Besitzergreifung des Landes steht ein neues Geschlecht von Kämpfern Gottes den sieben Nationen gegenüber. Sie nehmen das Land, das Abraham und Seinem Samen verheißen war, im Siegeszug ein. Hier wird der große Gegensatz zwischen Israel und den Nationen, Gottes Volk und der ungläubigen Welt wie nie mehr nachher deutlich. Bald wird auch dieser Unterschied wieder verwischt, weil Israel nicht alle Nationen austrieb und sich sogar mit ihnen in sträflicher Weise vermischte und deren Götzendienst annahm. Erst unter David und Salomo wird Israel und Jerusalem Mitte und Mittelpunkt der Welt, zu dem alle Völker ringsum neu in Beziehung treten und Gottes Weisheit, Reichtum und Herrlichkeit dort bewundern.

Nach dieser Glanzzeit, die ein Vorbild ist auf die Herrlichkeit des Reiches Christi im neuen Bund, wurden die Könige Israels und Judas abtrünnig. Die Nationen verlieren die Achtung vor Israel und werden unabhängig. Jerusalem wird zur Hure, es hurt mit den Nationen, nimmt deren Geist, Götter und Götzendienst an, so dass es sich schließlich nicht mehr von den heidnischen Völkern unterscheidet. Darum brachte Gott sie im Gericht auch dem Leibe nach dorthin, wo ihre Herzen bereits waren, und zerstreute Israel unter die Nationen.

Von nun an haben die Nationen die Herrschaft über Israel und die übrigen Völker; Nebukadnezar wird als Knecht Gottes berufen, um das Gericht an Juda und Jerusalem zu vollstrecken. In drei Etappen ziehen die Juden in die Gefangenschaft nach Babel. Vorher war bereits Samaria durch den Assyrer weggeführt worden. Vom Volke Israel als Ganzes wird nun nichts mehr gesehen, auch nicht mehr nach der babylonischen Gefangenschaft. Nur ein geringer gottesfürchtiger Überrest findet Gnade im Gericht. Gott hat sich während der „Zeiten der Nationen", die also mit Nebukadnezar begannen (und mit der Bekehrung und Hinwendung der „Nationen" zum neuen Jerusalem enden), einen kleinen Überrest erhalten; es sind nur wenige Gerechte, aber sie leuchten hell am Nachthimmel einer in Unwissenheit und Götzendienst versunkenen Heidenwelt. Wegen ihrer Weisheit, die der Geist Gottes ihnen gab, und ihrer Treue gelangen Daniel und seine Freunde in der heidnischen Umgebung zu hohen Ehren und Stellungen. Nicht nur diese, auch Serubbabel, Esra, Nehemia, Mordokai waren ein Segen für das Weltreich in dem sie lebten und dienten. Nach siebzig Jahren Gefangenschaft dürfen sie unter der Regierung Kores nach Jerusalem zurückkehren und die Stadt und den Tempel wieder aufbauen; doch bleiben sie weiterhin in der Abhängigkeit der heidnischen Herrscher und erkennen dies demütig an. Über Leib und Leben verfügt seitdem eine weltliche Obrigkeit (Neh. 9, 36-37). Das soll wohl auch so bleiben bis an das Ende der Zeiten.

Die Geschichte der Nationen, denen Gott Sich zuwendet und sie durch das Zeugnis Seiner Knechte bekehrt, wie wir es im Buche Daniel sehen, und ihnen Sein Reich und das Königtum übergibt, ist voll wunderbarer Höhepunkte und Segenszeiten. Aber sie ist auch wie die Geschichte Israels eine Geschichte des Abfalls, ja noch schlimmer, sie endet in totaler Gesetzlosigkeit. Wohl sind sie zur Erkenntnis des höchsten Gottes gekommen und werden reichlich gesegnet durch den Geist und die Weisheit, die in jenen Männern Gottes war. Die Macht und Herrschaft der Nationen, ihr Reichtum und ihre Ehre sind größer als die Israels in seinen besten Tagen. Doch auch sie bleiben nicht an der Güte und fallen bald zurück in ihre heidnische Religion, in Torheit und Hochmut, bis zur Vermessenheit. Unter Nebukadnezar ist noch eine Wiederherstellung möglich, jedoch nur durch seine tiefe Demütigung. Sein Sohn treibt es mit seinem Frevel auf die Spitze, so dass das Gericht über ihn kommt und sein Reich von den Persern erobert wird undsoweiter. Daniel hat bereits in der Deutung des Traumbildes (Kap.2) die Offenbarung über die vier großen aufeinanderfolgenden Weltreiche, deren Herrschaft bis auf das erste Kommen des Messias und der Aufrichtung Seines Königreiches geht. „Seine Herrschaft ist eine ewige Herrschaft, die nicht vergehen, und Sein Königtum ein solches, das nie zerstört werden wird" (Dan.7,14.27).

15

Mit der Ankündigung dieses ewigen Königreiches, das nicht von dieser Welt ist, sondern als ein himmlisches, geistliches Reich durch Jesus Christus, den Sohn Gottes und wahren König, verkündigt wird, knüpft Gott wieder mit Israel an. Nicht um das alte Königtum Israels wiederherzustellen, sondern ihnen das Reich Gottes als ein himmlisches Reich (Himmelreich) nahe zu bringen, wie es Jesus verkündigt hat (Matth.4,17). Da nur „ein Überrest nach Auswahl der Gnade" glaubt (Röm.11,5), geht Gott weiter und wendet sich erneut den Nationen zu, nun aber mit dem Evangelium des Heils in Christo, wie geschrieben steht: „Ich habe dich zum Licht der Nationen gesetzt, dass du zum Heil seiest bis an das Ende der Erde" (Apg.13,47). Das Heil ist universal, das Evangelium gilt unterschiedslos allen Menschen, „sowohl dem Juden zuerst als auch dem Griechen" (Röm.1,16). Paulus, der dieses Evangelium in der Welt verkündigt, wird zum Herold und Apostel der Nationen.

In der Apostelzeit ist die geistliche Stellung der Nationen noch klar nach dem Israel des neuen Bundes, dem himmlischen Jerusalem und dem geistlichen Tempel ausgerichtet. „Seid fröhlich, ihr Nationen, mit seinem Volke" (Röm.15,10). So war es bereits im Vorbild in den Tagen Salomos gewesen, jetzt aber, im neuen Bunde, sind die Nationen in höhere, und zwar geistliche Beziehung zu Israel, dem Volk der Heiligen, getreten, ja sie sind durch den Glauben „Miterben, Miteinverleibte, Mitteilhaber seiner Verheißung in Christo Jesu durch das Evangelium" geworden (Eph.3,6). Das Bild vom Ölbaum stellt diese Wahrheit sehr anschaulich dar (Röm.11, 16-21). Hier aber finden wir schon die Warnung des Apostels, nicht hochmütig und unabhängig zu werden, was dann auch, wie zu befürchten war, tatsächlich eintrat.

In den Sendschreiben sehen wir den Abfall der Nationengemeinden, die in der Offenbarung auch nicht mehr Nationen im buchstäblichen, ethnischen Sinne sind wie in der ersten Missionszeit. Die Unterscheidung Nationen – Israel ist dort geistlich, die „Könige" sind die Könige des Bekenntniskreises. Die Gemeinden der Nationen sind nach dem Ableben der Apostel eine Weltkirche geworden, die Kirche wird politisch ein Machtfaktor in der Welt und vermischt sich mit ihr, sie hat sich in Babylon, die Große, verwandelt und von hier aus die Welt missioniert. Die Nationenchristen haben sich bekenntnismäßig eigenständig entwickelt und dabei sogar die Verbindung zum Alten Testament verloren. Ursprung und Werdegang der Nationen können wir am Vorbilde im Buch Daniel sehen, das Ende in der Offenbarung, die uns den sittlichen und gerichtlichen Fall Babylons zeigt.

Nach den Segenszeiten der Nationenkirche folgte stets ein Verderben durch den Einfluss fremder Lehren und finsterer Mächte, wovon die Kirchengeschichte reichlich Zeugnis gibt. Mit dem Studium des Buches Daniel wird das Geheimnis Babylon verständlicher (Offb.17 u.18). Eine bloß geschichtliche Auslegung oder gar politische Deutung, die immer spekulativ sein muss, würde den Zweck dieses prophetischen Buches verfehlen. Denn wir wissen aus der Offenbarung, dass Babel (griech. Babylon) sehr wohl mit der Kirche der Nationen zu tun hat. Deshalb wird die geistliche Betrachtungsweise, die wir glauben, geradezu zwingend, um daraus die Lehre zu ziehen, wie wir uns inmitten einer christlich-babylonischen Welt verhalten sollen. Daniel und seine Freunde sind uns hier Vorbild und Ermutigung. Meiner Auslegung der Offenbarung, die unter dem Titel „Geheimnis, Babylon“, erschienen ist (Novum-Verlag), war ein gründliches Studium des Buches Daniel voraufgegangen.

Die vorliegende Auslegung und Anwendung des Buches Daniel ist eine persönliche Weissagung, eine prophetische Botschaft. Man kann sie rundweg ablehnen, „du redest Lügen“ (Jer.43); man kann sie aber auch annehmen und zu Herzen gehen lassen. Nur eines kann man nicht, man kann sie nicht widerlegen, weil Daniel eine von aller Schrift eigene Prophetie hat; die Ereignisse sprechen ihre eigene Sprache.

Lassen wir uns von dem Geist der Weissagung in die Zeit Daniels mitnehmen, um die Bedeutung der Geschichten und Weissagungen für uns und unsere Zeit zu verstehen, wozu der HErr dem Schreiber und Leser viel geistliches Verständnis geben möge. Der Autor hat besonders den Zeitrahmen der letzten 500 Jahre protestantischer Geschichte und die daraus entstehenden Bewegungen vor Augen. Bei der Auslegung der Schrift folgt er dem Prinzip der alten Kirche von dem „vierfachen Wortsinn“: Erstens: Der geschichtliche oder literarische Sinn des Wortes, also die historische Wahrheit, „so ist es geschehen“; zweitens die geistliche Bedeutung, „was wir glauben“; daraus folgt drittens der moralische Sinn, „was wir tun sollen“ und viertens den prophetischen Sinn, „was wir erwarten“. Statt „Babel“ werden wir in der Auslegung bzw. Anwendung den neutestamentlichen bzw. griechischen Namen „Babylon“ verwenden.

Der Betrachtung liegt die „Elberfelder Bibel“ in alter und revidierter Fassung zu Grunde.

Teil I.

Die Zeiten der Nationen

(Kap. 1 - 6)

Die Wegführung, welche Jesaja dem König Hiskia angekündigt hatte, ist mit dem Beginn des Buches Daniel buchstäblich erfüllt. Es ist die erste Wegführung der Juden nach Babylon.

Im dritten Jahre der Regierung Jojakims, des Königs von Juda, kam Nebukadnezar, der König von Babel, nach Jerusalem und belagerte es. Und der Herr gab Jojakim, den König von Juda, in seine Hand, und einen Teil der Geräte des Hauses Gottes; und er brachte sie in das Land Sinear, in das Haus seines Gottes: die Geräte brachte er in das Schatzhaus seines Gottes.

Nachdem Israel, die zehn Stämme, bereits nach Assyrien weggeführt waren, kam es auch an Juda, als Gott den König von Babel, Nebukadnezar, nach Jerusalem sandte, um es einzunehmen. Noch wurde der Tempel nicht zerstört. Zuvor mussten die Geräte des Hauses, die Gott kostbar waren, in Sicherheit gebracht werden. Nebukadnezar hat sich unzweifelhaft mangels Offenbarung von seinem eigenen Begehren bestimmen lassen, andererseits leitete ihn die Vorsehung, indem er die heiligen Geräte an einem auserlesenen und sicheren Platz, im Schatzhaus seines Gottes in Verwahrung nahm. Die Geräte kommen nicht zurück, wie die falschen Propheten den Priestern geweissagt hatten, im Gegenteil, auch die noch übrigen Geräte sollen nach dem Willen Gottes nach Babel kommen (Jer.27,16-22). Hier werden sie von dem König der Nationen als großer Schatz aufbewahrt, bis Gott wieder nach ihnen sehen wird. Denn die Wegführung Israels sollte nicht für immer währen, sondern nur solange, bis die siebzig Jahre für Babel voll sind, von denen Jeremia gesprochen hatte (Jer.29,10). Die Herrschaft der Nationen ist nur ein Einschub der Regierungswege Gottes, im Alten wie im Neuen Testament. Dann geht die Geschichte Israels, nunmehr aber unter dem neuen Bund und der Wiedergeburt, weiter, was im letzten Buch der Bibel entfaltet wird. Dann kommen die „Geräte", welche heilige Dienste und kostbare Wahrheiten und Gnadenmittel versinnbildlichen, wieder an ihren Platz im Heiligtum Gottes im neuen Jerusalem, wovon jetzt nicht im Einzelnen zu reden ist. Wir werden in Dan.5 noch auf die Bedeutung der Geräte zurückkommen.

Solange ist das Herz der Heiligen betrübt bei dem Gedanken, dass die Schätze des Hauses unseres Gottes, dessen Stätte, sei es in Herrlichkeit oder als Trümmerhaufen, in der heiligen Stadt ist und bleibt, sich in Babylon befinden. Die Könige Babylons mochten darüber kein Verständnis haben noch die Gefühle der gottesfürchtigen Juden nachempfinden können oder wollen, obgleich auch Nebukadnezar Jehova fürchtete. Er hatte nicht die Erkenntnis wie Israel, dennoch war Gott ein gottesfürchtiger Heide angenehmer als die Opfer eines widerspenstigen Volkes, dessen Beschneidung Vorhaut geworden war. Dem ersten Heiden, der im Neuen Testament bekehrt wird, sagt Petrus, „dass Gott die Person nicht ansieht, sondern in jeder Nation, wer ihn fürchtet und Gerechtigkeit wirkt, ist ihm angenehm" (Apg.10,35).

Die Geräte des Hauses Gottes hatten gegenüber dem verunreinigten Platz in Jerusalem jedenfalls in Babylon einen gebührenden Ehrenplatz bekommen. Nebukadnezar hat sich immer gefürchtet, sie in Gebrauch zu nehmen, auch nicht bei festlichen Anlässen. Es blieb ihm bewusst, dass er nur ein Verwalter war der Geheimnisse Gottes. Als solche war auch den Kirchenvätern und Reformatoren immer bewusst, ja sie haben sich gescheut, gemeinen Gebrauch von den Gnadenmitteln Buße, Taufe und Abendmahl zu machen. Das waren heilige „Sakramente" für sie, freilich nach ihrer „kirchlichen" Erkenntnis, aber in Gottesfurcht. Heute, wo kaum noch jemand etwas heilig ist, geht man sehr leichtfertig und vermessen mit diesen Zeichen um.

Das was Nebukadnezar darstellt, die Autorität, die ihm verliehen war, war von Gott. Wehe, wer ihn nicht anerkannte, sich ihm nicht unterwarf. „Dienet dem König von Babel, dann werdet ihr am Leben bleiben", mahnt Jeremia, „und suchet den Frieden der

Stadt, in die ich euch gefangen weggeführt habe, und betet für sie zum Herrn! Denn in ihrem Frieden werdet ihr Frieden haben" (Jer.27,17; 29,7).

Nebukadnezar ordnet sogleich an, dass „von den Söhnen Israel, und zwar von dem königlichen Geschlecht und von den Vornehmen: junge Männer gebracht werden", damit sie an seinem Hofe ausgebildet werden für die Verwaltung seines großen Reiches. Es werden junge Israeliten von edler Abstammung gesucht, „an denen keinerlei Makel ist, von schönem Aussehen und verständig in aller Weisheit, gebildet und von guter Auffassungsgabe (eigentl. „mit Einsicht begabt"), die somit fähig (tüchtig) sind, im Palast des Königs zu stehen". Gewiss ein hoher Anspruch, aber auch eine große Gnade für die Jünglinge, die diese Eigenschaften trugen, aus der Mitte ihrer gefangenen Brüder auserwählt zu werden, um dem großen König der Nationen zu dienen. Dem geht es allerdings nur um äußere Schönheit und Intelligenz, „Gott aber sieht nicht auf das, worauf der Mensch sieht; denn der Mensch sieht auf das Äußere, aber der Herr sieht auf das Herz" (1.Sam.16,7).

Auch unser König Jesus Christus sucht junge Leute, die Ihm dienen, die Er durch den Heiligen Geist ausbilden will, damit sie „heilig und tadellos seien vor ihm in Liebe" Eph.1,4). Hierbei ist nicht die leibliche Erscheinung von Bedeutung, sondern das innere Wesen; Sanftmut und Demut, die man von Ihm, in Seiner Nachfolge, lernt. Das verleiht wahre Stärke und Schönheit, „der Schmuck der Jünglinge ist ihre Kraft", sie besitzen geistliche Kraft, Energie, Entschiedenheit (Spr.20,29), wenn sie in Reinheit wandeln und die jugendlichen Lüste fliehen (2.Tim.2,22). Dies macht sie auch lernbereit und begierig nach dem Worte Gottes und gibt ihnen Einsicht in der „Erkenntnis seines Willens in aller Weisheit und geistlichem Verständnis, um des Herrn würdig zu wandeln ..." (Kol.1,9). Denn „in dem Geheimnis Gottes sind verborgen alle Schätze der Weisheit und der Erkenntnis" (Kol.2,3). Die geistlichen Schätze sind mehr wert als die Weisheit der Welt, die Gott zur Torheit gemacht hat.

Die berufenen jungen Männer sollten am Hofe des Königs drei Jahre ausgebildet und erzogen werden, um dann in den Dienst des

Königs zu treten. Wie sieht Ausbildung heute aus? In einer Industrienation müssen unsere jungen Leute freilich eine Ausbildung machen und eine Menge weltliches Wissen erwerben, und es ist von Vorteil, fleißig zu lernen und sich alles anzueignen, was gut und nützlich ist für das Leben. Der Geist muss geschult werden, die Sprachbildung soll einen hohen Platz einnehmen; das christliche Zeugnis wird durch Vorbild und Sprache vermittelt. Deshalb soll ein Christ nicht nach hohen Dingen streben, einen Christen adelt eine niedrige Arbeit wie sein Meister. Man muss nicht hoch hinaus wollen. Der Drang nach höherer Schulbildung, die Idee, dass mehr Bildung bessere Lebensqualität, Vorbilder, Lehrer und einfach erfolgreicher macht, ist der Geist der Welt.

Heute meinen alle, studieren zu müssen. Studieren ist im Zeitalter der Wissenschaftsgläubigkeit zu einem Mythos geworden. Man muss doch die Bildungschancen nutzen, denken viele. Gewisse Prediger lehren, Christen müssten auch auf intellektueller Ebene argumentieren können, in höhere Positionen kommen, Akademiker, Arzt, Lehrer, Wissenschaftler und gar Politiker werden. Wenn Gott solche Leute braucht, holt Er sie Sich aus der Welt und bildet sie um. Sie müssen nämlich total umlernen und vieles wieder vergessen, was sie an Psychologie, Pädagogik, falscher Philosophie (und Theologie) gelernt haben. Seine Kinder aber lehrt der himmlische Vater gleich von vorneherein: „Sinnet nicht auf hohe Dinge, sondern haltet euch zu den Niedrigen" (Röm.12,16). Sich an einer niedrigen Stellung genügen lassen, sich zu dem einfachen Volk halten, das ist königlich gedacht, ganz dem Vorbild unseres Königs. Unsere begabtesten Kinder sollen nicht für die Welt ausgebildet werden, um einen möglichst hohen sozialen Status zu erreichen, sondern für den Dienst im Reiche Gottes tauglich sein. Jeder Christ ist ein Botschafter des Reiches Christ, wo er auch hingestellt sein mag.

Oft wird das Studium damit gerechtfertigt, dass ja auch Mose am Hof des Pharao ausgebildet worden sei und ebenso diese Jünglinge eine hohe Bildung genossen. Danach haben sie aber nicht gestrebt, sie konnten sich nicht entziehen, dem Befehl des Königs musste Folge geleistet werden. Wir aber müssen nicht, der

Bildungsweg nach der Pflichtschule ist unsere eigene Wahl. So frei sind wir im Gegensatz zu Daniel und seinen Genossen. Aber wir sind berufen, alles zu lernen, was uns tüchtig macht für das Reich Gottes. Dazu bedarf es nicht einmal des Theologiestudiums. „Unsere Tüchtigkeit ist von Gott, der uns auch tüchtig macht zu Dienern des neuen Bundes, nicht des Buchstabens, sondern des Geistes" (2. Kor. 3,5).

Unter missionarischem Aspekt betrachtet ist es wohl erforderlich, „die Schrift(en) und Sprache der Chaldäer" zu lernen. Wer in die Mission geht, sollte vorher Kultur und Sprache des Landes kennen. Doch nicht nur für die Mission in fernen Ländern, sondern auch für den Dienst unter Neuheiden und „Heidenchristen" im Inland kann die Kenntnis ihrer Schriften und Sprache hilfreich sein. Man soll „den Juden wie ein Jude werden, und denen, die ohne Gesetz sind, wie einer ohne Gesetz, um sie zu gewinnen" (1. Kor. 9, 19-21). Paulus kannte die Sprache der Juden und die Denkweise der Griechen, was für ihn als Nationenapostel ein Vorteil war; er konnte alle verstehen und passte sich allen an um des Evangeliums willen. Auch wir sollen uns auf alle einstellen und allen dienstbar machen, um einige zu gewinnen für das Reich Gottes.

Während der dreijährigen Ausbildung und Erziehung der jungen Männer sollten sie „von der Tafelkost des Königs und von dem Wein, den er trank", ernährt werden. Ein hohes Vorrecht, aber auch eine große Versuchung für die jüdischen Jünglinge. Offenbar fühlten sich nur einige wenige an das Gesetz Gottes gebunden. Unter ihnen stechen nur vier junge Leute hervor, die sich ein Gewissen machen: Daniel, Hananja, Misael und Asarja. Mit der Änderung ihrer jüdischen Namen in babylonische durch den Obersten der Hofbeamten sollen ihnen wohl schon gleich jegliche Bedenken genommen werden. Der Name Daniel heißt: „Mein Gott ist Richter"; er soll nun Beltsazar heißen: „Bel, schirme sein Leben", was ein Gott der Babylonier war. Hananja heißt: „Jehova ist gnädig"; er wird jetzt Sadrach, „Geheiß Akus" - ein Mondgott, genannt. Misael, „wer ist, was Gott ist?" in „wer ist, was Aku ist?" und aus Asarja, „Jehova hilft", wird ein „Diener des Nebo". Die Verbindung ihrer Namen mit fremden Göttern, die sie nicht gekannt haben, macht diese königliche Speise zu einer für sie fremden Speise, die verunreinigt. Außerdem sind sie als Juden an die Speisegesetze gebunden. Sie kommen dadurch in schwere Gewissenskonflikte. Dieselben Konflikte haben heute Eltern und Kinder wegen der Emanzipationspädagogik. Die Schule, die einmal christlich war, ist heute pluralistisch, die Lerninhalte sind humanistisch und antichristlich, die Lehrer zum großen Teil atheistisch.

„Aber Daniel nahm sich in seinem Herzen vor, sich nicht mit der Tafelkost des Königs und mit dem Wein, den er trank zu verunreinigen". Im neuen Bund braucht man sich wahrlich nicht mehr wegen Fleischessen ein Gewissen zu machen, das mosaische Gesetz ist dem Buchstaben nach aufgehoben, „denn jedes Geschöpf Gottes ist gut und nichts verwerflich, wenn es mit Danksagung genommen wird" (1.Tim.4,4). Es gibt allerdings Christen, die aus religiösen Gründen vegetarisch leben, deren Gewissen irregeleitet ist durch eine falsche Belehrung. Wir sollen aus dem Vorsatz Daniels eine gottgemäße Einstellung erkennen, uns stets ein gutes Gewissen zu bewahren. Was damals die leibliche Speise war ist heute die geistige, und da heißt es ebenfalls prüfen, womit wir unseren Geist speisen bzw. welche „Kost" unseren Kindern in der öffentlichen Schule serviert wird. Christliche Eltern sind dieserhalb sehr besorgt und suchen nach einem Ausweg, nach schulischen Alternativen.

Das Beispiel Daniels hat auch seine drei Freunde ermutigt, ihrem Gewissen zu folgen, während die übrigen Jünglinge sich den gegebenen Umständen fügen oder manche alles für erlaubt halten; vielleicht war etlichen sogar die königliche Speise ein Hochgenuss, da sie nun endlich „frei vom Gesetz" waren. An diesem Punkte tritt ein Gegensatz ein, die Tafelkost des Königs wird zum Prüfstein, nicht zwischen Heiden und Juden, sondern zwischen Juden und Juden. Das gleiche Problem haben wir in unserer Zeit, es ist ein christliches Problem, innergemeindlich. Während der Unterschied zwischen den Christen und der Welt zunehmend schwindet, treten zugleich die Gegensätze unter Christen immer deutlicher hervor, und zwar zwischen lauen Christen und wirklich gläubigen entschiedenen Kindern Gottes. Die einen passen sich der Welt an, die anderen sind stark und überwinden die Welt durch ihren Glauben, denn sie nähren sich vom Worte Gottes und bewahren es in ihrem Herzen. Erstere haben sich auch einmal für Jesus entschieden, wollen sich aber nicht von der Welt und ihren Dingen trennen, sondern soviel wie möglich genießen und in der Welt fortkommen. Junge Gläubige von der Gesinnung Daniels aber beherzigen das Wort: „Liebet nicht die Welt noch was in der Welt ist! Wenn jemand die Welt liebt, ist die Liebe des Vaters nicht in ihm; denn alles, was in der Welt ist, die Lust des Fleisches und die Lust der Augen und der Hochmut des Lebens, ist nicht vom Vater, sondern ist von der Welt. Und die Welt vergeht und ihre Lust; wer aber den Willen Gottes tut, bleibt in Ewigkeit" (1. Joh. 2,15-17). .

Entscheidend für eine gottselige Einstellung und ein gesundes geistliches Wachstum ist die „Speise", mit der unser Geist gefüttert wird. Wie unterscheidet sich die Tafelkost und der Wein des babylonischen Königs von der „Speise" und dem „Trank", den unser HErr Jesus Christus empfiehlt? Weltliche Fürsten genießen selbstverständlich alles, was dem Fleische gefällt, was die Augenlust befriedigt und den Hochmut nährt. Sie versagen sich keinen Genuss, verzichten auf keine Vorteile und Vorzüge; es wird ihnen von allem das Beste und Schönste geboten, aber nicht das Reine und Wahre. Vor allen Dingen wollen sie die höchste Bildung. Einen König beschäftigt die Politik, und dafür braucht er kluge Leute. Biblische Grundsätze und Maßstäbe lassen sich natürlich nicht auf die Politik anwenden. Politik verdirbt den Charakter, sagt ein weltliches Sprichwort. Was ist Politik? Alle Lehren und Tätigkeiten, die darauf abzielen, das Volk, Gemeinschaften (die Gesellschaft) zu beeinflussen und zu führen (verführen). Eine Gesellschaft, die kein Unrechtsbewusstsein mehr hat, ist nicht mehr für die Gebote Gottes zu begeistern. Sie wählt sich dann selbst ihre Lebensweise. Die Antwort darauf für Daniel und die jungen Freunde ist, da sie weder Bürger in Babylon sind noch Rechte dort haben, daher auch nicht an einer Veränderung der Gesellschaft interessiert sind, außer dass sie beten „für alle Menschen, für Könige und alle, die in Hoheit sind, damit wir ein ruhiges und stilles Leben führen mögen in aller Gottseligkeit und Ehrbarkeit" (1. Tim. 2,1-7).

Das was Zeitungen und Medien täglich an „Tafelkost“ anbieten, davon nähren sich die Leute wie das tägliche Brot. Schon als Frühstück die BILD. Man muss ja informiert sein, man muss ja wissen, was in der Welt los ist. Muss man? Oder ist es nur Neugier, Hunger nach Sensation und Aufregendem? Dazu der „Wein“ der Technikfaszination, Musik, Erotik, Mode, zweifelhafte Literatur, ganz zu schweigen von der Fernsehsucht und Sportbegeisterung, alles babylonischer Wein, der leider auch die christliche Jugend berauscht und sie in Gemeinschaft bringt mit der (neu)heidnischen Welt. Eine neue noch nicht abzusehende Gefahr ist der Computer (außer beruflich genutzt) und das Internet. Man kann unbehelligt in der Welt herumsurfen und sich alles reinziehen, wonach die Augen gelüsten, umso leichter und unbeobachteter mit dem Smartphone.

Die Liebe zur Welt regt den Hunger und Durst nach Bildung, möglichst Hochschulabschluss, beruflichen Erfolg, üppigen Lebensstil, Vergnügen usw. mächtig an, aber „nach diesem allen trachten die Nationen“ (Matth.6,32). Aus der Vermischung des Christentums mit der Welt entsteht das neue Babylon der Kirche; einst war es die katholische Kirche, heute ist es die evangelische, und der Evangelikalismus übertrifft beide.

Vor diesem Hintergrund bilden fromme Jünglinge und keusche Jungfrauen in unserer Zeit eine ebenso vortreffliche und seltene Ausnahme wie Daniel und seine Freunde. In ihnen ist ein anderer Geist. Von ihrer Einstellung zur Welt, zur Bildung, von ihrer Andersartigkeit, ihrer ganzen Lebensauffassung werden die meisten ihrer christlichen Altersgenossen nicht begeistert sein. Man wird sie als rückständig, altmodisch, gesetzlich bezeichnen, sie seien weltfremd und eigenbrötlerisch. Es sei drum, aber sie besitzen etwas, um das sie einmal beneidet werden, nämlich „Gottes Weisheit in einem Geheimnis, die verborgene, die Gott zuvorbestimmt hat, vor den Zeitaltern, zu unserer Herrlichkeit“ (1.Kor.2,7). Wir werden nun sehen, wie weit jeder von den heranwachsenden Jungen (und Mädchen) mit seiner Klugheit kommt.

Daniel hatte sich vorgenommen, sich nicht mit der Tafelkost des Königs und seinem Wein zu verunreinigen. Es war keine

Verstandesüberlegung, sondern ein Herzensvorsatz, dem HErrn anzuhangen, sein Herz sollte rein bleiben. Für ihn war der ganze Tisch der Heiden unrein, beeinflusst und durchsäuert vom Geist der Welt. War das nicht zu pauschal geurteilt? Aus dem Text ist nicht ersichtlich, ob die Tafelkost für Israeliten Verbotenes enthielt. Wenn gelegentlich solches gereicht wurde, was sie nach dem Gesetz nicht essen durften, z.B. Schweinefleisch, konnten sie es ja liegen lassen. Dieses Aussonderungsprinzip vertreten ja viele Mitchristen, wobei es unvermeidlich ist, dass dennoch vieles aufgenommen wird, was weder wahr noch rein ist. Kinder Gottes sollen mit dem Besten in der Sprachbildung gefördert werden, aber es muss rein sein. Daniel und seine drei Freunde lassen sich von einem göttlichen Grundsatz leiten, den ihre Altersgenossen scheinbar nicht kannten. Es ist der Grundsatz der Absonderung, „von aller Art des Bösen haltet euch fern!" (1.Thess.5,22). Besonders die vermischte Form von göttlicher Weisheit und der Philosophie ist zu meiden. Paulus warnt ausdrücklich davor (1.Tim.6,20). „Glückselig der Mann, der den Herrn fürchtet, der große Freude an seinen Geboten hat!" (Ps. 112,1).

Daniels Name bedeutet „mein Gott ist Richter!" Das erinnert ihn beständig daran, mit wem er es zu tun hat; vor dem Heiligen und Wahrhaftigen kann kein „Bel sein Leben schützen", und „durch die Furcht des Herrn weicht man vom Bösen" (Spr.16,6). Aus diesem Grunde erbittet Daniel sich von dem Kämmerer, „dass er sich nicht unrein machen müsse". Und Gott hat seine Gewissensnot angesehen und „gab ihm Gnade und Erbarmen vor dem Obersten der Hofbeamten". Dieser jedoch, da er für die Jünglinge verantwortlich ist, fürchtet, dass sie so nicht gedeihen können und er dann von dem König zur Rechenschaft gezogen würde, ein Einwand, der in der Schulfrage immer wieder erhoben wird. Als ob es keine Alternative gäbe, wenn man die staatlichen Bildungs- und Erziehungsziele ablehnen muss. Es gibt freie christliche Schulen auf biblischer Grundlage, oder man kann solche gründen und die Ziele ohne staatlichen Vorgaben selbst bestimmen, wenn eine Gemeinde nur die Barmherzigkeit des HErrn hat.

Daneben gibt es die Heimschule, wo Eltern ihre Kinder zu Hause unterrichten und hier wirklich sauberen Stoff in einer reinen Atmosphäre vermitteln können. Wo Fragwürdiges behandelt werden muss, haben wir dennoch das Urteil Gottes, das unser Gewissen schärft. Die private Schulform stößt zwar bei den hiesigen „Nationen" und den deutschen Behörden noch weitgehendst auf Unverständnis und Ablehnung, weil sie angeblich nicht das leisten könne wie die staatliche Schule und die Kinder isoliere. Wir machen die gegenteilige Erfahrung. Vorläufig können wir nur bitten, „versuche es doch zehn Tage lang mit deinen Knechten, dass man uns Gemüse zu essen und Wasser zu trinken gebe". Viele gläubige Eltern haben diese Gnade von Gott bekommen, es einfach mit dem Heimschulunterricht zu versuchen, und die Behörden ließen sie gewähren. Ihre Mühe hatte Erfolg, nicht nur Lernerfolg, sondern auch das Verhalten der Kinder wurde unter der elterlichen Obhut anders und bewährte sich im Umgang mit Anderen. Wichtiger als Wissensvermittlung ist nämlich die Charakterbildung. Dann lässt sich auch Wissen vermitteln.

Abschlusszeugnisse belegen den Erfolg der Heimschule. Nur ein Beispiel von vielen: Jael besuchte nach 9 Jahren Heimunterricht noch die letzte Klasse der Realschule und schloss als beste Absolventin von 79 Schulabgänger mit einem Notendurchschnitt von 1,0 die Schule ab. Das hob sogar die Presse in ihrem Bericht über die Abschlussfeier hervor. Ihre Schwester Elisabeth drei Jahre später ebenfalls die besten Ergebnisse. Im Zeugnis alles Einsen, nur Sport eine 2, schreibt die Zeitung. Ist das ihrer Klugheit zuzuschreiben? Die anderen Schüler sind auch nicht gerade dumm, einige gewiß genauso intelligent. Aber diese beiden sind rein, sie haben ihr Herz dem HErrn Jesus gegeben, sie wollen sich nicht verunreinigen, worüber die übrigen kein Gewissen haben. „Glückselig die Reinen im Herzen, denn sie werden Gott schauen" (Matth. 5,8).

Warum bat Daniel ausgerechnet um Gemüse und Wasser? Wusste er nicht, dass eine einseitige Ernährung schwach und krank macht? Er lehrt uns damit eine zweite wichtige Wahrheit, dass Gott „das Schwache der Welt auserwählt hat, damit er das Starke zu Schanden mache" (1.Kor.1,27). Die Zeit, in der sich ein

Überrest herausbildet, ist keine Zeit großer geistlicher Kraft. Vielmehr ist das Bekenntnis durch Kraftlosigkeit und Verfall gekennzeichnet. Demgemäß nehmen Daniel und seine Freunde nicht eine Stellung der Stärke und Überlegenheit ein, wozu sie ohne Zweifel ihre hervorragende Begabung berechtigt hätte. Nein, sie begnügen sich mit einem Platz der Schwachheit und nehmen es in Kauf, als Schwache angesehen zu werden. Das sind gute Voraussetzungen, um Heimschule oder Gemeindeschule zu machen. Nicht nur das, diese Haltung ist vor allem eine Voraussetzung für geistliches Wachstum. Unsere Kinder sollen mit der geistlichen Speise (und dem geistlichen Trank) genährt werden, die für Schwache zubereitet ist. „Der Schwache aber isst Gemüse" (Röm.14,2). Gemüse und Wasser versinnbildlichen etwas Reines, Unverdorbenes, und das ist auf jeden Fall gesünder für junge Seelen, die noch schwach sind im Glauben und die listig ersonnenen Irrtümer und Ideologien nicht durchschauen können.

Das Gebot der Stunde ist deshalb, eine freie christliche Schule zu gründen, sie kann wirklich Gutes anbieten und sogar einen missionarischen Auftrag erfüllen, wenn sie ein biblisch fundiertes Konzept hat und den Geist der Welt draußen hält. Glückselig die Jungen und die Mädchen, die eine solche Ausbildung akzeptieren! Ihre Sonderstellung bringt für sie allerdings auch Versuchungen mit sich angesichts derer, die sich stark fühlen und weder geistliches Unterscheidungsvermögen noch Gewissen über die Verlockungen und Verführungen der Welt haben, besonders wenn sie mit Gleichaltrigen zusammen sind. Sie brauchen daher Ermutigung, und das Vorbild Daniels und seiner Freunde gibt sie ihnen in sehr anschaulicher Weise. „Achtet es für lauter Freude, meine Brüder, wenn ihr in mancherlei Versuchungen geratet, indem ihr erkennt, dass die Bewährung (Erprobung) eures Glaubens Ausharren bewirkt" (Jak.1,2-3).

Die „zehn Tage" sind eine nicht nach Tagen bemessene Probe- und Prüfungszeit, „ihr werdet geprüft werden zehn Tage" (Offb.2,10). Wer darin ausharrt, wird gekrönt werden. „Das Ausharren aber soll ein vollkommenes Werk haben, damit ihr vollkommen und vollendet seid und in nichts Mangel habt" (Jak.1,4).

In welcher Versuchung die vier Freunde waren, wird daran deutlich, dass ihnen während der ganzen Probezeit die Tafelkost und den Wein, den sie trinken sollten, vorgesetzt wurden. Sie brauchten nur zuzulangen, aber sie fügen „dem Glauben die Tugend, in der Tugend aber die Erkenntnis, in der Erkenntnis aber die Enthaltsamkeit" hinzu (2.Petr.1,5-6). Sie erfahren dann aber auch wie Paulus die Kraft Gottes, denn „wenn ich schwach bin, dann bin ich stark" (2.Kor.12,9-10). Sie trinken Wasser statt Wein, was von Reinigung und Heiligung redet, denn Wasser ist ein Bild vom reinigenden Worte Gottes. Hier liegt ein ungeahnter Segen verborgen und eine völlige Freude, die Jesus schenkt, denn Er verwandelt Wasser in Wein.

Im Blick auf das „Ende der Tage" ist die Ausgrenzung, Geringschätzung und Schmach, die sie möglicherweise erfahren, ohne Belang. Jene mögen sich etwas auf ihre höhere Bildung einbilden, ohne darin geübt zu sein, worauf es in dieser versuchungsreichen Zeit ankommt, nämlich auf das „du aber", mit dem Paulus sein Kind Timotheus von denen absondert, „die eine Form der Gottseligkeit haben, deren Kraft aber verleugnen" (2. Tim. 3,10). Und siehe da, **am Ende der zehn Tage zeigte sich ihr Aussehen schöner und wohlgenährter als das aller jungen Männer, die die Tafelkost des Königs aßen.**

Gegenüber den Ansichten und Meinungen der Welt und allen weltlichen Vorteilen erweist sich einfach das Erfülltsein „mit der Erkenntnis seines Willens in aller Weisheit und geistlichem Verständnis, um würdig des Herrn zu wandeln zu allem Wohlgefallen" (Kol. 1,9) als besser und klüger. »Die Furcht des Herrn ist der Erkenntnis Anfang« (Spr. 1,7). Der aufsichtsführende Oberbeamte stellt bei Daniel und seinen Freunden eine günstige Veränderung fest, die wir als Wesensveränderung deuten können, die auch nach außen hin sichtbar wird. Gott hat in ihnen etwas Wundersames bewirkt, dass ihnen die einfache Kost, Gemüse und Wasser, nicht nur nicht abträglich waren, sondern wider alle menschlichen Einwände und Befürchtungen bekömmlicher und nahrhafter als die genüsslichste Speise und der erlesenste Wein den anderen Jünglingen, und das innerhalb kürzester Zeit. Der Geist will uns damit auf die bessere und nahrhaftere geistliche Speise hinweisen, welche allein kräftig macht, stark in der Gnade, die in Christo Jesu ist, und völlige Freude gibt, „gekräftigt mit aller Kraft nach der Macht seiner Herrlichkeit, zum allem Ausharren und aller Langmut mit Freuden" (Kol.1,11).

Folge, lieber Junge und liebes Mädchen, dem Beispiel Daniels und seiner Gesinnungsgenossen. Ihre Entschiedenheit und Bescheidenheit erweckte bei dem Aufseher Vertrauen, er tat dann ihre Tafelkost und den Wein, den sie trinken sollten, weg und gab ihnen Gemüse. Die Versuchung war überwunden. Sie haben sich für Gemüse als die eigentliche „königliche" Speise entschieden, und das blieb sie, bis die „drei Jahre" erfüllt waren. Das Resultat war, dass sie an innerem Wachstum, an Weisheit und Größe und Gunst bei Gott und Menschen zunahmen, denn „Gott gab ihnen Kenntnis und Verständnis in jeder Schrift und Weisheit".

Dann kam für die vier jungen Männer der große Augenblick „am Ende der Tage", als der Oberste der Hofbeamten sie vor den König brachte. Es gereicht ihm zur Ehre, dass er den Jünglingen geglaubt hat und ihnen ihr Begehr gab. Ihre Entschiedenheit hat ihn überzeugt. Er war gewiß stolz auf sie, als er sie vor Nebukadnezar führte und gesagt haben mag: Sieh, König, diese sind die Verständigsten von den „Söhnen Israels aus dem königlichen Geschlecht und den Vornehmen", dank deiner Tafelkost und deinem Wein. Er wird ihm nicht verraten haben, was sie tatsächlich gegessen und getrunken hatten. **Und der König redete mit ihnen, und unter ihnen allen wurde niemand gefunden, der wie Daniel, Hananja, Misael und Asarja gewesen wäre. Und sie dienten dem König.**

Der König Nebukadnezar ist hier ein Vorbild von unserem König. Denn nicht vor weltlichen Herrschern zu stehen und ihre Gunst zu finden, ist des Christen Streben und Stand, sondern die viel größere Gnade zu finden, nämlich Christi Anerkennung zu haben und Ihm zu dienen. Der „Oberste der Hofbeamten" stellt im Bilde den Heiligen Geist dar, der uns mittels Seiner Diener und Gaben leitet und unterweist, damit das Wort Lebensspeise wird und wir geistlich wachsen. „Wachset aber in der Gnade und

Erkenntnis unseres Herrn und Heilandes Jesus Christus. Ihm sei die Herrlichkeit, sowohl jetzt als bis zum Tag der Ewigkeit! Amen" (2. Petr. 3,18).

Und die anderen Jünglinge? Sie standen draußen und waren wahrscheinlich von Neid und Eifersucht erfüllt, wie später die Juden, als Paulus sich zu den Nationen wandte (Apg. 13,45). Sie hätten auch noch am zehnten Tag „Gemüse" wählen können, sie zogen jedoch den weltlichen Weg, die Bildung im Weltgeist vor. Möge das eine Mahnung sein für alle jungen Leute, nicht auf das Irdische zu sinnen, sondern das zu suchen, „was droben ist, wo der Christus ist, sitzend zur Rechten Gottes" (Kol. 3,1). Dünket euch, liebe Freunde, nicht so klug, so überlegen, damit ihr nicht am Ende beschämt dastehet.

Nebukadnezar fand die vier Jünglinge **zehnmal allen Schriftgelehrten und Beschwörern überlegen, die in seinem ganzen Königreich waren.** Die Weisheit Gottes war in den Söhnen des Reiches, Daniel und seinen Glaubensgenossen, zu den „Nationen" gekommen. „Denn das Törichte Gottes ist weiser als die Menschen, und das Schwache Gottes ist stärker als die Menschen" (1.Kor.1,25). Denn „der Herr gibt Weisheit. Aus seinem Munde kommen Erkenntnis und Verständnis" (Spr.2,6). Die wahren Diener Gottes glänzen nicht mit weltlichem Wissen und großer Redekunst, sondern sie wollen nichts anderes wissen „als nur Jesus Christus, und ihn als gekreuzigt" (1.Kor.2,2).

Das Kapitel schließt mit dem Hinweis, dass „Daniel blieb bis zum ersten Jahr des Königs Kores (Cyrus)". Dieser Kores war der Befreier der Juden aus der babylonischen Gefangenschaft (Esra 1). Daniel und seine Freunde hatten als treuer Überrest Israels unter der Herrschaft der Nationen noch manche Probe zu bestehen, aber der HErr hat Sich stets zu ihnen bekannt. Also ist auch in der jetzigen Zeit in Babylon ein „Überrest" vorhanden, den der HErr kennt und als Sein Israel versiegelt (Offb.7). Wenn unser „Kores" (Christus) erscheint, wovon Jesaja spricht: „Mein Hirt, der all meinen Willen zur Vollendung bringen wird" (Jes.44,28), ist der Kampf vorüber. Gott segnet den Gehorsam, auch wenn er viel fordert. Der HErr hat Erquickung und Trost genug in Seinem Wort.

NEBUKADNEZARS TRAUM (KAP. 2)

DIE WEISEN BABYLONS

Offensichtlich ist die vorliegende Begebenheit ein Ausschnitt aus
dem Schluss des vorigen Kapitels, ehe die drei Jahre für die jüdischen Jünglinge um waren (1,17 u.18). Denn **im zweiten Jahre
seiner Regierung hatte Nebukadnezar Träume, und sein Geist
wurde beunruhigt, und sein Schlaf war für ihn dahin."** Hier
werden zum ersten Mal Daniel und seine Genossen herausgefordert.

Gott beschäftigte sich schon mit den Nationen, als der Tempel
in Jerusalem noch nicht zerstört war, was erst im neunzehnten Jahre der Regierung Nebukadnezars geschah. In dieser Übergangszeit, also zwischen der ersten Wegführung und der Zerstörung
Jerusalems, wendet Gott Sich den Nationen zu und offenbart ihnen durch Seinen Geist Seine Wege, die Er mit den Nationen hat.
Eine ähnliche Übergangszeit sehen wir in der Apostelgeschichte,
wo Gott Sich von dem „verkehrten Geschlecht" Israel abwendet
und mit den Nationen anknüpft. Der erste aus den Nationen war
der Hauptmann Kornelius. Wie dieser war auch Nebukadnezar
gerecht und gottesfürchtig, er war den Söhnen Israels, die sich
unter seiner Obhut und Erziehung befanden, günstig gesonnen.
Gott redet direkt mit Nebukadnezar in einem Traum, um ihm
Seine Gedanken und Ratschlüsse kundzutun. „Im Nachtgesicht,
wenn tiefer Schlaf die Menschen befällt, dann öffnet Gott das Ohr
der Menschen und besiegelt die Unterweisung, die er ihnen gibt"
(Hiob 33,15-18).

Nebukadnezar hatte seinen Traum beim Erwachen wieder
vergessen; er musste Schlimmes geträumt haben, denn eine große
Unruhe bemächtigte sich seiner, die ihm den Schlaf raubte. Dies

bewirkte, dass er die Wahrheit sucht, er will wissen, was er geträumt hat und dann natürlich auch, was der Traum zu bedeuten hat. Gott hat ihn den Traum vergessen lassen, damit die Weisheit Gottes durch Daniel offenbar würde, um die Weisen Babels zu Schanden zu machen. Wer wird nun einem, der in den Gedanken seines Herzens beunruhigt und in seinem Geist geängstigt ist, die Wahrheit kundtun? Solange der Mensch nicht beunruhigt ist, sucht er nicht die Wahrheit. Er will sie gar nicht wissen, sie könnte ihn ja beunruhigen. Leider wollen auch viele Christen nicht die Wahrheit der Offenbarung wissen über Babylon, Tier, Antichrist usw., obwohl sie sehen, dass das Christentum immer mehr verfällt und finstere Mächte die Oberhand gewinnen. Die Wahrheit darüber wird uns das vorliegende Kapitel und die folgenden im Vorbilde deutlich machen, zur Beschämung jener, die vorgeben, die Weissagungen des Buches Daniel und der Offenbarung richtig zu deuten, aber nicht den Geist der Weissagung haben. Sie gebärden sich wie die Weisen dieser Welt.

Der König kennt keine weiseren Leute als die Weisen Babels. Daniel und seine Freunde sind ihm ja noch nicht bekannt, sie befinden sich noch in der Ausbildung. **Und der König befahl, dass man die Schriftgelehrten und die Beschwörer und die Zauberer und die Chaldäer rufen sollte, um dem König seine Träume kundzutun; und sie kamen und traten vor den König.** O, Nachrichten aus Israel, bedrohliche Entwicklung in Nahost, der Euro kriselt, Flüchtlingskrise, Terrorgefahr, die EU-Verfassung war gestern, heute EU gespalten, neue Malzeichenhinweise – da gibt es wieder reichlich Deutungsstoff. Wie schnell sind Schriftkenner dabei, politische Tagesereignisse endzeitlich, wie sie sagen, „aus biblischer Sicht" zu deuten. Doch hier ist kein Ereignis zu deuten, sondern eine innere Unruhe zu erklären. **Der König sprach zu ihnen: Ich habe einen Traum gehabt, und mein Geist ist beunruhigt, um den Traum zu wissen.**

Einen Traum deuten, den sie nicht kennen? Damit hatten sie nicht gerechnet. Bisher hatten sie sich immer an bestimmten Meldungen aus der Tageszeitung versucht. Doch die Not, die hier vorliegt, davon berichten nicht die Presse und die Medien. Diese erfährt man nur persönlich von den Leuten. Was sollen sie nun deuten? Man kann ihnen buchstäblich die Verlegenheit ansehen. **Die Chaldäer sprachen zu dem König auf aramäisch: O König, lebe ewiglich! Sage deinen Knechten den Traum, so wollen wir die Deutung anzeigen.** Da sind wir, die wir schon das ganze Kapitel kennen und Traum und Deutung wissen, besser dran. Wirklich? In die Geschichte lässt sich vieles hineindeuten, christliche Historiker haben manches erforscht und Spuren von Gottes Handeln in der Geschichte entdeckt. Wenn sie bei ihren Leist(ung)en bleiben, ist ihr Werk glaubwürdig und kann Ungläubige überzeugen. Begeben sie sich aber auf das Gebiet der Prophetie, verlieren sie ihre Authentizität. Historisch lässt sich vieles nachweisen, aber die Zukunft ist feil für alle möglichen Spekulationen. Wenn wir nicht auf andere Gedanken kommen als die bisherigen Deutungen und Auslegungen des Buches Daniel, dann ist es um uns als Ausleger schlecht bestellt. Wir müssen wissen, was „auf uns zukommt".

Da stehen sie nun alle vor dem König und wünschen ihm ewiges Leben. Die „Chaldäer" – das sind die Priester – sprechen hier für alle, stehen sie doch Gott am nächsten. In priesterlichen Angelegenheiten, wie man die Götter versöhnt, kennen sie sich gut aus. Doch Zeitfragen fallen nicht in ihre Zuständigkeit, sie haben mit der Seelsorge genug zu tun. Ihnen gleicht so mancher Pastor und Evangelist. Sie wollen die Sache schon deuten und auslegen, wenn eine arme Seele ihnen seine Probleme kundtut. Gott erlaubt dies aber hier nicht, gerade nicht bei diesem Geheimnis. Die „Weisen dieses Zeitlaufs" würden das Bild verzerren und ihre eigene Terminologie aufstellen und diese als die wahre Deutung ausgeben. Ihre Sprache macht sie schon offenbar, dass sie nicht von Gott gelehrt sind, denn sie sprechen „aramäisch", was verrät, dass sie keine geistlichen Menschen sind.

Die Menschen unserer Tage sind von Unruhe und Ängsten geplagt. Wer wird ihnen die Ursache sagen? Viele sind besorgt um die Zukunft. Wer wird sie ihnen deuten? Auch Christen tappen vielfach im Dunkeln und sind beunruhigt, obwohl sie anscheinend „die Zukunft - nach den Weissagungen des Wortes Gottes" genau wissen. Ein Buch mit diesem Titel, das vor etwa 70 Jahren von einem holländischen Dispensationalisten herausgegeben wurde, war damals, als der Staat Israel gegründet wurde, ein Bestseller. Der Verfasser wollte mit hunderten von Bibelstellen aus den Propheten des Alten Testaments beweisen, was „die Zukunft Israels“, „die Zukunft Russlands“, „die Zukunft Westeuropas“ usw. ist. Die „Zukunft der Gemeinde“, von der, so seine Behauptung, die Propheten nichts wussten, erschien natürlich im rosigsten Licht, da er sie nur im Epheserbrief sah und den Abfall leugnete. Es war ein Zauberbuch wie so viele Endzeitbücher, die wieder mit der alttestamentlichen Prophetie, die doch in Christus erfüllt ist, in buchstäblicher Weise operieren wollen. Eine Prophetie, die das Wort vom Kreuz: „Es ist vollbracht!“ unterschlägt, ist Betrug. Die „Zauberer“ haben den Heilsplan genau festgelegt, Graphiken und Zeichnungen müssen helfen, den Endzeitfahrplan zu veranschaulichen, der aber schon in der Ankunft nicht stimmt. Und die Autoren haben nicht schlecht mit ihren Zauberwerken verdient. Hal Lindseys „alter Planet Erde, wohin?“ erschien in einer Auflage von 20 Millionen. Heute wissen wir, dass diese Bücher absolute Fehlinterpretationen waren, Spekulationen, denn die Geschichte ist jüngst anders verlaufen.

Ein Historiker kommt zu folgender Feststellung: „Liest man Vorhersagen über die Zukunft des Christentums etwa aus der Zeit um 1900, so muss man rasch einsehen, dass nichts davon eingetreten ist. Liest man Vorhersagen von heute, so sind es die Wünsche und Befürchtungen ihrer Verfasser“ (Lauster). Das muss uns ein Bibelkritiker sagen, aber wie wahr.

Von evangelischen und katholischen Theologen, Pfarrern und Priestern erwarten wir keine Traumdeutungen. Aber im Evangelikalismus ist Prophetie ein Hauptthema, hier haben wir zwei zukunftsorientierte Gruppen: Die einen beruhigen sich mit der Entrückung, „die jeden Augenblick geschehen kann“. Die anderen gehen schlimmen Zeiten entgegen im 21.Jahrhundert. Für Erstere ist Prophetie bloß ein Anhang zur Bibel von informativem Wert für Leute, die sich gerne mit Gesellschaftstrends und Zukunftsfragen beschäftigen. Heilsentscheidend sei die Prophetie nicht. Da es unter den Apokalyptikern in Babylon unterschiedliche Standpunkte und zum Teil widersprüchliche Meinungen über die Endzeit gibt, alle aber vorgeben, das „prophetische Wort" richtig zu deuten, kann man keinem recht glauben. Manche treten mit einem Wahrheitsanspruch auf, der kein kritisches Hinterfragen mehr zulässt; sie behaupten, den „Schlüssel der Erkenntnis" zu haben, so dass niemand zur Erkenntnis der Prophetie ohne ihren „Schlüssel" kommen kann. Durch die vielen Fehldeutungen und Spekulationen, insbesondere um den Staat Israel, hat sich eine große Orientierungslosigkeit und Ratlosigkeit überall in den Gemeinden der „Nationen" breitgemacht. „Der Herr kennt die Überlegungen der Weisen, dass sie eitel sind" (1.Kor.3,18-19).

Die Weisen Babylons beziehen bei ihren Überlegungen nicht das Kreuz mit ein, das den Abfall und das vollständige Verlorensein des Menschen offenbar gemacht hat. Beides leugnen die Weisen Babylons in Bezug auf sich selbst und auf die Kirche. Paulus sagt, „das Wort vom Kreuz ist denen, die verloren gehen, Torheit; uns aber, die wir errettet werden, ist es Gottes Kraft" (1.Kor.1,18). Er wollte nichts anderes wissen, „als nur Jesum Christum, und i h n als gekreuzigt" (1.Kor.2,2). Der Apostel betont dies gerade den Korinthern gegenüber, denen „aus den Nationen", die sich weise dünkten und doch so beschämend unwissend waren und fleischlich dachten. Er fragt sie tadelnd: „Wo ist der Weise? Wo der Schriftgelehrte? Wo der Schulstreiter dieses Zeitlaufs? Hat nicht Gott die Weisheit der Welt zur Torheit gemacht?" (1.Kor.1,20).

Nebukadnezar lässt nicht locker, mit ausweichenden Reden lässt er sich nicht abspeisen. Er merkt sogleich, wie sie sich herausreden wollen. Von wegen „ewiges Leben", für ihn ist es eine Frage von Leben und Tod. **Die Sache ist von mir fest beschlossen: wenn ihr mir den Traum und seine Deutung nicht kundtut, so sollt ihr in Stücke zerhauen, und eure Häuser zu Kotstätten gemacht werden; wenn ihr aber den Traum und seine Deutung anzeiget, so sollt ihr Geschenke und Gaben und große Ehre von mir empfangen.** Nebukadnezar steht da, einer für viele unserer geängstigten Zeitgenossen, und sagt gleichsam: ihr Theologen und Pfarrer, ihr Prediger und Evangelisten, ihr Endzeitler, ihr habt doch den Geist, ihr sagt, dass ihr den Durchblick habt, ich bringe euch alle um, das heißt, ihr kommt in die Hölle, wenn ihr mir nicht die Wahrheit sagt; wenn ihr mir sie aber sagen könnt, werde ich an Gott glauben und euch sehr belohnen und ehren. **Darum zeiget mir den Traum und seine Deutung an.**

Als sie zum zweiten Mal bitten, ihnen den Traum kundzutun – sie gehen immer noch davon aus, dass der König den Traum weiß und sie nur auf die Probe stellen will –, machen sie zwar einen demütigen Eindruck in ihrer Verlegenheit, aber Nebukadnezar unterstellt ihnen Unaufrichtigkeit. **Ich weiß zuverlässig, dass ihr Zeit gewinnen wollt ... ihr habt euch verabredet, Lug und Trug vor mir zu reden, bis die Zeit sich ändere.** „Zeit gewinnen" - ganz typisch für die Endzeitpropheten! Sie sind wie die Politiker, die genau voraussagen, wie es kommt, um dann, wenn es anders gekommen ist, zu erklären, warum es so nicht kommen konnte. Doch nie werden sie zugeben, dass sie sich geirrt haben. Jenen sei es verziehen, aber die Brüder wollen alles besser wissen, weil es ja „die Bibel sagt". Mit der Bibel kann man vieles begründen, wenn man es aus dem Kontext reißt. Wenn es dann anders kommt, geben sie nicht zu, dass sie sich geirrt haben, um das Gesicht zu wahren. So ändern sie einfach die „Zeiten und Zeitpunkte". Diese zu wissen ist überhaupt nicht unsere Sache, denn diese „hat der Vater in seine eigene Gewalt gesetzt" (Apg.1,7).

Was in den 80er Jahren kommen sollte, und dann nicht kam, wurde auf die 90er Jahre verschoben. Da auch diese zu Ende gingen, ohne dass Russland (gedeutet als Gog und Magog) in Israel einmarschiert und der Antichrist erschienen ist, kommt das große Unglück ganz sicher im nächsten Jahrtausend. Nach anderer Berechnung müsste aber jetzt das 1000jährige Reich beginnen. Auf jeden Fall soll, so die babylonischen Beschwörer, „alles noch schlimmer kommen". Bessere Nachrichten haben sie nicht. Schlechte, teure Zeiten sollen kommen, und das allerschlimmste: Verfolgung! sie übertreffen einander darin, die Zukunft grauenhaft auszumalen, als ob Gott nicht im Regimente säße. Ihre ganze Prophetie ist Lug und Trug. Hätte ein anderer als der König ihnen das gesagt, würden sie ihn wohl verachtet haben. Vor dem Herrscher jedoch bekamen sie das Zittern. Würden die Autoren falscher Prophetie vor dem König der Könige stehen und wissen, dass sie Ihm für ihre Produkte, die so viel Verwirrung gestiftet haben, Rechenschaft geben müssen, wären sie vorsichtiger und würden nicht bloße Vermutungen für Wahrheit ausgeben. Das Gute und Herrliche, das Gott tun will und schon an Einzelnen tut, und zwar v o r der Entrückung, davon kennen sie nichts, weil sie kein Licht darüber haben. Während die Beschwörer die Angst der Ängstlichen noch mehr schüren. Statt zu beruhigen, zaubern die Zauberer alles Unangenehme weg und bezaubern die Leute mit dem Israelzauber. Die Offenbarung aber schieben sie beständig vor sich her, „um Zeit zu gewinnen ..., bis die Zeit sich ändere."

Viel vorsichtiger sind die „Schriftgelehrten" an den babylonischen Bibelschulen und Seminaren. Sie leben im Geiste in der Vergangenheit, lieben alte Schriften und vergilbte theologische Bücher, studieren die kirchlichen Überlieferungen, was die Väter und großen Lehrer der Kirche gesagt und geschrieben haben. Da können sie nichts falsch machen, denn das ist „anerkannte Kirchenlehre". Daher äußern sie sich weniger zur „Eschatologie" und „Apokalypse", vielmehr halten sie es mit der gesicherten „Dogmatik" und neutralen „Hermeneutik". Was darüber hinausgeht vertreten die Bibellehrer als ihre „private Meinung", ohne sich festzulegen. Das sind die ganz Schlauen, aber nicht weniger verantwortlich, die Wahrheit zu suchen. Gegen die „Allegorie" sind sie sogar allergisch, da diese der Willkür unterliege. So beschränken sie sich auf die Interpretation der Apokalyptik ohne konkrete Anwendung. Zum Beispiel „interpretieren" sie die Sendschreiben *kirchen*geschichtlich, obwohl sie als „Schriftgelehrte" eigentlich darauf kommen müssten, dieselben epochal *bibel*geschichtlich zu erkennen. Zwar bestätigt die Geschichte die Erfüllung biblischer Prophetie, besonders die prophetische Schau Daniels, aber ihr Zweck ist weder die Vergangenheit noch die Zukunft zu deuten, sondern gegenwärtiges Geschehen zu beleuchten. Die prophetischen Schriften sind für uns aufgeschrieben, um die Zeit zu erkennen, was die Stunde geschlagen hat. Und ausgerechnet da versagen sie. Das, was gegenwärtig ist, „die Zeichen der Zeit", welche geistigen Mächte heute die Welt beherrschen und wie sie überwunden werden können, können sie nicht beurteilen, weil sie das „Zeugnis Jesu“ nicht haben.

Ist es nur menschliches Irren? Oder ist es List, Lüge, Betrug? „Arglistig ist das Herz, mehr als alles, und verderbt ist es; wer mag es kennen?“ (Jer.17,9). Unwissenheit ist bei Gott nicht sträflich, wohl aber Falschheit, Unbelehrbarkeit und Hochmut. Was uns nottut ist Demut, Aufrichtigkeit, Gottesfurcht, so werden wir nicht nur vor vielem Bösen bewahrt, sondern auch vor Irrtümern und Vernunftschlüssen. „Den Aufrichtigen geht Licht auf in der Finsternis“ (Ps.112,4). Gerade in der Prophetie, in ihren Deutungen der Zukunft hat viel Verschlagenheit mitgespielt, um selbst günstig wegzukommen und sich wichtig zu machen. Gottes Propheten im Alten Testaments nahmen selbst an allem teil, was sie dem Volke prophezeiten, das ihnen aber nicht glaubte, so dass sie oft am Leben verzweifelten.

Klüger, obgleich nicht weniger verdorbenen Sinnes, sind die „Beschwörer“, die zwar böse Geister bannen und der Gemeinde „fremde Lehren“ fernhalten wollen, aber selbst einen fremden Geist haben und die Geister von unten geradezu wecken. Sie schwören auf Geistesgaben, Offenbarung und Visionen unabhängig von der Schrift. Zur Not kommen sie ohne Bibel aus, da der Geist ihnen alles eingibt und Gott angeblich direkt zu ihnen redet. Ihre Weissagungen, „so spricht der Herr“, erwecken den Eindruck, Gott sehr nahe zu stehen. Doch frage sie einmal über die Weissagungen der Offenbarung, z.B. Offb.9 oder 13, die uns auf den Nägeln brennen, so kommen sie in Verlegenheit. Dann sind sie gar nicht mehr so sicher, was das sein könnte: „Vielleicht“, „es könnte sein“ usw. und dergleichen Vermutungen. Alle ihre Beschwörungen sind „Lug und Trug“.

Falschheit liegt immer vor, wenn man mit der biblischen Prophetie über das Evangelium hinausgeht und spekuliert und politisiert. Falschheit ist vor allem, über die Weisen Babels herzuziehen und sich selbst nicht darin zu erkennen. „Niemand betrüge sich selbst. Wenn jemand unter euch sich dünkt weise zu sein in diesem Zeitlauf, so werde er töricht, auf dass er weise werde“ (1.Kor.3,18).

Beunruhigte Seelen wollen wissen, was heute, was in unserer Zeit los ist, was jetzt ist. Warum ist die christliche Welt moralisch so finster und die Kirche so tot, woher der Werteverfall, das Schulchaos, die Probleme der Jugend, die Zerrüttung der Familien, woher kommt die Zunahme der psychisch Kranken, der Kriminalität usw.? – viele Fragen und keine Antwort der Weisen in C-Babylon. Von den Weisen dieser Welt, den ungläubigen Wissenschaftlern und Psychologen, erwarten wir ohnehin keine Antwort auf Herzensfragen und alle die Probleme der Gesellschaft. Gründe und Rezepte haben sie sicher genug, aber den wahren Grund und das wahre Heilmittel muss Gott uns in Seinem Wort offenbaren, Der auch unsere Zeit vorausgesehen hat. Wozu sonst die Bücher Daniel und Offenbarung?

Darauf antworteten die Chaldäer vor dem König und sprachen: **Kein Mensch ist auf dem Erdboden, der die Sache dem König anzeigen könnte... denn die Sache ist schwer; und es gibt keinen anderen, der sie vor dem König anzeigen könnte, als nur die Götter, deren Wohnung nicht bei dem Fleische ist.** Über Israel, Antichrist, große Drangsal wissen die Endzeitspezialisten genau Bescheid, obwohl ihre Einlegungen und Auslegungen, ja alle ihre Endzeitbücher „Lug und Trug" sind. „Gottes Israel" ist nicht jener jüdische Staat, sondern das Volk der Heiligen in Christus (Gal.6,16), „der Antichrist" treibt schon längst sein Unwesen in der Welt (1.Joh.4,3), und eine große Drangsal steht nicht den Juden bevor, sondern denjenigen, welche die falsche Isebel-Prophetie vertreten (Offb.2,22). Immer, wenn man ihnen präzise Fragen zu ihrem im Detail sehr lückenhaften und widersprechenden prophetischen System stellt, antworten sie wie die Chaldäer: „Wir können nicht alles ergründen", und „das weiß Gott allein".

Dieserhalb ward der König zornig und ergrimmte sehr, und er befahl, alle Weisen von Babel umzubringen. So groß war seine Herzensnot, aber auch seine Empörung, dass er sie alle töten lassen will, weil sie keine Deutung wissen. Nun kommen sie selbst in Not, und das ist gut so, denn vorher haben sie nur mit der Weissagung gespielt und Wahrsagerei getrieben. Jetzt begreifen sie, dass von der richtigen Deutung Leben und Tod abhängen.

Würden unsere babylonischen Schriftsteller doch auch einmal erkennen, dass sie beim „König der Könige" ihr Leben als Propheten verwirkt haben, weil sie Falsches geweissagt haben und dadurch die Kirche und auch das Leben der Welt in Gefahr gebracht haben. Wenn auf der Nichtdeutung oder falschen Deutung die Todesstrafe steht, dann muss eine Auslegung des Traumes nach der Wahrheit gefunden werden.

Daniel tritt hervor

Daniel und seine Freunde haben von dem Zorn des Herrschers über seine Weisen gehört. Sie wussten aber nicht, um welche Sache es ging. **Warum der strenge Befehl des Königs?** erwidert Daniel dem Oberbeamten des Königs. Er antwortet mit Verstand und Einsicht, Ruhe und Besonnenheit, weil er den Gott des Himmels kennt. Nachdem Arioch die Sache Daniel kundgetan hat, geht er zum König hinein und erbittet sich eine Frist, um ihm die Deutung anzuzeigen. Mochten jene Weisen ihre Weisheit durch hohe Bildung erlangt haben, sie mochten alle Schriften der Chaldäer studiert haben, sie mochten auch an die „Götter" über ihnen glauben, aber sie hatten keine Verbindung nach oben wie Daniel. Er erbittet sich nicht die Frist, „um Zeit zu gewinnen" oder zum Nachgrübeln, sondern Gelegenheit zu haben, die Sache vor Gott auszubreiten. Er tut es nicht alleine, sondern in Gemeinschaft mit seinen drei Genossen. Diese vier, die sich im Hause Daniels versammelt haben, rechnen auf die Barmherzigkeit Gottes, dass Er ihnen die Sache, um die sie bitten, offenbare. Sie erfahren die Wahrheit des Wortes Jesu: „Wenn zwei von euch auf der Erde übereinkommen werden über irgendeine Sache, um welche sie auch bitten mögen, so wird sie ihnen werden von meinem Vater, der in den Himmeln ist. Denn wo zwei oder drei versammelt sind in meinem Namen, da bin ich in ihrer Mitte" (Matth.18,19-20). Diese Verheißung gilt nicht nur für das Zusammenkommen als Gemeinde, wozu sie gerne in Anspruch genommen wird. Sie gilt vor allem für besondere Anliegen, wozu sich zwei oder drei ernste Brüder im Gebet vereinigen.

Hierauf wurde dem Daniel in einem Nachtgesicht das Geheimnis offenbart. Gott offenbart Seine Absichten mit Seinem Volke und der Welt heute nicht mehr mittels Nachtgesichten und Visionen. Inspirationen und Offenbarungen außerhalb der Schrift sind nicht vom Geiste Gottes und haben sich stets als nichtig erwiesen. Wir haben die geschriebene Weissagung, der nichts mehr hinzuzufügen ist. Wir bedürfen aber wie Daniel Erleuchtung und Offenbarung der Geheimnisse Gottes, besonders in einer Zeit großer geistlicher Finsternis und prophetischer Verwirrung. Wenn uns diese Orientierungslosigkeit einmal zu einer Herzensnot geworden ist, wenn wir fühlen, wie ernst die Lage ist, dann versucht man nicht mehr mit dem Verstand und mittels überlieferter Lehrmeinungen die Erscheinungen unserer Zeit zu erklären (ich habe das anfangs auch versucht). Das Geheimnis des prophetischen Wortes erschließt sich nur in ringendem Gebet. Es gibt keinen anderen Weg zur wahren Erkenntnis als betendes Forschen, auf dem Gott uns Seine Gedanken und Ratschlüsse offenbart. Auf diese Weise wird das Herz an seinen richtigen Platz gestellt und erhebt sich nicht wider die Erkenntnis Gottes.

Nicht allen ist es gegeben, „die Geheimnisse des Reiches der Himmel zu wissen; denn wer da hat, dem wird gegeben werden, und er wird Überfluss haben; wer aber nicht hat, von dem wird selbst was er hat genommen werden" (Matth.13,10-17). Daniel und seine Genossen hatten etwas, was sowohl ihre jüdischen Altersgenossen als auch die Weisen Babels nicht hatten, nämlich ein reines Herz und Gottesfurcht, die der Erkenntnis Anfang ist; „ihnen gab Gott Kenntnis und Einsicht in aller Schrift und Weisheit" (Dan.1,17). Aufgrund der bestandenen Prüfung im 1.Kapitel bekommt Daniel in der vorliegenden Sache des Königs „Verständnis für alle Gesichte und Träume". Sein Mund öffnet sich zu einem Lobpreis, weil Gott ihm das Geheimnis offenbart hat: **Gepriesen sei der Name Gottes von Ewigkeit zu Ewigkeit! denn Weisheit und Macht, sie sind sein.** Wie töricht sind doch oft unsere Gedankengänge, wie klein und ohnmächtig stehen wir den Schwierigkeiten gegenüber. Gott allein weiß den rechten Weg und die rechte Zeit, Er weiß nicht nur alle Dinge, Er hat auch die Macht, sie zu ändern.

Er ändert Zeiten und Zeitpunkte. Viele Verheißungen sind uns geschenkt, besonders auch die der Wiederherstellung des Reiches Gottes. Aber „die Zeiten und Zeitpunkte" bestimmt Gott, aber Er kann sie auch ändern, nicht willkürlich, sondern nach den Erfordernissen. Wie oft hat Er das getan in der Geschichte Israels. In elf Tagen hätten die Kinder Israel durch die Wüste in Kanaan sein können, allein Gott änderte die Zeit wegen ihres Unglaubens und bestimmte ihnen vierzig Jahre. Auch die „Zeiten der Nationen" unterliegen Seiner Gewalt, Er kann sie ändern und hat sie wiederholt geändert. Der Zustand der Kirche machte eine Änderung der „Zeiten und Zeitpunkte" des Tages des HErrn notwendig. Die Entrückung musste hinausgeschoben werden, weil die Gemeinde nicht bereit war. Paulus sah diesen Umstand voraus, so dass er zu seinen Lebzeiten nicht mehr mit der Entrückung rechnet (2.Tim.4,7+8). Doch aufgeschoben ist nicht aufgehoben. Gott ändert nicht die Verheißung, aber den Zeitpunkt der Erfüllung. Er, „der die Weisen erhascht in ihrer List", wirft alle menschlichen Berechnungen über den Haufen. So kann er dem von den Weisen Babylons angekündigten angeblich kommenden Weltherrscher „Antichrist" ein Schnippchen schlagen und das Gebet des bedrängten Psalmisten erhören: „Stehe auf, Herr! Komm ihm zuvor, wirf ihn nieder! Errette meine Seele von dem Gesetzlosen durch dein Schwert" (Ps.17,13).

Denn Gott **setzt Könige ein** nach Seinem Wohlgefallen, und Er **setzt Könige ab**, wenn sie Ihm zu frech und frevelhaft werden. Man kann dies im Zeitalter des neuen Bundes und der Demokratie nicht buchstäblich auf die Welt übertragen, als ob Gott heute noch die Regierenden bestimmen und die Welt regieren würde, obwohl Seine Vorsehung immer noch in politische Systeme eingreift, wenn es um das Wohl Seiner Kinder und die Gemeinde geht. Das Ende der Sowjetunion und der DDR als auch die US-Wahl Trump/Pence ist den Gebeten der Gläubigen zu verdanken. Die Anerkennung und Verbreitung des Evangeliums braucht Freiheit, dann redet Gott durch politische Ereignisse und schafft Freiräume. Im Reiche Gottes haben wir es jedoch mit geistlichen Machthabern zu tun. Im Mittelalter hat der Papst Könige eingesetzt und abgesetzt, aber in der Reformation hat Gott den Luther eingesetzt und den

Papst abgesetzt. So ändern sich „die Zeiten der Nationen", deren Beginn und Ende das Buch Daniel zeigt. Was für die Könige Israels galt, deren Erwählung und Herrlichkeit, aber auch Absetzung und Gericht von Gott ausging, gilt auch für die „Könige der Nationen", die das Lamm für Gott erkauft hat „aus jedem Stamm und Sprache und Volk und Nation" (Offb.5,9+10). Wenn sie nicht verständig sind und sich nicht zurechtweisen lassen, können sie ihr „Königtum" verlieren. Die Kirchengeschichte liefert dafür viele Beispiele, sowohl bei den Großen als auch bei den Kleinen.

Der Herr gibt den Weisen Weisheit und Verstand den Verständigen; er offenbart das Tiefe und das Verborgene. „Sehet eure Berufung, Brüder, dass es nicht viele Weise nach dem Fleische sind ...; wir reden aber Weisheit unter den Vollkommen, nicht aber Weisheit dieses Zeitlaufs, noch der Fürsten dieses Zeitlaufs, die zunichte werden, sondern wir reden Gottes Weisheit in einem Geheimnis, die verborgene ..., was kein Auge gesehen und kein Ohr gehört und in keines Menschen Herz gekommen ist, was Gott bereitet hat denen, die ihn lieben; uns aber hat Gott es geoffenbart durch seinen Geist, denn der Geist erforscht alles, auch die Tiefen Gottes" (1.Kor.1,26; 2,6-10). **Er weiß, was in der Finsternis ist, und bei ihm wohnt das Licht,** „denn Gott ist Licht und gar keine Finsternis ist in ihm" (1.Joh.1,5). Der Geist Gottes muss uns erleuchten, denn, wie es in einem Liede heißt: Unser Wissen und Verstand ist mit Finsternis umhüllet, wo nicht deines Geistes Licht ... Nur so können wir den Propheten Daniel deuten, und er kann nur richtig gedeutet werden im Lichte des letzten Buches der Bibel, der Offenbarung Jesu Christi, die unser Deuteengel ist für die ganze Schrift.

Für diese große Offenbarung lobt und rühmt Daniel den Gott seiner Väter, der auch sein Gott ist, **dass du mir Weisheit und Kraft gegeben, und mir jetzt kundgetan hast was wir von dir erbeten haben; denn du hast uns die Sache des Königs kundgetan.** In diesen Lobpreis stimmt jeder ein, dem Gott die Geheimnisse des Wortes der Weissagung offenbart hat. Das Besondere an „der Sache des Königs" war, dass zuerst einmal sein Problem erkannt werden musste, und dieses konnte nur Gott, der Herzenskündiger, wissen. Wir können viele Gründe und Ursachen für die

Probleme unserer Zeitgenossen und unsere eigenen nennen, aber auf das eigentliche Probleme kommen wir nicht mit Grübeln oder vielem Bücherlesen. Die Ursache unseres speziellen Problems kennt nur Gott, und wenn es uns eine Not ist und wir es vor Ihn bringen, gibt Er Weisheit und Einsicht, es zu erkennen, und die Kraft, es zu lösen. Das Mittel ist das Gebet und Gottes Wort. Manchmal brauchen wir auch die Hilfe eines Menschen, dem Gott Weisheit und Vollmacht gegeben hat.

In der Gewissheit, dass Gott ihm das Geheimnis geoffenbart hat, geht Daniel zu Arioch. Er bittet, die Weisen von Babel nicht umzubringen, sondern ihn vor den König zu bringen; er wird ihm die Deutung anzeigen. Hier wird ein bis dahin unbedeutender Mann von den Kindern der Wegführung zu ihrem Lebensretter. Wie einst Joseph in Ägypten (1.Mo.41) steht Daniel vor dem Herrscher eines Weltreiches. **Der König hob an und sprach zu Daniel, dessen Name Beltsazar war: Bist du imstande, den Traum, den ich gesehen habe, und seine Deutung mir kundzutun?** Diese Frage richtet sich an jeden Knecht Gottes, denn wer anders könnte das Rätsel lösen. **Das Geheimnis, welches der König verlangt, können Weise, Beschwörer, Schriftgelehrte und Wahrsager dem König nicht anzeigen. Aber es ist ein Gott im Himmel, der Geheimnisse offenbart.** Es nützt daher gar nichts, über sie erbost zu sein, sie können es nicht wissen, weil es außerhalb menschlichen Vernunftdenkens und wissenschaftlicher Erkenntnisse liegt. Die Psychologie hat hier vollkommen versagt, weil sie das sündige menschliche Herz nicht kennt. „Der erfahrenste Menschenkenner weiß unendlich viel weniger vom menschlichen Herzen als der schlichteste Christ, der unter dem Kreuz lebt. Die größte psychologische Einsicht, Begabung, Erfahrung vermag ja das eine nicht zu begreifen: was Sünde ist. Sie weiß von Not, von Schwachheit und Versagen, aber sie kennt die Gottlosigkeit des Menschen nicht. Darum weiß sie auch nicht, dass der Mensch allein an seiner Sünde zugrunde geht und allein durch Vergebung heil werden kann. Das weiß nur der Christ" (Bonhoeffer). Fragen wir die Theologie, die Wissenschaft von Gott, ob sie die Wahrheit weiß. Auch sie muss uns enttäuschen. Sie lehrt die kirchlichen

Dogmen und pflegt die Soziologie, aber sie vermittelt uns keine Offenbarung von Gott. „Was ist Wahrheit?" können wir schon gar nicht von der Philosophie erwarten, sonst hätte Pilatus sie gewusst.

Das Geheimnis des Traumes ist dasselbe Geheimnis wie einst mit dem HErrn der Herrlichkeit, den die „Fürsten dieses Zeitlaufs nicht erkannt haben" (1.Kor.2,8). „Zu jener Zeit hob Jesus an und sprach: Ich preise dich, Vater, Herr des Himmels und der Erde, dass du dies vor Weisen und Verständigen verborgen hast, und hast es Unmündigen geoffenbart. Ja, Vater, denn also war es wohlgefällig vor dir" (Matth.11,25-27).

Zuerst weist Daniel darauf hin, dass Gott dem König kundgetan hat, **was am Ende der Tage geschehen wird.** Damit deutet Daniel an, wie die Sache am Ende ausgeht, weniger deren Anfang. Manche Ansätze und Anfänge im großen babylonischen Reich sind gut (Kap.2, 4 u. 6), andere sind schlecht (Kap.3 u.5), aber wichtig ist, was kommt danach, was geschieht am Ende. Daniel kann ihm auf den Kopf zusagen, was den Geist des Königs auf seinem Lager so beunruhigte, warum ihm angstvolle Gedanken aufstiegen, nämlich was nach diesem geschehen werde: Du machst dir berechtigte Sorgen um die Zukunft, die dunkel und schrecklich vor dir liegt. Auch wir fragen, wie geht es weiter mit dem Christentum, wohin steuert die Kirche, was geschieht mit dem Volke Gottes, zu dem auch wir gehören? und viele damit zusammenhängende Lebensfragen. Eine Antwort können wir nur vom letzten prophetischen Buch der Bibel her bekommen. Gott hat Jesum Christum die Offenbarung gegeben, „um seinen Knechten zu zeigen was bald geschehen muss" (Offb.1,1).

Dem Daniel wurde die Sache offenbart, nicht seinen drei Genossen, obwohl sie zusammen gebetet haben. Doch sie erkennen die geistliche Führung von Daniel an, denn er hatte die Initiative ergriffen, wie auch in Kap.1. Nicht allen zugleich war das Geheimnis des Christus offenbart, wie es denn Paulus und nicht Petrus oder Johannes war, denen es zuerst kundgetan worden ist (Eph.3,1-9). Letztere hatten einen anderen Dienst. Später, nachdem es verkündigt war, wurde es auch anderen klar, bis es schließlich allgemeines Glaubensgut wurde. Dasselbe war mit der Rechtfertigungslehre Luthers und manch anderer vergessener Wahrheit, die Gott wieder entdecken ließ durch besondere Umstände und Führungen, und nicht, weil die Zeugen besonders geistvolle Männer oder Heilige gewesen wären. Bei dem Traum geht es jedoch nicht um kostbare Wahrheiten über Christus und die Gemeinde, sondern um das Geheimnis des Abfalls, der Gesetzlosigkeit, und auch das ist nicht jedem offenbart. Luther, Calvin und andere äußern sich nicht oder nur spärlich zu Endzeitfragen. Anders Darby, er hat den Abfall gepredigt, jedoch die „Versammlung" davon ausgenommen, die aber mittlerweile selbst verfällt und mit Laodicäa bzw. mit Babylon letztlich enden wird.

Daniel bekennt: **Mir ist nicht durch Weisheit, die in mir mehr als in allen Lebenden wäre, dieses Geheimnis geoffenbart worden, sondern deshalb, damit man dem König die Deutung kundtue und du deines Herzens Gedanken erfahrest.**

Ähnlich drückt sich Paulus aus: „Mir, dem Allergeringsten von allen Heiligen, ist diese Gnade gegeben worden, unter den Nationen den unausforschlichen Reichtum des Christus zu verkündigen, und alle zu erleuchten, welches die Verwaltung des Geheimnisses sei" (Eph.3,8). Das hätte auch Daniel gesagt haben können, da es sich um dasselbe Geheimnis im Vorbilde handelt.

Die Offenbarung, die Daniel gegeben ist, hatte den Zweck, dass der König „die Gedanken seines Herzens" erfahre, was in seinem Herzen ist, was er befürchtet, was er denkt. Nicht nur was seinen Geist beschäftigte, sondern was sein Herz mit Sorge erfüllte. Die Weissagung des Wortes Gottes verfolgt stets den Zweck, dass man erfahre was im *Herzen* ist, nicht was in der Welt vorgeht. Gott will uns nicht mit politischen Ereignisse beschäftigen, wozu oft die Weissagung mißbraucht worden ist, sondern Er will den Zustand des menschlichen Herzens enthüllen und zugleich die unsichtbaren Dinge vor ihm aufdecken. Das Herz ist der Ort, wo sich die Welt abspielt. Deshalb muss man bei der Deutung einer Weissagung fragen: Dient sie dazu, dass man erfahre, was im Herzen ist, um Ruhe und Frieden zu suchen und in Jesus Christus zu finden?

Was hatte nun der König im Traume gesehen? Daniel kann es ihm sagen: Es war ein großes Menschenbild, ein Bild von außergewöhnlichem Glanz, aber schrecklich anzusehen: **Sein Haupt war von feinem Golde; seine Brust und seine Arme von Silber; sein Bauch und seine Lenden von Erz; seine Schenkel von Eisen; seine Füße teils von Eisen und teils von Ton.** Das war das Traumbild.

Auf den ersten Blick sind es die einzelnen Teile des Menschen: Das **Haupt** ist der Sitz von Geist, Wille, Verstand (Erkenntnis, Bekenntnis), in der **Brust** sind Überzeugung und Gefühle dargestellt (Glaube, Liebe), **Bauch und Lenden** sind natürliche Weisheit, Ehre, Triebe, während die **Schenkel** symbolisch Charakter, Tatkraft und Mut ausdrücken; die **Füße** weisen auf den Wandel und das Tun des Menschen hin. Der Mensch soll in seiner Ganzheit, also mit Leib, Seele und Geist, seinem Schöpfer dienen. Doch wozu benutzt er dieses alles, womit Gott ihn ausgestattet hat?

Was war für Nebukadnezar an dem Bild so erschreckend? Waren es doch alles wertvolle und brauchbare Bestandteile. Als erstes fällt auf, dass der Wert derselben nach unten ganz erheblich geringer wird, die Härte aber zunimmt. Es ist zunächst das Bild vom Menschen, wie es die Bibel beschreibt und seine Erlösungsbedürftigkeit zeigt. Seit dem Sündenfall bis heute ist das die Entwicklung der Menschheit. Das Bild zeigt in anschaulicher Weise das Verderben des Menschen, jedem Neuanfang in Israel folgte bald der Niedergang bis zum offenen Abfall. Auch die gerade begonnene Geschichte der Nationen sollte sich nach diesem Bild geradeso entwickeln. An diesem Traumgesicht wird deutlich, dass die Neigung des Menschen ohne ständige Abhängigkeit von Gott immer nach unten geht. Das biblische Menschenbild widerlegt total das evolutionistische, sozialistische und humanistische Menschenbild, wonach der Mensch gut ist und sich stets höher entwickelt. Das Gegenteil ist der Fall: Gewalt, Hass, Grausamkeit nehmen in den letzten Jahrhunderten beträchtlich zu.

Der Mensch ist nicht besser geworden, denn „das Dichten des menschlichen Herzens ist böse von seiner Jugend an" (1.Mo.8,21). Selbst die Christenheit hat sich moralisch nicht aufwärts entwickelt, sondern abwärts. Es gab immer wieder Erweckungszeiten, regional und national, aber danach wieder Abfall. Den letzten Schub nach unten erleben wir gegenwärtig unter der Herrschaft des Königs Humanismus, der eine beispiellose Gottlosigkeit in Umkehrung aller Werte, Unmoral, Sittenlosigkeit und Gesetzlosigkeit fördert. Inzwischen hat ein Wertewandel stattgefunden, den das Traumbild deutlich veranschaulicht und der nur mit der Geschichte der vier Weltreiche Daniels zu vergleichen ist.

Dann passiert etwas, was alle Reiche dieser Welt erschüttert: **Du schautest, bis ein Stein sich losriss ohne Hände, und das Bild an seine Füße von Eisen und Ton schlug und sie zermalmte.** Gott greift auf diese Weise in den Lauf der Geschichte ein und zerstört alle herrschenden Ideen und Meinungen, Er tritt auf dieselbe Weise in das persönliche Leben.

Ob wir den modernen, aufgeklärten Menschen betrachten, der auf seine Vernunft vertraut und dessen Gott die Wissenschaft ist, oder den Menschen, dessen Devise Toleranz und Mitmenschlichkeit ist, und auch der sittlich hochstehende Mensch ist dem Gericht Gottes verfallen. Niemand kann vor dem „Stein" bestehen, wenn er auf ihn fällt. Ebenso wird der religiöse Mensch, der seinen eigenen Willen tut, was bis zur Selbstkasteiung gehen kann (Kol.2,18-19), über den „Stein des Antoßes" fallen. Mag er auch fromm erscheinen, wenn sein Glaube nur Kopfsache ist und seine Wohltätigkeiten nicht aus der Liebe kommen – sein Christentum ist nichts wert vor Gott. „So prüfet euch selbst, ob ihr im Glauben seid, untersuchet euch selbst" (2.Kor.13,5). Wer an den eigenen Abfall und das Gericht glaubt, fällt nicht ab; wer aber lehrt, ein Gläubiger könne nicht abfallen, ist bereits abgefallen (1.Tim.4,1). In den „letzten Tagen" finden wir alle Elemente des babylonischen

Christentums vor: Das hohe Bekenntnis ist zum Teil Gold wert, die Liebe aber ist erkaltet, sie sinnen auf das Irdische, ihre Ehre ist in ihrer Schande, der Wandel fleischlich und ihr Tun ist gesetzlos, gottlos. Diese Entwicklung hat einen Menschentyp hervorgebracht, den der Nationenapostel als gesetzlos bezeichnet.

Da wurden zugleich das Eisen, der Ton, das Erz, das Silber und das Gold zermalmt. Es genügte der Schlag an die Füße, und das ganze Menschenbild fiel wie ein Kartenhaus in sich zusammen und wurde zu Staub. Die an sich wertvollen babylonischen Elemente sind doch nichts wert, wenn Christus nicht im Mittelpunkt steht, wenn nicht der Geist Gottes sie beseelt. Alles was den Menschen auszeichnet und wodurch er glänzt, was ihn groß und stark macht, und nicht Gott ehrt, ist **wie Spreu der Sommertennen; und der Wind führte sie hinweg, und es wurde keine Stätte für sie gefunden.**

DIE DEUTUNG

In der Deutung bestätigt Daniel die Herrschaft der Nationen. Auch für ihn war es eine neue und zwar demütigende Erkenntnis, dass die Herrschaft Gottes auf der Erde, die vorher Israel gehörte, jetzt den Nationen übergeben war. Er erkennt vorbehaltlos an, dass Nebukadnezar, **der König der Könige, das Königtum, die Macht und die Gewalt und die Ehre** von Gott gegeben war. Nebukadnezars Machtbereich war sogar größer als Salomons, **überall, wo Menschenkinder, Tiere des Feldes und Vögel des Himmels wohnen, hat er sie in deine Hand gegeben und dich zum Herrscher über sie alle gesetzt – du bist das Haupt von Gold.** Nur die Fische des Meeres sind von seiner Herrschaft ausgenommen (vgl. 1.Mo.1,28).

Das babylonische Reich war ein goldenes Zeitalter, ein Friedensreich mit großer Wohlfahrt, ein Segen inmitten der ganzen Erde (Dan.4,1-3.12). Israel ging es gut in der Gefangenschaft, solange die Könige Babylons demütig und gottesfürchtig blieben. Das erste von Gott anerkannte Reich der Nationen bestand 70

Jahre, von 608 bis 538 v.Chr., bis sein sittlicher und gerichtlicher Fall eintrat. Ihm folgte das Reich der Meder und Perser (538-331 v.Chr.). Das Doppelreich Medo-Persien war größer als das babylonische, aber sein moralischer Gehalt war niedriger. Auch dieses gewaltige Weltreich zerbrach an seinem Abfall von Gott und der Sittenlosigkeit. Alexander der Große eroberte es in seinen Feldzügen und gründete das griechische Weltreich (331-168 v.Chr.). Das Griechentum, in dem Bild als „Bauch und Lenden von Erz" (Bronze) dargestellt, wurde zur Weltkultur, sein Einfluss ging weit über die Grenzen des Reiches und über seine Zeit hinaus, es beeinflusste auch stark das Judentum. Die Weisheit der griechischen Philosophen, sie liebten die Weisheit, war zwar das höchste, was Menschengeist hervorbrachte, aber es war nur Erz. An Solomons Weisheit reichten sie nicht heran, denn „seine Weisheit war größer als die Weisheit aller Söhne des Ostens" (1.Kön. 4,29-34).

Die größte Aufmerksamkeit lenkt Daniel auf das **vierte Königreich,** bekannt als römisches Reich (Imperium Romanum). Ihm war durch Nachfolge die Autorität, Macht und Gewalt und Ehre von Gott gegeben. Paulus bestätigt dies mit der Anerkennung der Obrigkeit: „Denn es ist keine Obrigkeit, außer von Gott und diese, welche sind, sind von Gott verordnet" (Röm.13,1). Damit sagt er nichts über die Personen, welche die oberste Gewalt im Reich bzw. Staat ausüben, sondern er spricht nur von der Institution als solcher, von dem Ursprung der Gewalt, die von Israel auf die Nationen übergegangen war und eben deshalb, weil Gottes Regierungswege es so gefügt hatten, anzuerkennen war. Der Christ soll sich der Obrigkeit unterwerfen und sie fürchten und nicht gegen sie opponieren, da Gott ihr das Schwert gegeben hat, sie hat Gewalt über Leib, Leben und Gut. Nur die Macht über die Seele hat Gott sich vorbehalten. Hier muss der Christ widerstehen, wenn die Obrigkeit sich anmaßt, über das Gewissen zu herrschen, denn „man muss Gott mehr gehorchen als Menschen" (Apg.5,29). Daniel und seine Freunde haben schon nach diesem Grundsatz gehandelt (Dan.3,18; 6,11).

Das Römische Reich weitete sich nicht durch bewusste Welteroberungspläne und -ziele aus, vielmehr waren es unvorhergesehene Umstände und die römische Vorstellung vom Krieg, der als Wiederherstellung des vom Gegner gebrochenen Rechts angesehen wurde. Es beschränkte sich auf den Mittelmeerraum und Westeuropa (168 v.Chr. – 476 n.Chr.).

Die Römer hatten ein starkes Rechtsbewusstsein, römisches Recht erlangte weltgeschichtliche Bedeutung und wurde Grundlage der europäischen Gesetzesbücher. Trotz seines vorbildlichen Rechtssystems im staatlichen und privaten Bereich, z.B. konnte sich Paulus auf sein römisches Bürgerrecht berufen (Apg.16,37), war der sittliche und moralische Zustand in diesem Weltreich auf der niedrigsten Stufe angekommen. Auf diesem Gebiet fehlte alle Sittlichkeit und Menschlichkeit, man kennt kein Unrechtsbewusstsein mehr. Jesus hat dies, gekreuzigt unter Pontius Pilatus, an seinem Leibe in entehrender und grausamster Weise erfahren müssen.

Über dieses vierte Reich werden nähere Angaben gemacht: **Es wird stark sein wie Eisen, ebenso wie das Eisen alles zermalmt und zerschlägt, so wird es, dem Eisen gleich, welches zertrümmert, alle diese zermalmen und zertrümmern.** Dem Eisen wird nicht nur Festigkeit zugeschrieben, sondern auch eine unheimliche Zerstörungskraft. Die wertvollen Kulturgüter der vorhergehenden Reiche (Gold, Silber, Bronze) werden vom Römischen Reich nicht übernommen, im Gegenteil, sie gelten ihm nichts, es zerschlägt und zertrümmert alle überlieferten religiösen, sittlichen und moralischen Werte, weil ihm vollständig Gottesfurcht und Ehrfurcht fehlen. Das Ergebnis können wir in Röm.1 nachlesen, wo Paulus den niedrigen Zustand der Menschen im Römischen Reich markiert.

Und daß du die Füße und die Zehen teils von Töpferton und teils von Eisen gesehen hast – es wird ein geteiltes Königreich sein; aber von der Festigkeit des Eisens wird in ihm sein, weil du das Eisen mit lehmigem Ton vermischt gesehen hast. Mit dieser Aussage wird eine Teilung und zugleich eine Vermischung angekündigt. „Geteilt" im prophetischen Sinne wurde das Königreich nicht etwa in ein Weströmisches und ein Oströmisches Reich (Byzanz), was erst im 4. Jhrh nach Chr. geschah, sondern die Vermischung der antiken philosophischen Traditionen (Plato, Aristoteles) mit dem jüdischen Glauben, ein Versuch, dem auch später das Christentum erlag.

In dem **Eisen** sehen wir die Tradition und die gesetzliche Ordnung, sowohl im staatlichen (sozialen) als auch im religiösen Bereich. Das strenge römische Gesetz schlägt sich auch in der strengen Gesetzesform des Judentums (Pharisäer, Essener) nieder. Der **Töpferton** deutet allerdings auf eine geformte Masse hin (denn Gott vermag aus der Tonmasse Gefäße zur Ehre zu machen - Röm.9,19-24), der **lehmige Ton** hingegen ist die noch nicht geformte, unmoralische Masse, die wie die Heiden „in Eitelkeit ihres Sinnes, verfinstert am Verstande, entfremdet dem Leben Gottes..." lebt (Eph.4,17-19). Mit dem Gesetz kann man nicht die fleischlichen Lüste töten, vielmehr werden sie dadurch geweckt. Je strenger die Gesetze sind, umso größere Heuchelei, umsomehr sucht das Volk in nicht strafbaren Taten, z.B. in den sexuellen Lüsten, den Ausgleich und die Befriedigung.

Auf Grund dieses Tatbestandes kommt der Apostel zu der Feststellung, dass die Juden nicht besser sind als die Griechen (Heiden). Beide werden unter dasselbe Urteil gestellt: „Da ist kein Gerechter, auch nicht einer, da ist keiner, der verständig sei; da ist keiner, der Gott suche. Alle sind abgewichen, sie sind allesamt untauglich geworden; da ist keiner, der Gutes tue, da ist auch nicht einer" (Röm.3,1-20). Die Teilung verläuft hier also nicht mehr zwischen Heidenvölker und Israel, sondern zwischen Weltweisheit und religiösen Menschengeboten einerseits, während auf der anderen Seite die Gesetzlosigkeit überhandnimmt. Hieraus erklärt sich, dass beide Teile, Eisen und lehmiger Ton, im Volke vermischt sind, obschon sie im Grunde von ihrer Eigenschaft her einander abstoßen.

Und die Zehen der Füße, teils von Eisen und teils von Ton; zum Teil wird das Königreich stark sein, und ein Teil wird zerbrechlich sein. Nun werden die **Zehen der Füße** gedeutet, und zwar auf Stärke und Zerbrechlichkeit. Der Ton erscheint in dieser zweiten Bedeutung als Tongefäß, das leicht zerbrechlich ist. Hart sind beide Elemente, jedoch das eine ist die weltliche (römische) Form, das andere die religiöse (jüdische) Form, wobei nicht die eine die andere zerbricht, sondern sie sind in sich stabil oder zerbrechen an sich selbst, ehe sie von Gott aufgelöst werden. Die Zehen weisen auf den späteren Zerfall des Römischen Reiches in eine Vielzahl kleinerer Staaten und Kulturen hin, ebenso auf die vielen jüdischen Sekten.

Eine letzte Anwendung sieht Daniel darin, **dass du das Eisen mit lehmigem Ton vermischt gesehen hast – sie werden sich mit dem Samen der Menschen vermischen, aber sie werden nicht aneinander haften: gleichwie sich Eisen mit Ton nicht vermischt.** Welcher Teil hier überwiegt, ist nicht gesagt. Das Kaiserreich leidet bereits am inneren Zerbruch, der nicht aufzuhalten ist, obwohl der äußere Zusammenhalt mit Macht gewahrt wird. Es wird der Versuch unternommen, zwei wesensfremde Elemente zusammenzufügen, aber sie haften nicht aneinander. In diesem Vers werden Eisen und Ton als eins betrachtet und im Gegensatz dazu der **Same der Menschen** gesehen. Letzterer erscheint hier schon als neue (christliche) Masse, die bereits von der heidnischen und religiösen Welt unterschieden wird. Diese Deutung sollte sich ebenfalls in der Geschichte bestätigen: Das Griechentum und das Judentum zur Zeit des vierten Reiches, sowohl in seiner gesetzlichen Verfassung als auch in der gottlosen, sittlich entarteten Form, wollen das Christentum vereinnahmen bzw. durchdringen, was ihnen auch gelingt. Doch der „Same der Menschen", die echten Kinder Gottes, hat die Vermischung immer abgestoßen; eine Gleichförmigkeit gibt es in der Tat nur zwischen Halbheitschristen und der Welt.

Kirchenepochen

Die vier Weltreiche sind genauso gekommen und wieder abgelöst worden, wie Daniel es vorausgesagt hat. Er schrieb die Weltgeschichte im Voraus – ein mächtiger Beweis von der Zuverlässigkeit der göttlichen Weissagung. Historisch betrachtet ist die Zerstörung des Bildes durch den „Stein, den die Bauleute verworfen haben", Christus, geschehen. Wer dies leugnet, leugnet die gewaltige und weltumwälzende Wirkung des Wortes vom Kreuz in den Tagen der Apostel. Jesus sagt: „Wer auf diesen Stein fällt, wird zerschmettert werden; aber auf welchen er fallen wird, den wird er zermalmen" (Matth.21,42-44). Das war das Ende des Judentums, das Reich Gottes wurde ihnen weggenommen und sollte einer Nation gegeben werden, die dessen Früchte bringen wird. Der unscheinbare „Stein" hat den Koloss römisches Reich durch das Evangelium erobert und alle weltlichen und religiösen Elemente vernichtet, der christliche Glaube wurde selbst zu einem großen Berge und füllte den ganzen damaligen Erdkreis. Das Christentum veränderte grundlegend die griechisch-römische Kultur, selbst Kaiser und Könige wurden Christen.

So begann die Geschichte der Kirche, gegründet auf das Bekenntnis zu dem Sohn Gottes, Jesus Christus. Der Traum und seine Deutung sollten sich im Verlauf der Kirchengeschichte noch einmal erfüllen. Nicht als wechselnde Reiche der Welt, sondern als ständig abnehmender Wert des Christentums bzw. der Nationen-Kirche.

Gehen wir noch einmal auf Paulus zurück und betrachten das Traumbild unter geistlichem Aspekt. Das Bild vom neuen Menschen in Christus war für die Gläubigen aus den Nationen außerordentlich anziehend. In dem **Haupt des Bildes von feinem Golde** wird die Erkenntnis und das Bekenntnis kostbarer Wahrheiten festgehalten, man bekennt sich zu Christus, unter dem „alles zusammengebracht wird, das was in den Himmeln und das was auf der Erde ist" (Eph.1,10); Er ist „als Haupt über alles der Gemeinde gegeben, welche sein Leib ist" (Eph.1,21-23). Sodann wird in Eph.2 das Bild des neuen Menschen – Israel und Nationen – entfaltet, in Christus vereinigt und verherrlicht. Hier ist der geistliche Mittelpunkt noch Jerusalem, die heilige Stadt, wohin die „Nationen" gekommen sind und beide, die Nahen und die Fernen, zusammengefügt werden zu einem „heiligen Tempel im Herrn". (Dies entspricht im Vorbilde der Herrlichkeit Jerusalems und des Tempels in den Tagen Salomos - 1.Kön.5-10). Doch dann ereignete sich der Fall Israels, und die ganze Herrlichkeit ging auf die Nationen über und verlagerte sich später nach Babylon. Aus dieser Sicht müssen wir die Sendschreiben an die sieben Gemeinden lesen, „die in Asien sind", alles „Städte der Nationen", deren Mittelpunkt (noch unausgesprochen) Babylon ist, was das Verlassen der ersten Liebe bereits anzeigt. In Babylon, wo sich nunmehr das Volk Gottes befindet, aber immer noch der Geist Gottes (in Daniel und seinen Genossen) wirkt, wird das Bild Christi und die Einheit des Leibes unter der Verwaltung der Gnade Gottes vorgestellt. Es ist der Leib – das Haupt mit inbegriffen –, wie er von den „Nationen" dargestellt wird, später unter Ausschluss von Israel, dem Volke der Heiligen.

Die „Heidenchristen" sind bestrebt, Christus groß und herrlich in der Welt zur Geltung und Anerkennung zu bringen. Diese Gefahr sieht bereits Paulus bei den Korinthern. In Christus „in allem reich gemacht worden, in allem Wort und aller Erkenntnis …, in keiner Gnadengabe Mangel" (1.Kor.1,5-7), besaßen sie dies alles mehr im Verstande als im Herzen. Es mit den Fürsten dieses Zeitlaufs halten, Weltweisheit suchen, herrschen wollen sind Dinge, die dem Geist der Welt Tür und Tor öffnen und das geistliche Verständnis gleichermaßen zurückgehen lassen. Im 2.Brief befürchtet der Apostel, dass ihr Sinn verderbt und von der „Einfalt gegen den Christus" abgewandt wird (2.Kor.11,3).

Dem hohen Bekenntnis und der großen Erkenntnis entsprach die Liebe, im Vorbilde die **Brust von Silber,** nicht. Die Erinnerung an die Liebe wird bei den Korinthern nötig. Das Kapitel von der Liebe (1.Kor.13) wird heute schon gar nicht mehr gerne betrachtet, weil es „eine einzige Anklage ist". Der Apostel der Liebe sagt: „Gott ist Liebe, und wer in der Liebe bleibt, bleibt in Gott und Gott in ihm" (1.Joh.4,16). Das ist „feines Gold". Die praktische Betätigung der Liebe aber ist „Silber". Wäre sie das noch! Vielfach ist sie nur „tönendes Erz oder eine schallende Zimbel" (1.Kor.13,1). Wir merken hier schon den Abfall. Wo die Liebe fehlt, geht es abwärts.

In **Bauch und Lenden von Erz** kommt die Gesinnung und Kraft zum Ausdruck. „Erz" (Bronze) ist an sich auch noch relativ begehrt und von praktischem Wert. Im Zusammenhang mit dem Haupte, das heißt bei dem hohen Bekenntnis des Mundes, zeigt sich aber schon früh eine Gesinnung, von der Paulus sagt, dass sie bei vielen fleischlich und irdisch ist, „deren Gott der Bauch, und deren Ehre in ihrer Schande ist, die auf das Irdische sinnen" (Phil.3,19). Das sagt er nicht von der Welt, sondern von solchen, die sich zu Christus bekennen, aber das Kreuz und die damit verbundene Schmach nicht auf sich nehmen wollen.

Ein viertes Element sind die **Schenkel aus Eisen**. Diese weisen auf Charakterstärke, Mut und Kraft hin, aber die Härte ist bedenklich. Festigkeit ist gut, aber Härte und Unduldsamkeit, die niemand neben sich stehen lässt und alle verdammt, die sich nicht der Gemeindeführung fügen, ist keine christliche Tugend. „Ein Knecht des Herrn aber soll nicht streiten, sondern gegen alle milde sein, lehrfähig, duldsam" (2.Tim.2,24). Widersacher soll man in Sanftmut zurechtweisen und sich nicht über sie stellen.

Im Stadium des vierten Elements, das auch auf die **Füße teils von Eisen und teils von Ton** übergreift, ist der Wandel fleischlich, teils bedingt durch eine fleischliche, gesetzliche Denkweise und ein seelisches Christentum, das sehr streitbar ist. Der Apostel der Nationen sieht für die letzten Tage einen sehr unmoralischen Charakter sogenannter Christen kommen: „Selbstsüchtig, geldliebend, prahlerisch, hochmütig, Lästerer, den Eltern ungehorsam, undankbar, unheilig, lieblos, unversöhnlich, Verleumder, unenthaltsam, grausam, das Gute nicht liebend, aufgeblasen, Verräter, unbesonnen, aufgeblasen, mehr das Vergnügen liebend als Gott, die eine Form der Gottseligkeit haben, deren Kraft aber verleugnen" (2.Tim.3,1-5). Am Ende des christlichen Zeitalters sind die Menschen wieder so wie in Röm.1. Zuletzt besteht das Christentum nur noch aus Eisen und Ton, einem gesetzlichen, strengen Sektierertum und andererseits nimmt die Gesetzlosigkeit und Sittenlosigkeit überhand.

Die Geschichte der vier Weltreiche der Antike wiederholt sich in der Kirchengeschichte auch als wechselnde Inhaber bzw. Verwalter des Reiches Gottes. In der zweitausendjährigen „Gnadenzeit" lassen sich vier oder fünf Reichsepochen bzw. -bewegungen feststellen. Jede Bewegung setzte im Wert eine Stufe tiefer an. Obwohl viele zur Apostellehre, zur Urkirche und zum Urchristentum, kurz zum Anfang zurück wollten, endeten alle zuletzt bei den Füßen von Eisen und Ton, das heißt im Abfall, und verloren das Königreich.

<h2 style="text-align:center">VON DER REFORMATION BIS ZUR GEGENWART</h2>

Die *Reformation* war ein neuer und guter Ansatz, aber dennoch niedriger als die nachapostolische Kirche bis Augustinus. Luther stellte nach schweren Kämpfen die Wahrheit der Rechtfertigung aus Glauben und das Priestertum aller Gläubigen wieder auf den Leuchter. Damit bewirkte er eine weltweite Befreiung vom römischen Joch. Aus der evangelischen Lehre wird die „evangelische Kirche", auf die das Reich Gottes übergeht wie einst das babylonische Reich auf das medopersische. Es gilt wieder allein die Schrift, *sola scriptura*. Schade, dass Luther den geistlichen Wortsinn verwirft, auch hält er teilweise noch an katholischen Elementen (Sakramente) fest. Positiv ist, dass es für die Reformatoren die geistlich-weltliche Reichseinheit, wie sie die Mittelalterliche Kirche verstand, nicht mehr gibt. Für sie ist das Reich Christi das Reich der Gläubigen, das heißt Christus herrscht bei den Seinen durch Seinen Geist, das Wort und die Gnadenmittel. Es ist ein verborgenes Reich der Vergebung, der Freiheit und der Liebe, in das man durch Buße und Glauben gelangt. In der Erwartung der Vollendung „beten wir, dass das Reich Gottes komme, d.h. darum, dass der HERR von Tag zu Tag die Zahl der Gläubigen, die Seinen Ruhm durch ihre Werke verherrlichen, vermehre und dass Er Seine Gnade über sie in reichem Maße ergieße, damit Er in ihnen mehr und mehr Herrsche und lebe, bis dass Er sie, die mit Ihm eines geworden sind, gänzlich erfüllet, und das Reich Gottes endlich erfüllt werde" (Johannes Calvin). Fragwürdig hingegen ist Luthers zwei-Reich-Lehre, die einerseits das Reich Christi, wie wir es gerade beschrieben haben, umfasst, auf der anderen Seite aus der weltlichen Regierung ein Reich Gottes „der linken Hand" macht, in dem der Christ ebenfalls lebe und sich für öffentliche Interessen einsetzen und Ämter einnehmen soll. Diese Lehre von der „Doppelexistenz des Christen" hat den Protestantismus in politische Händel verwickelt und zu einer weltlichen Gesellschaft gemacht. Er öffnete sich dem Rationalismus und wird in der Demokratie zum Wegbereiter antichristlicher Mächte (Sozialismus, Humanismus). Die Kirche verlor das Reich Christi und Gottes, das Volk der Reformation wurde eine sozialistische Gesellschaft.

Die dritte Reichsepoche leitet der *Pietismus* ein, eine neue Bewegung im 17. Jahrh. innerhalb der evangelischen Kirche, aber von dieser geächtet. Er setzt mit seiner erwecklichen Predigt bei „Bauch und Lenden von Erz" an und kann damit den Zweifeln und der Resignation jener Zeit (Aufklärung) begegnen. Die pietistische Erneuerungsbewegung überwand die Orthodoxie lutherischer wie reformierter Prägung und hoffte zum Teil durch mystische Erfahrungen und Geisterfahrung neben der Schrift auf eine „nach innen gerichtete Reformation" (Böhme). Sie drang auf eine „Reformation des Lebens" (Labadie) durch Buße und totale Hingabe, wobei Heiligung und Werke stark betont wurden. (In England ist es der Methodismus der Brüder Wesley, die eine „zweite Reformation" der Heiligung predigen). Kritiker befürchten eine „Auflösung der reformatorischen Botschaft", die teilweise auch geschah, indem die pietistischen Führer die Lehre der Reformatoren vom Reich aufgeben und ein „tausendjähriges Reich" erfinden; einige gehen weiter und huldigen der Allversöhnungslehre. In einer Weise waren sie auch Kinder ihrer Zeit; der Vernunftglaube, den sie bekämpfen, schleicht sich in prophetischen Vernunftschlüssen wieder ein. Die Offenbarung wird zu einem Lieblingsbuch der Pietisten, jedoch zu allerlei Spekulationen mißbraucht. Stilling verleitet viele durch seine natürliche Deutung von Offb.12, in Rußland den „Bergungsort" zu suchen. Die „Hoffnung zukünftig besserer Zeiten" (Spener) erfüllt sich jedenfalls nicht, doch gab der Pietismus der Weltmission entscheidende Impulse. Weil Pietisten in Kultur und Politik mitmischen, freilich um die Welt „aus den Kräften eines erweckten Christentums" zu reformieren (Francke), verliert der Pietismus seine Kraft und wird ein Knecht der Welt (Schulpflicht). Altpietisten sind heute nur noch eine kleine überalterte „Notgemeinschaft" in der Kirche. Das Ende ist wieder ein

Unbefreitsein, teils unter dem Gesetz, teils unter die Elemente der Welt, wozu wesentlich die Vermischung von Evangelium und Politik beigetragen hat.

In der vierten und letzten Reichsphase, die mit der *Gemeinschafts- und Brüderbewegung* und den übrigen Bewegungen des 19.Jahrh. beginnt, ist das Reich geteilt, sie liegen auch im Streit miteinander. Erstere übernimmt das Erbe des Pietismus und breitet sich durch Erweckungen regional aus (Siegerland u.a.). Viele Seelen werden von der Sünde überführt und finden das Heil in Christus, bleiben aber mangels geistlicher Belehrung bei den Anfangselementen des Glaubens stehen. Um die Jahrhundertwende kommt die Gemeinschaftsbewegung durch den Einbruch der Pfingstbewegung in eine schwere Krise und muss durch die Trennung empfindliche Verluste hinnehmen. Mittlerweile gibt es wieder Annäherungsversuche. Seelische und Fleischliche trennen sich und finden wieder zueinander.

Die „Brüder" profitieren von den Erweckungen innerhalb der Kirche, gehen aber einen völlig anderen Weg und führen die Seelen in der Erkenntnis der Schrift weiter. Dabei brechen sie auf Grund des „Übels Kirche" mit der kirchlichen Tradition, ja nehmen eine antikirchliche Stellung ein. „Heraus aus Babylon'" ist der Schlachtruf, was sich aber bald als Separation in Babylon herausstellt. Hier grenzen sie sich gegen alle anderen „Benennungen" entschieden ab, distanzieren sich auch von der „Allianz". Obwohl sie die „Einheit des Leibes" wollen, beginnt jetzt erst richtig die Zerstreuung der Kinder Gottes, wie sie in den letzten zweitausend Jahren nie gewesen ist. Gegensätzliche Standpunkte werden mit großer Härte und Schärfe ausgetragen.

In dieser geteilten Gestalt des Reiches, insbesondere in den Zehen des Traumbildes, kommt die „Zerrissenheit der Gläubigen", zum Ausdruck. Neben der Erkenntnis mancher wichtiger Wahrheiten stellen die Gründer der Brüderbewegung u.a. Sonderlehren auf, die sich als Irrtümer erweisen, besonders in prophetischer Hinsicht. Vom Evangelium des Reiches halten sie erst gar nichts, es sei für „die Juden im tausendjährigen Reich" bestimmt. In der „Haushaltung der Gnade" (Versammlung), so nach dem von John

Nelson Darby begründeten und durch die Scofield Bibel weit verbreiteten Dispensationalismus, habe das Reich, außer einigen moralischen Grundsätzen, gar keinen Platz in der jetzigen Zeit.

Offenbar hat bei dieser Lehre der Zionismus Pate gestanden, so dass man meinte, Israel müsse einer anderen Haushaltung und Berufung zugeordnet werden. Den Heiligen Israels und das Israel Gottes nach dem Geiste, wie sich die ersten Christen nannten, kennt man in Babylon nicht. Geteilt ist in Babylon nicht nur Alt- und Neubabylon, auch das Volk Gottes und das Reich sind geteilt. Die darbystische Einschubthese, wonach die Gemeinde ein Einschub sei, erweist sich als künstlicher Einschub der „Nationen" in den Einschub in die „Zeiten der Nationen". Die Worte Jesu werden aufgespalten in eine geschichtliche Anwendung und in eine noch ausstehende Erfüllung. So zum Beispiel Jesu Anwendung von jenem „Stein", der zerschmettert, „wer auf diesen Stein fällt". Der zweite Teil des bereits oben zitierten Verses: „Auf welchen irgend er fallen wird, den wird er zermalmen" (Matth.21,44), sei noch zukünftig, wenn Christus erscheine „zur Aufrichtung Seines Reiches". Möge der „Stein" nicht vorher auf sie fallen, die solches lehren.

In dem gegenwärtigen reichslosen Zustand sei Christus nicht König, meinen Darbysten, er habe seine Herrschaft noch nicht angetreten. Andere behaupten (Zeugen Jehovas), die von einer theokratischen Gesellschaft unter dem Zepter Christi träumen, das Königreich sei schon da (im Saale), aber noch nicht offenbar geworden vor der Welt. An die Stelle Christi treten Gründer und Führer der verschiedenen Bewegungen, deren Lehren ebensoviel und mehr gelten als Jesu Worte. Etliche Gruppen machen sich selbst zum „Haupt von Gold", entwickeln sich aber zu sektiererischen Systemen und erstarren im Formalismus. Ihre Prophetie vom Abfall ist zu einer selbsterfüllenden Prophetie geworden. („Geisteskampf um Israel" – Endzeitgefechte, S. 84ff).

Bezeichnend für die letzten Epochen ist, dass das Königtum Christi und der Heiligen in allen evangelischen Bekenntnissen fehlt. Die Menschwerdung Gottes in Christus, Sein Leben und Leiden, die Heilstatsachen und das allgemeine Priestertum werden bezeugt, auch die Wahrheit von der Gemeinde, aber in ihrer Verkündigung fehlt das „Evangelium des Reiches", das „Evangelium der Herrlichkeit des Christus" und die „frohe Botschaft" der Offenbarung Jesu Christi (Matth.24,14; 2.Kor.3,18; 4,4; Ps.45; Offb.10,7).

In der gegenwärtigen Epoche herrscht der *Evangelikalismus*, – eine behelfsweise Sammelbezeichnung für alle evangelischen und freikirchlichen „Denominationen" und Gruppierungen, vor allem im anglo-amerikanischen Raum. Sein Wert ist nur noch an den „Füßen und Zehen" zu messen, die „teils aus Eisen und teils aus Ton" sind. Auch Eisen und Ton sind von praktischem Wert, man kann daraus Gefäße herstellen. Gott hat auch in dieser Zeit „Gefäße zur Ehre" und erträgt mit vieler Langmut die „Gefäße des Zornes" (Röm.9,19-24; 2.Tim.2,20-21). Der eine Teil ist konservativ, der andere liberal, verweltlicht. Letzterer erweist sich als stärker und setzt sich durch, die Grenzen zur Welt sind, weil weltoffener, verwischt. Überlieferte Formen werden aufgegeben, Heilsbegriffe verflachen und werden mit anderen Inhalten gefüllt. Heiligkeit, Gottesfurcht, Absonderung von der Welt fehlen gänzlich, weil der Geist der Welt hier dominiert. Die Wohlfühlgemeinde wird für die Welt attraktiv und hat den größeren evangelistischen Erfolg, jedoch auf der Stufe des Tones. Unter evangelikaler Verwaltung und Missionsstrategie, besonders unter charismatisch-pfingstlichem Geist, soll das Reich Gottes weltweite Ausbereitung erfahren.

Auch in den konservativen Gemeinden steht das geistliche Leben auf einem äußerst niedrigen Niveau ohne Fortschritte, geistliches Verständnis ist kaum noch vorhanden. Sie drehen sich nur um die eigene Achse und beschwören ihre glorreiche Vergangenheit.

Bis zu den „Zehen der Füße" ist das Reich in viele Teile und Zweige gespalten. Trennungen und Parteiungen haben die Heidenkirche, die jetzt von allen Seiten angegriffen wird, sehr geschwächt. Tatsächlich ist nichts zerbrechlicher als die vielen evangelikalen Gruppen in Babylon.

Die Christenheit im Westen ist geistlich, sittlich und moralisch auf der untersten Stufe angekommen, wie in 2.Tim.3 und 4 u.a.St.

vorausgesagt. Ernste Christen sind in Sorge um die Zukunft des christlichen Zeugnisses und bemühen sich um eine Hebung des babylonischen Gemeindezustandes. Doch die Mühe ist vergeblich, der Niedergang ist nicht aufzuhalten, die Gesetzlosigkeit schreitet fort. Und dem Abfall folgt das Gericht. Was das Ende sein wird, sagt Daniel dem König: **Du schautest, bis ein Stein sich losriss ohne Hände ... und Eisen, das Erz, den Ton, das Silber und das Gold zermalmte** (V.34.45).

Dein Reich komme

In den Tagen dieser Könige wird der Gott des Himmels ein Königreich aufrichten, welches ewiglich nicht zerstört werden wird, und dessen Herrschaft keinem anderen Volke überlassen wird; es wird alle jene Königreiche zermalmen und vernichten, selbst aber ewiglich bestehen. Die Erfüllung dieser Prophezeiung begann durch die Verkündigung Jesu. Er leitete Seine Jünger an zu beten: „Unser Vater, der du bist in den Himmeln, geheiligt werde dein Name; dein Reich komme; dein Wille geschehe, wie im Himmel also auch auf Erden..." (Matth.6,9-13). Ihr Gebet wurde erhört, als der Heilige Geist auf die Apostel kam und sie das Reich Gottes bezeugten. Ihre Frage zuvor: „Stellst du in dieser Zeit dem Israel das Reich wieder her", beantwortet Jesus mit der Verheißung: „Ihr werdet Kraft empfangen, wenn der Heilige Geist auf euch gekommen ist; und ihr werdet meine Zeugen sein..." (Apg.1,6-8). Am Pfingsttage wurde „dem Israel das Reich" – und kein anderes Volk als das Volk der Heiligen ist Gottes Volk, dessen Repräsentanten die zwölf Apostel waren. Petrus hatte die Schlüssel des Reiches, er schloss das Reich auf, „und es wurden an jenem Tage dreitausend Seelen hinzugetan" (Apg.2,41).

Geschichtlich ist also diese Prophezeiung erfüllt, das Evangelium des Reiches nahm seinen Lauf in der Welt, anfangend von Jerusalem bis an das Ende der Erde. Der Stein ist Christus, „das Evangelium, welches ihr geglaubt habt, das gepredigt worden in der ganzen Schöpfung, die unter dem Himmel ist" (Kol.1,23).

Was durch den „Stein" vor 2000 Jahren geschah, muss auch zur Zeit des Endes geschehen. Woher wissen wir, dass auch das kirchliche Bild zerschlagen wird, um dem Reiche Gottes wieder Platz zu machen? Weil in der Offenbarung Jesu Christi wiederum Babylon, nun aber als Kirche der Nationen, ins Gedächtnis vor Gott kommt und sein Bild zermalmt wird (Offb.17 u.18). Wenn das geschehen soll, dann müssen wir beten, dass dies bald geschieht. Das Reich Gottes kommt nicht einfach so, weil Gott einen Tag festgesetzt hat, an dem Er die Reiche dieser Finsternis vernichten wird. „Wenn der Geist Gottes auf euch ist und ein intensives Verlangen nach diesem oder jenem Segen in euch weckt, seid ihr verpflichtet, darum zu bitten. Wenn die Zeichen der Zeit oder die Fügungen der göttlichen Vorsehung darauf hinweisen, dass ein besonderer Segen bevorsteht, sollen wir es glauben ..., oder ist ein Ereignis in der Heiligen Schrift mit Bestimmtheit vorausgesagt, so ist man verpflichtet, nicht nur an sein Eintreffen zu glauben, sondern man soll es in diesem Falle zu einem besonderen Gebetsanliegen machen" (Finney).

Das Reich Gottes war immer eine Wirklichkeit, und für die wahren Heiligen, die es verkörperten, gegenwärtig, wenn auch schwach und klein. Unter der Verwaltung der „Nationen" ist es zwar weltlich groß geworden, aber die Gesetzlosen haben es an sich gerissen. Doch bald kommt der Augenblick, wo der HERR Sein Reich und seine Gerechtigkeit wiederherstellt, **weil du gesehen hast, dass von dem Berge ein Stein sich losriss ohne Hände und das Eisen, das Erz, den Ton, das Silber und das Gold zermalmte.** Unser König wird wieder Seine Werte setzen, alles Gesetzlose wird aus dem Reiche verbannt werden. „Dann werden die Gerechten leuchten wie die Sonne in dem Reiche ihres Vaters" (Matth.13,43).

In den letzten Tagen werden die „Heidenchristen" vor allen Dingen zwei wichtige Lektionen lernen müssen: Erstens gehört das Königreich Christi dem „Volke der Heiligen der höchsten Örter" (Dan.7,27; Eph.2,6). Dieses Volk hieß, seit Jakob mit dem Engel um den Segen rang, und heißt auch im neuen Bunde immer noch *Israel, das Israel Gottes* (Gal.6,16). Entscheidend für die Zu-

66

gehörigkeit zu diesem Volke und zu Seinem Reiche ist die Wiedergeburt; „es sei denn, dass jemand von neuem geboren werde, so kann er nicht in das Reich Gottes eingehen" (Joh.3,3-8). Wer die Volksgenossen in Seinem Reiche sind, sagt Jesus in den Seligpreisungen: „Glückselig die Armen im Geiste, denn ihrer ist das Reich der Himmel" (Matth.5,1-12). Andere, ob Juden oder Heiden, die nicht „aus Wasser und Geist geboren" sind, werden das Reich Gottes nicht einmal sehen.

Zweitens: Das Königreich Christi und Gottes ist ein *ewiges* Reich, **es wird ewiglich bestehen"**, sagt Daniel. (2,44; 7,14; ebenso 2.Petr.1,11; Offb.11,15). Aus dem ewigen Leben durch die Wiedergeburt ergibt sich bereits der Ewigkeitswert und -charakter des Reiches. Beschränkt ist nur die Zeit seiner Unangefochtenheit (Offb.20,6).

Wir lernen aus dem Bild und der Deutung, dass es keine Höherentwicklung des Menschen und insgesamt der Menschheit gibt, auch bei allen Weltreichen geht die Tendenz nach unten. Eine Aufwärtsbewegung gibt es nur in Christus, sowohl persönlich als auch gemeindlich.

Durch den „Stein" der Offenbarung Jesu Christi wird eine gewaltige geistliche Bewegung in Gang gesetzt: Auf den Abfall (Offb.2+3) kommen finstere Mächte, die aus dem Abgrund losgelassen sind (Offb.9-18), um die Kirche der Nationen, Babylon, zu richten. Dann wird durch den Kampf und Sieg des Lammes, und „die mit ihm sind" (Offb.17,4), das Volk Gottes aus der babylonischen Gefangenschaft befreit. Eine unzählbare Volksmenge wird aus der Drangsal kommen und sich reinigen (Offb.7). Das Reich Gottes wird wieder wachsen und zunehmen, ja sich zu einer nie dagewesenen Größe ausbreiten, wenn das neue Jerusalem erscheint. „Und die Nationen werden durch ihr Licht wandeln, und die Könige der Erde bringen ihre Herrlichkeit zu ihr" (Offb.21,24). Das ist es, was in Kürze geschehen wird, denn die Zeit ist nahe. *„Der diese Dinge bezeugt, spricht: Ja, ich komme bald.- Amen; komm Herr Jesus!"* (Offb.22,20).

Wenn das „Reich der Welt unseres Herrn und seines Christus gekommen ist" (Offb.11,15), werden die gedemütigten „König der Erde" niederfallen und Den anbeten, der in **Wahrheit der Gott der Götter und HErr der Könige, und ein Offenbarer der Geheimnisse ist.** Daniel steht hier stellvertretend für den dreieinigen Gott und nimmt die Huldigung entgegen. Wenn er von dem König erhöht wird und als Herrscher über die ganze Landschaft Babel eingesetzt wird, dann sollen auch seine Freunde erhöht werden und mit ihm herrschen. Das entspricht der Stellung und Gesinnung Christi, der zur Rechten der Majestät erhöht ist und uns hat mitsitzen lassen in den himmlischen Örtern (Eph.1,20; 2,6). „Zu Fürsten wirst du sie einsetzen im ganzen Lande" (Ps.45,16). „Wer überwindet, dem werde ich geben, mit mir auf meinem Throne zu sitzen, wie auch ich überwunden habe und mich mit meinem Vater gesetzt habe auf seinen Thron" (Offb.3,21). **Und Daniel war im Tore des Königs,** sein Platz am Hofe des Königs und die Stellung seiner Freunde sicherten dem großen Reich eine gute und gerechte Verwaltung.

Das goldene Bild (Kap. 3)

Die Einweihung

Wie wird nun der König Nebukadnezar, Verwalter des Reiches Gottes, Vertreter des Königs der Könige, mit der ihm anvertrauten Hauptesstellung und Macht umgehen? Wird er sich seiner Verantwortung vor Gott bewusst bleiben? Wird er die Güte Gottes schätzen und demütig bleiben? Die Deutung des Traumes sollte ihm vor Augen führen, dass die Nationen ebenso wie Israel abfallen würden, wenn sie nicht mehr Gott fürchten. Dann würde das Reich auch ihnen weggenommen und anderen gegeben werden.

Aber Nebukadnezar ist von seiner hohen Stellung, die Gott ihm durch den Mund Seines Knechtes Daniel zugesprochen hat, so berauscht, dass er vergessen hat, was danach kommt. Er bezieht das Gold auf den ganzen Menschen, obwohl es nur das Haupt war. Seine von Gott autorisierte Machtstellung ist ihm sozusagen in den Kopf gestiegen, er will sich nun in einem goldenen Selbstbildnis darstellen.

Der König Nebukadnezar machte ein Bild von Gold, seine Höhe 60 Ellen, seine Breite 6 Ellen, er richtete es auf in der Ebene Dura, in der Landschaft Babylon.

Das Bild stand nicht direkt in Babel, es wurde in der Landschaft Babel aufgerichtet. Dadurch gestattet es die breiteste Wirkung und weiteste Anwendung. Zuerst aber brauchte Nebukadnezar eine Bestätigung seitens seiner Diener. Hier stehen sie nun alle, die aufgefordert sind, zur Einweihung des Bildes zu kommen: **die Satrapen, die Statthalter und Landpfleger, die Oberrichter, die Schatzmeister, die Gesetzeskundigen, Rechtsgelehrten und alle Oberbeamten.** Als Staatsdiener mussten sie freilich erscheinen, anbeten brauchten sie es nicht, nur bestätigen, dass es gut und richtig war. Vielleicht waren einzelne nicht glücklich über soviel Menschenverherrlichung, aber Kritik üben oder einfach wegbleiben, da wären sie in Ungnade gefallen. Es ist nicht erwähnt, ob das Bild eine Statue von Nebukadnezar war oder eine glatte Fläche, die wie ein goldener Spiegel wirkte, so dass jeder, der davor trat, sich selbst sah, sehr goldig und gut, in erster Linie der Initiator. Für die Versammlung, die sich vor dem Bild konstituierte, jedenfalls ein erhebender Augenblick. Sie weihen das Bild ein und weihen damit sich selbst ein, ja finden darin ihre Ernennung bestätigt. Schließlich haben sie ja den Eid abgelegt. Heute nennt man diesen Typ politisch „Gutmensch". Wer von der *politischen Korrektheit* abweicht, zieht sich den Zorn der herrschenden Meinung zu. Also immer schön gesellschaftlich und politisch konform, angepasst an die Moderne oder Postmoderne, so wird man keine Schwierigkeiten haben. Kein Wunder, wenn heute wieder Gerichtsurteile in Fragen des Glaubens politisch sind, das heißt Grundrechte wie die Glaubens- und Gewissensfreiheit sowie das Elternrecht (Art. 4u.6 GG) eingeschränkt werden. Davon in diesem Kapitel später.

Das Bild ist – brandaktuell, es ist das moderne Menschenbild. 6 ist die Zahl des Menschen, der in seinem Streben nach moralischer und geistiger Vervollkommnung nichts zur Vollendung bringt (7 ist die Zahl Gottes und göttlicher Vollkommenheit). Die Elle ist ein Menschenmaß. In der Offenbarung kommt in der Zahl des Tieres noch die dritte Dimension hinzu: 600, sie steht für die Tiefe bzw. Wert/Gewicht (1.Kön.10,16). Zusammen ergibt 6+60+600 = 666. Die Zahl steht für eine abgrundtiefe Vermessenheit und Gottlosigkeit. Diese haben wir heute erreicht. Der Mensch macht sich zum Maß aller Dinge, er sucht Selbsterhöhung und Selbstbestätigung, Selbstverwirklichung und Selbstbestimmung, er fröhnt der Selbstverliebtheit und Selbstherrlichkeit, die zur Selbstvergottung führt, was aber schließlich ein großer Selbstbetrug ist. Seine Selbstentfaltung fördert der Staat durch die Emanzipation, vor allem die sexuelle Emanzipation, die eine sexuelle Revolution auslöste.

Das goldene Bild Nebukadnezars ist ein Vorbild auf das Bild des Tieres in Offb.13, worin wir das humanistische und rationalistische Menschenbild erkennen, das schon seit der Aufklärung aufgestellt wird und heute als ein rein materialistisches Welt- und Menschenbild erscheint; es beherrscht das neuzeitliche Denken und verdrängt immer mehr das christliche Menschenbild. Dieses goldene Bild vom Menschen, der Mensch sei gut, widerspricht total der biblischen Anthropologie – d.h. der Lehre vom Menschen und dem Menschenbild –, „sie wurde abgelöst durch ein Weltbild, das den Menschen selbst zum Mittelpunkt der Welt und der Geschichte, der Vernunft und der Lebensgestaltung sieht., ‚Ich denke, also bin ich!', ‚Ich handle, als bin ich!', ‚Ich fühle, also bin ich!' sind die Bekenntnisse des neuzeitlichen Menschen, der sich selbst als unabhängiges Subjekt seines eigenen Lebens erkannt hat. Nicht einem fremden Willen oder eine vorgegebene Bestimmung hat er zu verwirklichen, sondern vielmehr sich selbst und das von ihm als zuträglich Erkannte." (Eckstein).

Auf demselben Wege wie Nebukadnezar suchten die 68er-Gesellschaftsveränderer eine Durchsetzung ihrer Ideologie vom „neuen Menschen" durch staatliche Anerkennung. Dazu mussten sie die linken Kultusminister gewinnen und Eingang finden in den Kultusbehörden, was ihnen auf dem „Marsch durch die Institutionen" gelang. Dem neuen Menschenbild der „Frankfurter Schule", eine Mischung von Freud, Marx und Darwin, widersetzte sich niemand der Politiker und Beamten, ebenso wenig wie bei dem König von Babel.

Als das Bild staatlich abgesichert und verkündet war, konnte es in der Bildungslandschaft aufgestellt und der Erziehung zu Grunde gelegt werden. Die Beamten in den Kultusministerien waren sehr beflissen, dieses neue goldene Menschenbild den Lehrplänen und Schulbüchern und der ganzen Pädagogik zu Grunde zu legen und die Kinder damit zu indoktrinieren. Gar mancher ältere Lehrer wehrte sich dagegen, aber vergeblich. Die Medien taten ihr Übriges, um es zu verbreiten, so dass heute die Mehrheit der Gesellschaft nichts anderes mehr kennt. Erklärtes pädagogisches Ziel in Kindergarten und Schule ist dem Kind ein „Eigenrecht" einzuprägen (Rousseau), um es von allen Zwängen, auch von elterlicher „Bevormundung" und „Fremdbestimmung" zu befreien.

Das Bild wäre ohne Belang, wenn es auf die Staatsführung beschränkt geblieben wäre, es hat auf die Kirchendiener mächtig abgefärbt. Sie haben es abgesegnet und damit erst recht zu seiner totalitären Wirkung beigetragen. In der Landschaft Babel sehen wir die ganze kirchliche Landschaft im (nach)christlichen Abendland. Die Offenbarung nennt es „Babylon". Bei dem goldenen Bild im großen Reiche Gottes, wie es sich gegenwärtig darstellt, ist nur noch der Rahmen christlich, das Bild Christi sucht man vergebens. Die Nationen haben sich ein neues Christusbild gemacht, das ganz auf den Menschen ausgerichtet ist, nicht auf Gott; darin ist der Mensch Mittelpunkt, seine Bedürfnisse spielen die Hauptrolle, seine Befindlichkeit, natürlich sein Wohlbefinden, auch seine psychischen Nöte, aber keine Gewissensnöte. So zu hören in der modernen Verkündigung. Freilich redet man noch von Schuld und Vergebung, aber da ist niemand, der sich wirklich schuldig fühlt vor Gott, natürlich auch die Prediger selbst nicht. Ein Unrechtsbewusstsein gibt es heute weder in der Gesellschaft noch in den christlichen Gemeinden. Paulus warnte bereits die Korinther vor dem „anderen Jesus" und dem „anderen Geist", der zu einem „anderen Evangelium" führt (2.Kor.11,4). Als Lehrer der Nationen suchte er ihnen den wahren Christus, der das Bild Gottes ist, vorzustellen, „indem wir jeden Menschen ermahnen und jeden Menschen lehren in aller Weisheit, auf dass wir jeden Menschen vollkommen in Christo darstellen" (Kol.1,28).

Betrachten wir die einzelnen Gruppen der Reichsgottesverwaltung. Da sind zuerst die „Satrapen", die den Diakonen in den Gemeinden entsprechen. Sie leisten der Einladung zur Einweihung des Bildes Folge, wenn sie das sind, was Diener nicht sein sollten: doppelzüngig, vielem Wein ergeben (dem Wein Babylons), schändlichem Gewinn nachgehend (soziale Sicherung und weltliche Ehre und Anerkennung suchend), das Geheimnis des Glaubens nicht in einem reinen Gewissen bewahren, geistlicherweise Hurerei treiben, viel von der Gnade reden und dabei fleischlichen Lüsten dienen (1.Tim.3,8-13). Wahre Diener Gottes, die ihren Platz vor Gott einnehmen, lassen sich durch ein falsches Christusbild, auch wenn es mit Bibelstellen voll gespickt ist, nicht täuschen, schon gar nicht von dem Menschenbild der Vernunft, wie es seit der Aufklärung propagiert wird und dem die scheinchristliche Welt heute huldigt.

Die „Statthalter" entsprechen den Aufsehern in der Gemeinde, an sich ein schönes Werk. Wenn sie sich jedoch blenden lassen von dem goldenen Bild, und das wird der Fall sein, wenn sie unnüchtern und unbesonnen sind, der Unsittlichkeit das Wort reden, Späße machen, albern, geldliebend, streitsüchtig, hart usw. sind (1.Tim.3,1-7). Auch „Landpfleger", welche den Aposteln gleichen, können verwerflich werden, wenn sie anderen Gerechtigkeit predigen, nicht aber sich selbst. „Solche sind falsche Apostel, betrügerische Arbeiter, welche die Gestalt von Aposteln Christi annehmen" (2.Kor. 11,13). Sie geben sich als Freie aus, von Christus Freigemachte, und wollen anderen Freiheit predigen, sind aber selbst von Satan an die Welt und an Irrtümer gebunden. Man kann das bei einem Prediger schnell feststellen, ob er wirklich frei ist, nämlich daran, ob er die Wahrheit sagt. Bilddiener sind Menschendiener. Diese aber haben nicht die Kraft und den Mut zur Wahrheit, sie werden die Dinge nicht mit Namen nennen, um ja niemand zu nahe zu kommen und es sich mit der einladenden Gemeinde zu verderben. Dass wir sie hier vor dem Bild sehen, das den Menschen nicht richtet, sondern bestätigt, zeigt, dass sie dem Zeitgeist Reverenz erweisen. Es fällt auf, dass sie immer von „Jesus" sprechen, nur selten Jesus Christus oder HErr Jesus sagen.

Eine zweite Gruppe ist erwähnt, alle jene, die verantwortlich sind im Reich, gerecht zu entscheiden („Oberrichter"), und das kostbare Glaubensgut zu bewahren („Schatzmeister"), und von denen erwartet werden kann, dass sie die Gebote Gottes und Seine Gerechtigkeit kennen („Gesetzeskundigen") und das Recht des Gesetzes studiert haben („Rechtsgelehrte"), alle, die ein Vorbild der Gläubigen sein sollen („Oberbeamten") – wenn sie vor dem goldenen Bild erscheinen, dann sind sie vom Geist des humanistischen, im Grunde antichristlichen Bildes inspiriert oder haben Angst aufzufallen. Paulus nennt sie „Feinde des Kreuzes Christi: deren Ende Verderben, deren Gott der Bauch, deren Ehre in ihrer

Schande ist, die auf das Irdische sinnen" (Phil.3,18). Diese Leute sind denn auch mit die Bildmacher am Bild des Tieres in der Offenbarung. Nicht dass sie unbedingt gegen Christus sind, aber sie scheuen die Schmach Christi, das Kreuz, weil sie die Anerkennung der Welt suchen und dem Zeitgeist hinterherlaufen. Selbst wenn sie noch anders denken als die Mehrheit, jedoch ihre Haltung, ihr Mitmachen, ihr Schweigen stellt sie auf die Seite der Bildeinweiher, dann aber auch in Gegensatz zu jenen, die sich weigern, vor dem Bild niederzufallen und es anzubeten. Freunde Israels sind sie wahrlich nicht, obgleich sie sich so nennen, vielleicht aus Mitleid oder Schuldgefühl, weil sie die Juden in der Nazizeit als Fluch ansahen. Israel sei ja beiseite gesetzt, das wahre Israel in Gemeinschaft mit dem Sohne Gottes kennen sie nicht. Aber den Gott Israels sollen sie noch bei dieser Großveranstaltung kennenlernen.

Nachdem Nebukadnezar gesehen hat, welche wunderbare Wirkung das goldene Bild auf die Obengenannten hat, erwacht bei ihm das Machtbewusstsein, seiner Idee (Ideologie) sollen sich nun alle Menschen in seinem Reich beugen: **Der Herold rief mit Macht: Euch wird befohlen, ihr Völker, Völkerschaften und Sprachen: Sobald ihr den Klang des Hornes, der Pfeife, der Zither, der Sambuke, der Laute, der Sackpfeife, und allerlei Art von Musik höret, sollt ihr niederfallen und das goldene Bild anbeten, welches der König Nebukadnezar aufgerichtet hat.**

Die „Völker" sind heute die verschiedenen christlichen Bekenntnisse, die man in „Völkerschaften" zusammenfassen kann, das heißt die ganze kirchliche Masse; die „Sprachen" sind die gesprochenen Kirchensprachen. Wer etwas die verschiedenen kirchlichen und freikirchlichen Richtungen und Gemeinschaften kennt, wird feststellen, dass jede ihre eigene Sprache (oder Dialekt, Dialektik) spricht, die von anderen ganz verschieden ist und manchmal kaum verstanden wird, zum Teil richtig fremd erscheint. Selbst bei Spaltungen, die kaum 50 Jahre zurückliegen, entdeckt man eine Sprachenverschiedenheit, sowohl im Tonfall als auch in der Ausdrucksweise. Für Sprachenverwirrung ist ja Babylon bekannt. Dass aber Brüder, die eine Zeitlang zusammen gearbeitet haben, sich plötzlich nicht mehr verstehen, ist traurig. Merkwürdigerweise verstehen aber alle Gruppen und Richtungen im babylonischen Weltreich den Ruf des Herolds. Wie ist dieses Phänomen zu erklären? Nun, durch die Mittel, die auf die Gefühle wirken: die Musik. Die Musik ist neutral. Wenn dazu schöne, gefühlvolle Reden und süße Worte gepredigt werden, ist das doppelt stimulierend. Das sind die Anregungsmittel, um religiöse Gefühle zu wecken. Jeder vernimmt in dem großen babylonischen Konzert sein Lieblingsinstrument, jeder seine Lieblingsmusik, meist auf Englisch, seine Lieblingslehrer, „indem es ihnen in den Ohren kitzelt; und sie werden die Ohren von der Wahrheit abkehren und zu den Fabeln sich hinwenden" (2.Tim.4,3.4.).

Der Leiter dieses Systems, der Fürst dieser Welt, versteht meisterhaft die Kunst der Motivverarbeitung, so dass jedem Geschmack entsprochen wird und die Wirkung auf die Masse die gewünschte ist: Sie fällt zur bestimmten Zeit nieder und betet das Bild an. Man tritt allein oder in Gemeinschaft in Gedanken vor das goldene Bild und sieht darin – sein eigenes Bild: groß und rein, schön und glänzend, wie es nur ein goldener Spiegel vermitteln kann. Wer etwas weiter sieht, kann sogar die „Völker" niederfallen und anbeten sehen – ein heroischer Anblick! Wer das heute öffentlich erleben will, der besuche eine christliche Großveranstaltung. Dies soll nicht heißen, dass dort nicht auch ein Evangelium verkündigt wird, aber es ist ein „anderes Evangelium", sehr human und tolerant. (Gal.1,6-10). Von den großen Veranstaltungen geht ein gewaltiger Zauber aus. Die Botschaft wird so schmackhaft serviert, dass eine „Entscheidung für Christus" leicht fällt. Wenn ein Freund der Wahrheit einem solchen den Spiegel des Wortes Gottes hinhält, schlägt das Pendel in Bosheit um. Was hier produziert wird, ist seelisches Christentum im Spiegel des goldenen Bildes der „Eigenständigkeit" des Menschen gegenüber Gott. Schon sich für Christus „entscheiden" ist eine Anmaßung und dreht das Verhältnis um. Wir müssen vielmehr anerkennen, dass Er Sich für uns entschieden hat. „Wen er will, begnadigt er, wen er will, verhärtet er" (Röm.9,18). Alles hängt von Gott ab.

Wir fragen natürlich, wo ist Daniel in dieser ganzen Szene, was sagt er dazu? Ganz sicher wollte Nebukadnezar sich nicht in Gegensatz zu Daniel bringen, hatte er ihn doch für die Offenbarung des Geheimnisses sehr geehrt und ihm den höchsten Platz an seinem Hofe gegeben, und dort blieb Daniel auch. Warum warnt er nicht den König? Weil das zwecklos war. Daniel lässt den Dingen ihren Lauf, weil er weiß, dass Gott nicht dazu schweigen wird. Es ist immer dasselbe wie bei Nebukadnezar, der vor Daniel niederfiel und ihm huldigte, aber wenig später seine Freunde verfolgte. „Das Volk in der Wüste pries Abraham und verfolgte Moses. Die Versammlung der Könige pries Moses und verfolgte die Propheten. Die Versammlung des Kajaphas pries die Propheten und verfolgte Jesus. Und die religiöse Masse heute zollen dem Mut der Entschiedenheit der Patriarchen und Propheten, der Apostel und der Märtyrer, Beifall, verurteilen aber als Hartnäckigkeit und Torheit gleiche Treue zur Wahrheit heute" (Darby).

Damit niemand aus der Reihe tanzt sogleich die Androhung: Wer nicht niederfällt und anbetet, der soll sofort in den brennenden Feuerofen geworfen werden.

Alle Religionen üben brutale Gewalt aus, auch wenn ihre Götter als friedlich, barmherzig und menschenfreundlich ausgegeben werden. Wer sich ihrem Anspruch entzieht oder dagegen zeugt, hat sein Leben verwirkt. Nicht anders ist das bei den babylonischen Heidenchristen, deren Glaube zur Religion geworden ist. Ob Kirchenführer oder Staatsoberhäupter, sie alle nennen sich Christen oder haben einen christlichen Hintergrund, sie alle haben auch ihr goldenes Bild und ihre Götter und fordern unbedingte Anerkennung. Die Romkirche hatte ihren „Feuerofen" buchstäblich in Form des Scheiterhaufens. Wenn man in den Demokratien auch nicht mit dem Tode bedroht wird, der „Feuerofen" ist auch hier, und er kann sehr heiß werden für die Widerspenstigen.

DIE ANZEIGE

Deswegen traten zur selben Zeit chaldäische Männer herzu, welche die Juden anzeigten. Sie hoben an und sprachen zum König Nebukadnezar: O König, lebe ewiglich! ... Es sind jüdi-

sche Männer da, welche du über die Verwaltung der Landschaft Babel bestellt hast: Sadrach, Mesach und Abednego; diese Männer, o König, achten nicht auf dich; deinen Göttern dienen sie nicht, und das goldene Bild, welches du aufgerichtet hast, beten sie nicht an.

Da wurde Nebukadnezar voll Zorn und Grimm und befahl, die Männer herbeizubringen, die sich seinem Befehl widersetzten: **Ist es Absicht, Sadrach, Mesach und Abednego, daß ihr meinen Göttern nicht dienet und das goldene Bild nicht anbetet, welches ich aufgerichtet habe?** Die drei Freunde konnten nicht verborgen bleiben. Als „Oberbeamte" hätten sie schon zur Einweihung des Bildes erscheinen müssen, glänzten aber durch Abwesenheit, zum allgemeinen Ärgernis. Vielleicht waren es dieselben Chaldäer, die den König angereizt hatten, das Edikt zu erlassen, um die drei jüdischen Männer in die Knie zu zwingen oder zu beseitigen (vgl. Kap.6,8). Da sie sich auch zur Bildanbetung nicht rührten, hatten ihre Neider einen Anklagegrund. Was alle tun mussten, oder meinen tun zu müssen, müssen auch sie befolgen, meinten ihre Feinde. Gewiß gab es mehr Juden, die sich nicht vor dem goldenen Bild beugten, die im Verborgenen blieben, wie jene „siebentausend" in der Geschichte Elias (1.Kön.19,18). Doch die drei Freunde standen in der Öffentlichkeit, sie mussten Farbe bekennen. Ihre Weigerung musste als Angriff auf die Religion des Herrschers aufgefasst werden. Um der Staatsräson willen konnte es keine Ausnahme geben.

DER GLAUBE, DER EIN WELTREICH ÜBERWAND

Was werden nun die drei Freunde tun? Zwischen ihnen und Christus, auf den sie hofften, hatte sich kein goldenes Bild schieben können. Eine Vermischung ihres Glaubens mit der babylonischen Religion kam nicht in Betracht. Die süße Musik hatte sie nicht rühren können wie vielleicht viele ihrer jüdischen Altersgenossen. Mochten jene von den Klängen der Laute und der Harfe angezogen und bezaubert sein, weil dies Instrumente waren, womit die

Reigen Israels angestimmt worden waren. Doch diese drei ließen sich nicht täuschen. Wahre geistliche Empfindungen geben sich in der Zeit, wo die babylonischen „Nationen" herrschen und das wahre Israel der Kinder Gottes nur als ein gefangener und geringer Überrest existiert, nicht in Jubel kund, sondern in Trauer und Schmerz. „An den Flüssen Babylons, da saßen wir und weinten, indem wir Zions gedachten. An die Weiden hängten wir unsere Lauten ... Wie sollten wir ein Lied des Herrn singen auf fremder Erde?" (Ps.137). Babylon ist für die Heiligen fremde Erde. Ihre Heimat ist nicht dort, sondern das „Jerusalem droben" (Gal.4.26.27). Die lautstarke Musik Babylons – man muss sich die Ohren zuhalten, die, wie gesagt, so stark auf die Gefühle wirkt, ja, bewusst stimulieren soll, ist denen, die gottselig leben wollen in Christo Jesu widerlich. Nur wenige können das unterscheiden. Sadrach, Mesach und Abednego nahmen bereits im ersten Kapitel mit Daniel den Platz ein, der sie für die Prüfung stark machte. Sie erkannten dort bereits die Verbindung der „Tafelkost" des Königs mit der Philosophie, den Geboten und Lehren der Menschen, und einem eigenwilligen Gottesdienst (Kol.2,20-23).

Die Begleitmusik zum goldenen Bild Nebukadnezars hat in den verschiedenen Diktaturen immer wieder eine entscheidende Rolle gespielt. Bei den Nazis war es das goldene Bild vom „heldischen Menschen" und der „nordischen Rasse". Bei der Hitlerwahl in 1933 meinten auch gläubige Christen, angetan von den religiösen Tönen der „Deutschen Christen", wählen zu müssen und Hitler für einen frommen Mann zu halten, weil er von der „Vorsehung" sprach. Er habe, gefragt nach seiner Kraft, ein Neues Testament aus der Tasche gezogen. Darauf erwiderte mein Vater: „Erzählt eurem Führer nicht solche Mätzchen nach, das wird er sich entschieden verbitten". Er hatte den Geist von unten erkannt und war nicht zur Wahl gegangen, wozu man ihn zwingen wollte. Die Beteiligung an der Wahl „dieser gottlosen Gesellschaft" hielten meine Eltern für unvereinbar mit ihrem Glauben an den HErrn Jesus Christus. In seinem Dorf war seine Haltung bekannt, weshalb man ihn zur Wahl zwingen wollte. Da er aber durch einen Krankenbesuch nicht greifbar war, schworen ihm die Parteileute

Rache: „Wenn er nicht schon ein Krüppel wär' (schwerbeschädigt im ersten Weltkrieg), würden wir ihn zum Krüppel schlagen". Sie plakatierten ihn in Dorfmitte als „Landesverräter" mit dem Spruch: Seinen Bart und seinen Verstand weiht er nicht dem Vaterland! – Er trug es gelassen. Schmerz bereitete ihm, dass seine Brüder in der Gemeinde ihn nicht verstanden. Sie alle waren zur Wahl gegangen und ärgerten sich nun über ihren Mitbruder. Man sprach davon, ihn aus der Gemeinde auszuschließen. Wenn er später von diesen Tagen erzählte, sagte er: „Ich war der freieste Mann im ganzen Gau; niemand hat mehr etwas von mir erwartet." Als 1935 sein ältestes Kind mit 9 Jahren an Diphterie starb, sagten sie: „Jetzt hat er die Straf'!" Zehn Jahre später kam das Unglück über sie. Oft hat er uns Kindern das Beispiel der drei Freunde erzählt. Was ihnen widerfuhr, „davon habe auch ich ein klein wenig erfahren", sagte er.

Man muss nicht die Leute jener Zeit, die Hitler gewählt haben, verurteilen; jede Zeit hat ihre Versuchungen und Prüfungen, wo man sich bewähren muss. Das Bild hat sich gewandelt, der Rassismus wird heute geächtet, alles Heldenhafte und Nationale als Gefahr betrachtet. Wir haben jetzt den toleranten Menschen, der alles toleriert, jede Schamlosigkeit und Perversion gilt als mutig und gesellschaftsfähig. Und wehe, wer dagegen redet; noch übler ergeht es dem, der sich bzw. seine Kinder dem Einfluss der Toleranten entzieht. Da hört ihre Toleranz nämlich auf.

Folgen wir dem Beispiel der drei Freunde, sie lassen sich mit dem Herrscher nicht in Verhandlungen und Diskussionen ein. In Fragen des Gewissens kann es keine Konzessionen geben. „Wir halten es nicht für nötig, dir ein Wort darauf zu erwidern", antworten sie. Ist das die Weise, wie man sich der Obrigkeit gegenüber verhalten soll? Muss man ihr nicht gehorchen, sich ihr unterwerfen? Der Apostel Paulus mahnt uns: „jede Seele unterwerfe sich den obrigkeitlichen Gewalten; denn es ist keine Obrigkeit, außer von Gott, und diese welche sind, sind von Gott verordnet. Wer sich daher der Obrigkeit widersetzt, widersteht der Anordnung Gottes" (Röm.13,1-5). Ebenso Petrus: „Unterwerfet euch aller menschlichen Einrichtung um des Herrn willen: es sei dem König als Oberherrn, oder den Statthaltern als denen, die von ihm gesandt werden zur Bestrafung der Übeltäter, aber zum Lobe derer, die Gutes tun" (1.Petr.2,11-17).

Es gibt aber Fälle, wo man der Obrigkeit den Gehorsam versagen muss. Darüber belehrt uns das Verhalten der drei Freunde. Sie widersetzen sich nicht, vor den König zu kommen. Wenn er sie aber zwingen will, seiner Religion zu dienen, greift er in die Rechte des Gewissens, in einen Bereich, den Gott sich vorbehalten hat. Das gilt nicht nur für die weltliche Obrigkeit, sondern gleichermaßen auch für die Kirche, wenn sie über die Gewissen herrschen will. Heute ist es kein Problem mehr, aus der Kirche auszutreten. Jeder hat das Recht, die Religion zu wechseln. Doch wir dürfen nicht zulassen, dass andere Zwänge unseren Glauben und unser Gewissen bestimmen.

Der Christ soll sich allen Anordnungen der Obrigkeit, sie sei christlich oder atheistisch, unterwerfen, außer wenn es sich darum handelt, Gott mehr zu gehorchen als den Menschen (Apg.5,29). Als Paulus unter der Herrschaft eines Nero seinen Brief an die Römer schrieb, da sagte er, dass sie zwar allen Grund hätten, sich gegen eine solche despotische, tyrannische Regierung aufzulehnen, aber sie sollten nicht rebellieren, sondern sich unterwerfen. Die Gewalt, die die Obrigkeit hat, hat sie von Gott. Er hat diese Gewalten verordnet. Die Könige Israels hatten einst die exekutive und richterliche Gewalt über das Reich Israels. Seit ihrem Fall hat Gott den Nationen die Gewalt gegeben über alle Menschen, auch über die Juden und später über die Christen. Die Autorität und die Macht, die Nebukadnezar hatte, war ihm von Gott gegeben, die Nachfolger übernahmen sie. Mißbraucht die Obrigkeit ihre Macht – sie ist Gott gegenüber verantwortlich, Er wird sie richten.

Dass alle Obrigkeit von Gott eingesetzt ist, heißt nicht, dass die Personen in der jeweiligen Regierung von Gott eingesetzt sind. Es handelt sich nur um die Institution als solche. In demokratischen Ländern kommen Menschen ohnehin durch die Wahl des Volkes an die Macht, nicht direkt durch göttliche Bestimmung wie im Falle Nebukadnezar. Die Grenzen, die Gott der Obrigkeit gesetzt hat, sind klar umrissen: „Die Steuer, dem die Steuer; der

Zoll, dem der Zoll; die Furcht, dem die Furcht, die Ehre, dem die Ehre" (Röm.13,7). Wenn aber diese Grenze von ihr überschritten wird und sie in den Bereich vordringt, den Gott sich vorbehalten hat, der alleine Autorität über die Gewissen hat, dann heißt es: w i d e r s t e h e n !

Nebukadnezar, obwohl ihm bewusst ist, dass er nur durch Gottes Gnade die Macht bekommen hat, mißbraucht seine Macht und Gewalt. „Von Gottes Gnaden", sagten früher gottesfürchtige Könige und Kaiser. Dennoch waren sie oft sehr ungnädig und grausam gegen ihre Untertanen. Doch damals wie heute gilt die Zusage: „Wenn Gott für uns ist, wer wider uns? Wer wird wider Gottes Auserwählte Anklage erheben? Gott ist es, welcher rechtfertigt, wer ist, der verdamme?" (Röm.8,31-.39). Die drei Freunde antworten dem König: **Ob unser Gott, dem wir dienen, uns aus dem brennenden Feuerofen zu erretten vermag – und er wird uns aus deiner Hand, o König, erretten – oder ob nicht, es sei dir kund, dass wir deinen Göttern nicht dienen und das goldene Bild, welches du aufgerichtet hast, nicht anbeten werden** (V.16-18). Ihr Glaube und Gehorsam war ebenso bestimmt und unbedingt wie der Wille des Königs. Er kann sie zwar in den Feuerofen werfen und tut es auch, aber unmöglich können sie sich beugen vor dem, was sie als falsch erkennen. Sie bleiben ihrer Überzeugung, ihrem Vorsatz treu. Lieber wollen sie ihr Leben verlieren anstatt es durch ein Nachgeben zu retten. Gott vermag zu erretten, und Er wird erretten.

In der Demokratie ist es die sozialistisch-humanistische Ideologie, die alles vergesellschaften will und keine Ausnahmen zulässt. Heute erleben das christliche Eltern, wenn sie das goldene materialistische Bildungsbild in der staatlichen Schule nicht anbeten und in letzter Konsequenz die Schulpflicht verweigern. Ihre Glaubens- und Gewissensgründe werden bis heute von höchsten Gerichten nicht anerkannt. Unter dem König Humanismus muss zwar niemand mehr um sein Leben fürchten, aber seine sozialistische Form ist so inhuman, absolut intolerant, ja brutal wie eh und je. Wir dürfen uns frei versammeln, wir dürfen glauben was wir wollen und danach leben. Darin wird uns niemand behelligen.

Aber über die Kindererziehung und schulische Bildung wacht und bestimmt die „staatliche Gemeinschaft", die entscheiden will, was zum Wohl des Kindes ist (Art.6 GG). Da ist aber genau der Punkt, wo wir uns staatlicher Anordnung widersetzen müssen, weil wir allein Gott für unsere Kinder verantwortlich sind. Der Staat übernimmt keine Verantwortung, wenn die Kinder böse Wege gehen. Das fällt dann wieder auf die Eltern zurück.

„Fürchtet nicht ihre Furcht, noch seid bestürzt, sondern heiliget Christus, den Herrn, in euren Herzen. Seid aber jederzeit bereit zur Verantwortung gegen jeden, der Rechenschaft von euch fordert über die Hoffnung, die in euch ist, aber mit Sanftmut und Furcht" (1.Petr.3,14.15).

Im Feuer erprobt

Der Ofen ist siebenmal mehr geheizt als zur Heizung hinreichend war. Das drückt den ganzen Hass gegen die Freunde Gottes es, weil sie sich dem Befehl des Königs nicht beugen. Alles ist hier total. Nicht anders ist auch der totale Anspruch der Kultusdiktatur: „Mit allen zur Verfügung stehenden Mitteln" sollen die Heimschuleltern gezwungen werden, ihren Widerstand aufzugeben, lautet das Edikt der Kultusminister. Die Schulverweigerer erwartet ein oder mehrere Bußgelder, dazu ein unbezahlbares Zwangsgeld, und wenn sie nicht zahlen, müssen sie ins Gefängnis; man droht ihnen sogar, die Kinder wegzunehmen. Heimschulfamilien flüchten ins Ausland, um in Freiheit und Frieden ihres Glaubens leben zu können. Dafür geben sie alles auf, die liebe Heimat, gute Arbeitsstellen, ihr Geschäft, müssen ihr neues Haus verkaufen, oft mit Verlust, lassen ihre Verwandtschaft, ihre Freunde, ihre Gemeinschaft dahinten, alles, um den staatlichen Verfolgern zu entgehen.

Andere sind standhaft wie die drei Freunde und lassen es drauf ankommen. Das ist nicht jedermanns Ding, besonders dann nicht, wenn ein Elternteil schwach und furchtsam ist. Man muss da schon eins und entschlossen sein wie die drei Freunde, und Gott bekennt sich dazu. Manche haben das in wunderbarer Weise erfahren, einmal durch eine tiefere Gemeinschaft mit dem HErrn, dann aber auch durch Seine mächtige Hilfe, die die Behörden zum Nachgeben zwangen. Ist jemand zaghaft, schlagen sie zu, aber wo man überzeugt im Glauben auftritt und Festigkeit beweist, die sich auf keinen Vergleich einlässt, natürlich mit der nötigen Demut und Achtung vor der Obrigkeit, zeigt sich die „Ohnmacht des Staates". Gott beschämt diejenigen nicht, die Ihm vertrauen. Allerdings sollte man, wenn man sich auf ein Verheißungswort stützt, völlige Gewißheit haben, dass dies vom HErrn ist, am besten auf eine Bestätigung warten. Auch sollte man nicht brüderlichen Rat verachten und etwas eigenwillig provozieren. Man könnte sonst Schiffbruch erleiden.

In der Heldentafel der Glaubenszeugen sind auch Daniel und seine Freunde erwähnt, „die durch Glauben der Löwen Rachen verstopften, des Feuers Kraft auslöschten ...". Es sind aber auch solche genannt, „die gefoltert wurden, da sie die Befreiung nicht annahmen, auf dass sie eine bessere Auferstehung erlangten ... Andere wurden gesteinigt, zersägt, versucht, starben durch den Tod des Schwertes ..."(Hebr.11,34-38). Und wie viele Gläubige starben in Verfolgungszeiten. Es ist uns nicht verheißen, dass wir ohne Drangsale und Leiden sein werden, im Gegenteil, wir müssen durch viele Trübsale ins Reich Gottes eingehen (Apg.14,22; 1.Petr.4,12). Dennoch, außergewöhnliche Umstände erfordern ein außergewöhnliches Eingreifen Gottes, so dass die Umstände sich plötzlich ändern. Wer die Kinder antastet, die an Ihn glauben, bekommt es mit Gott zu tun. Ihre Seelen zu verderben ist schlimmer als sie leiblich töten. Deshalb wird der Staat hier nachgeben müssen, wenn nur die Eltern entschieden für die Unverletzlichkeit ihrer zarten Seelen eintreten.

Und diese drei Männer ... fielen gebunden in den brennenden Feuerofen. Da erschrak der König Nebukadnezar, und er stand eilends auf, hob an und sprach zu seinen Räten: Haben wir nicht drei Männer gebunden ins Feuer geworfen? Siehe, ich sehe v i e r Männer frei wandeln mitten im Feuer, und keine Verletzung ist an ihnen; und das Aussehen des vierten ist gleich einem Sohne der Götter.

„Siehe, ich sehe ...". Was Nebukadnezar jetzt sieht, ist mit der Vernunft nicht zu erklären. Hier versagt das Menschenbild der Vernunft. Er sieht die Herrlichkeit der Freiheit der Kinder Gottes. Sie erleben eine besondere Nähe des HErrn Jesu. Denn der Vierte im Bunde ist der Sohn Gottes – Er hat die verzehrende Wirkung des Feuers schon geschmeckt, als sie den Heiligen und Gerechten ans Kreuz nagelten. In Christo kann uns das Feuer nicht mehr schaden, weder als Gottes Gericht noch als Verfolgung. Ist es das Feuer der Verfolgung (1.Petr.4,12-13), ist es die Bewährung des Glaubens, die durch Feuer erprobt wird (1.Petr.1,7) – in der Gemeinschaft mit Christus verlieren alle Leiden und Prüfungen ihre Schrecken, ja auch er Tod. „Fürchte nichts von dem, was du leiden wirst ..." (Offb.2,8-11). Dann kann uns auch ein „siebenmal mehr geheizter Feuerofen" oder der „Feuersee, welches der zweite Tod ist", nichts anhaben. Aber jene Männer, es waren die stärksten in seinem Heere, die diese mutigen Zeugen in den Feuerofen warfen, sie wurden von der Flamme des Feuers getötet. So ergeht es allen, die sich an den Heiligen vergreifen.

Überwältigt von dem Eindruck des vierten Mannes „gleich einem Sohne der Götter" und „dass das Feuer hatte keine Macht über ihre Leiber gehabt hatte: das Haar ihres Hauptes war nicht versengt, und ihre Leibröcke waren nicht verändert; und der Geruch des Feuers war nicht an sie gekommen", erkennt Nebukadnezar jetzt den „höchsten Gott". Es ist das, was Paulus an die Thessalonicher schreibt: Christus wird bei Seinem Kommen verherrlicht werden „in seinen Heiligen und bewundert in allen denen, die geglaubt haben" (2.Thess.1,10). Und nicht erst dann: Die Überwinder sind die freiesten Leute: alle Fesseln, alle Bindungen, alle gesellschaftlichen Verpflichtungen fallen ab, sobald man die Schmach Christi wählt. Geschmäht werden wir, wenn wir an Christus bleiben, der das Bild Gottes ist. Und die Gemeinschaft Seiner Leiden macht frei, frei von der Welt, frei auch von uns selbst, den Beifall der Menschen zu erwarten. Paulus rühmte sich des Kreuzes Christi, „durch welches mir die Welt gekreuzigt ist und ich der Welt" (Gal.6,14). Beide hatten einander abgeschrieben. Die drei Freunde verzichteten auf die Welt, und die Welt verzichtete auf sie und suchte sie zu beseitigen. Letzteres legt jede Wurzel eigener Geltung bloß. Wenn wir uns anpassen, werden wir mit Sicherheit dem „Feuerofen" entgehen. Die aber, welche entschieden widerstehen und sich durch nichts erschrecken lassen, winkt die Krone des Lebens.

Die Grosse Wende

Der Schluss des Kapitels weist auf das Ende der „Zeiten der Nationen" hin, wenn die Nationen am Tage ihrer Heimsuchung den Gott Israels anerkennen und Ihm huldigen werden. Die Jünger Jesu, der in den Trübsalen ausharrende Überrest Israels, wird errettet werden – „wer aber ausharrt bis ans Ende, dieser wird errettet werden" (Mark.14,13). **Die auf Gott vertrauten und das Wort des Königs übertraten und ihre Leiber dahingaben, um keinem Gott zu dienen noch ihn anzubeten, als nur ihrem Gott!** An diesem Zeugnis erkennen die „Nationen", die einem anderen Jesus dienten, das Evangelium des Reiches Gottes, das ewige Evangelium, nämlich: „Fürchtet Gott und gebet ihm Ehre!" (Offb.14,7). Wer dann Unrechtes spricht wider den Gott Israels, der bringt Gericht und Fluch auf sich – **denn es gibt keinen anderen Gott, der auf solche Weise zu erretten vermag.** Man wird das falsche Menschenbild verwerfen und zur Wahrheit des Wortes Gottes über Gott und den Menschen zurückkehren.

Das Beispiel der drei Freunde Daniels zeigt uns, dass durch Glauben die Welt und ihre Fürsten überwunden werden können. Wer weiß, ob nicht jetzt schon gläubige Christen eine Wende in der Gesellschaft und Kirche, in der Bildungspolitik herbeiführen, wenn sie entschieden und öffentlich dem Zeitgeist, dem Bildungsgott, der Sexgöttin, dem Evolutionsglauben etc. eine Absage erteilten, zumindest können sie durch ihr konsequentes Handeln ein Zeichen setzen. Niemand ist so nahe daran wie gläubige Heimschuleltern. Die Welt würde erkennen, dass unser Gott, der Gott und Vater unseres HErrn Jesus Christus, der wahre und lebendige Gott ist. „Alsdann beförderte der König Sadrach, Mesach und Abednego in der Landschaft Babel".

Der Lebensbaum (Kap. 4)

Das babylonische Weltreich war unter Nebukadnezar nach dem Erlebnis mit den drei Freunden ein Friedensreich geworden, größer und mächtiger als Salomons Reich. Er erzählt selbst und verkündet allen Völkern, Völkerschaften und Sprachen, **welche große Zeichen und Wunder der höchste Gott an mir getan hat. Wie groß sind seine Zeichen und wie mächtig seine Wunder!** Außer dem Wunder in dem Feuerofen mag er danach noch andere Zeichen und Wunder erfahren haben. Da kann man nur staunen, einfach nur staunen über die Wunder, die Gott an einem Heiden tut. Bei den Juden, die Zeichen fordern ist es ein Tadel: „Wenn ihr nicht Zeichen und Wunder sehet, so werdet ihr nicht glauben" (Joh.4,48). „Das Wunder ist des Glaubens liebstes Kind", sagt ein Sprichwort. Besser ist, dem Worte Gottes zu glauben. „Glückselig sind, die nicht gesehen und geglaubt haben" (Joh.20,29-31).

Nebukadnezar ist überwältigt, wie Gott Seine Größe und Macht offenbart. Was für ein Reich und was für eine Herrschaft ist ihm anvertraut. Man könnte hier Christus selbst als den „König der Nationen" (Offb.15,4) einsetzen: **Sein Reich ist ein ewiges Reich, und seine Herrschaft währt von Geschlecht zu Geschlecht!** bezeugt er.

Gottes Reich ist ein Friedensreich, aber unter der Verwaltung des Menschen ist der Friedenszustand oft nur von kurzer Dauer gewesen. Wie lange mag dieses herrliche Friedensreich unter Nebukadnezar existiert haben? Vielleicht keine vierzig Jahre wie bei Salomo.

Der König hatte Ruhe und Frieden, Gedeihen und Wohlfahrt. Dann erschreckte ihn ein Traum. Er sah beängstigende Dinge, das jähe Ende einer herrlichen Sache: **Ein Baum stand mitten auf der Erde, und seine Höhe war gewaltig. Der Baum wurde groß**

und stark, und seine Höhe reichte bis an den Himmel, und er wurde gesehen bis an das Ende der ganzen Erde; sein Laub war schön, und seine Frucht zahlreich, und es war Nahrung an ihm für alle...

Es sei den Historikern überlassen, die Auswirkungen dieser Friedenszeit zu erforschen. Wir wollen jedoch zur direkten Anwendung auf die Kirche kommen. Man sollte erwarten, dass der große Lebensbaum Nebukadnezar ein Ölbaum wäre (Röm.11), in den die Nationen als „wilde Zweige" eingepfropft worden waren. Doch der Ölbaum Israel und seine Wurzel scheinen bei ihm wie auch später in der Kirche gänzlich aus dem Blickfeld geraten zu sein. Stattdessen haben sie ihren eigenen Baum gepflanzt und sind groß und mächtig geworden. Sein Wachstum begann augenscheinlich mit der Anerkennung des Christentums durch Kaiser Konstantin im Jahre 313. Danach breitete sich der christliche Glaube im ganzen römischen Reich aus und wurde zur neuen Kultur. Die Sonntagsheiligung im Gedenken an die Auferstehung Christi trat an die Stelle des Sabaths und der heidnischen Kulte.

Der Kirchenwunderbaum

Der mächtige babylonische Lebensbaum ist ein Vorbild auf die christliche Kirche und ihres großen Segens für die Welt. Noch heute wird selbst von Atheisten zugegeben, was die Welt dem Christentum an Kulturgütern und Werten verdankt. „Die Idee von Freiheit und solidarischem Zusammenleben, individueller Gewissensmoral, Menschenrechte und Demokratie ... sind das unmittelbare Erbe der jüdischen Gerechtigkeits- und christlichen Liebesethik. Dazu gibt es bis heute keine Alternative" (Habermas). Alle Religionen wurden vom Christentum weit überragt, seine moralische und sittliche Größe war gewaltig. Bis Indien und China reichte der Einfluss des Evangeliums, ganze Länder und Kontinente wurden christlich geprägt. Besonders das christliche Abendland ist ein Zeugnis von seinen zahlreichen Früchten, wovon die Völker profitierten. Gott war höchstes Gut (summum bonum), die

Tugenden Christi und das Leben der Christen, vor allem ihre Liebe untereinander und die tätige Nächstenliebe wurden gerühmt. Unübertroffen war die sittliche Ordnung, die Achtung von Ehe und Familie, die Ehrung der Eltern und der Alten aufgrund biblischer Lehre. Durch die Predigt des Evangeliums war geistliche Nahrung für alle da, jedes Bedürfnis der Seele und des Geistes konnte befriedigt werden.

Öffentlich geächtet waren Unzucht und Hurerei, Homosexualität und jede Perversität galten als schändlich. Die griechische Philosophie galt als Torheit, die römische Sittenlosigkeit und Unmoral waren verurteilt (Röm.1,26-32). Die olympischen Spiele wurden als heidnisch verboten. Berufe und Bildung wurden gefördert, sogar die Wissenschaft ist durch das Christentum angestoßen worden, die großen Erfindungen und Entdeckungen gehen auf Christen zurück.

Die Tiere des Feldes fanden Schatten unter ihm, und die Vögel des Himmels wohnten in seinen Zweigen, und alles Fleisch nährte sich von ihm. Wahrlich ein Kirchenbaum für alle Menschen, für hoch und niedrig, für Arme und Reiche, sogar Könige und Kaiser wurden Christen und ließen sich taufen. Der römische Kaiser Theodosius wurde nach seiner Taufe auf die Dreieinigkeit in die Kirche aufgenommen. Sofort folgte ein Erlass, in welchem er seinen Glauben bekannte und in Betreff der Religion seinen Untertanen Vorschriften gab. „Es ist unser Wille, dass alle Nationen, welche unter unserer milden und nachsichtsvollen Regierung stehen, standhaft der Religion anhangen, welche durch Petrus den Römern gebracht worden ist ... nach der Unterweisung der Apostel und der Lehre des Evangeliums lasst uns glauben an die Gottheit des Vaters, des Sohnes und des Heiligen Geistes ...". (Miller, Kirchengeschichte, Band I). Unter christlichen Herrschern ging es dem Volke wohl.

Weniger Nährwert aber immerhin schattenspendendes Laub boten religiöse Dinge, die dem natürlichen Menschen als solchem zusagen: Prachtvolle Gotteshäuser, geistliche Ämter und Gewänder, glänzende Prediger, Zeremonien, Feiern, Feste, Instrumentalmusik etc. Kunst und Literatur bekamen durch christliche Impulse

Weltgeltung, kirchliche Gesänge sind unvergleichlich erhebender als alles in der Welt, die Musik Bachs wird als göttlich verehrt. Keine Religion hat ähnliche Werke hervorgebracht.

Man könnte noch vieles mehr anführen was das Christentum hervorgebracht hat. Sicher nicht alles geistliche Früchte, auch viel Fleischlich-religiöses hat sich in der Zeit der Nationen entwickelt. Einst, in der Zeit ihrer Frische, war die Kirche eine Zufluchtstätte heilsverlangender Menschen und eine Wohnung guter Geister (Vögel). Doch als die Welt bei ihr nistete, wurde sie eine Brutstätte unreiner Geister. Dies hat sich zum Ende hin derart verschlimmert, dass die Offenbarung von der Babylonkirche als von einer „Behausung von Dämonen und einem Gewahrsam jedes unreinen und gehassten Vogels" spricht (Offb.18,2). Ihre Abtrünnigkeit musste negative Auswirkungen auf die Staatsführung und die Gesetzgebung und allgemein auf die Gesellschaft haben, wie wir heute allenthalben sehen.

Nach der glorreichen Segenszeit beginnt mit großem Schrecken eine Gerichtszeit, eine Zeit schwerer Verluste und tiefer Demütigung. **Und siehe, ein Wächter und Heiliger stieg vom Himmel hernieder. Er rief mit Macht und sprach: Hauet den Baum um ...**
Der Wächter und Heilige ist derselbe wie in Offb.1,13-16. Jesus, der HErr der Kirche und König der Könige, wacht mit „Augen wie eine Feuerflamme" über der Kirche. Sein Urteil in den Sendschreiben (Offb.2 u.3) lässt keinen Zweifel offen, was Er tun wird. Der babylonische Kirchenbaum muss fallen, denn Gott will einen Neuanfang machen, Hoffnung gibt der „Wurzelspross aus dürrem Erdreich" (Jes.53,2).

Vor 500 Jahren begann Gott abzuhauen, eigentlich schon vor 1000 Jahren mit der ersten Kirchenspaltung. Die Reformatoren wollten nur die Kirche reformieren, keine Spaltung, keine eigene Kirche. Die 95 Thesen Luthers zeigen jedoch deutlich, welch ein verdorbenes und ungerechtes System die Kirche geworden war. Eine Rückbesinnung auf das Evangelium und damit eine Rückkehr auf die Kirche des Anfangs war notwendig, gelang aber nicht. Kein Grund, die Reformation im Jahre 2017 zu feiern, denn von dem reformatorischen Erbe ist nicht viel übriggeblieben. War die Reformation nur ein Traum? Nein, gewiß nicht! Aber Lutheraner und alle, die sich auf die fünf Solas der Reformation berufen, träumen noch davon, aber die Gegensätze sind heute andere. Allein die Schrift? Das sagen alle und widersprechen doch einander, besonders in den prophetischen Schriften. Allein der Glaube? Darauf fußen alle, aber wer wagt noch Glaubensschritte wie Luther? Allein die Gnade? Die Selbstgerechtigkeit blüht. Allein Christus? Aber welcher Jesus? Allein Gott gehört die Ehre. Das bekennen wir und suchen doch eigene Ehre.

Einen Kahlschlag erhielt die Westkirche durch die Aufklärung und was als solche verbreitet wurde, nämlich die Berufung auf die Vernunft als universelle Urteilsinstanz. Die Vernunft wäre, so wird behauptet, durch die Kirche, das Christentum und den Glauben an Offenbarung behindert worden. Hierzu ist der Aufsatz von Daniel von Wachter „Die Aufklärung existiert nicht" sehr aufklärend: „Einige deutsche Journalisten und Literaten erschufen die Idee der Aufklärung, indem sie nach 1770 die Vorstellung verbreiteten, dass um 1680 die Vernunft begann, sich gegen die Kirche durchzusetzen, dass dadurch das 18.Jahrhundert das Zeitalter der Aufklärung geworden sei und dass Religionsfreiheit und Naturwissenschaft Errungenschaften der Aufklärung seien … Die Aufklärungsrhetorik gibt vor, vernünftig zu sein, ist aber gerade darauf ausgerichtet, Menschen nicht durch Argumente, sondern durch Bluff und Gefühle zu beeinflussen."

Freie Geister und unheilvolle Mächte gewannen die Oberhand, so dass die Kirche nicht mehr die alleinige Heils- und Segensanstalt für das Volk war. Schließlich eroberte der Sozialismus im 19.Jahrh. die Völker und verdrängte mehr und mehr das Christentum, im Besonderen der Marxismus, der Religion zum Opium für das Volk erklärte. In der Kirche selbst fand der Rationalismus Eingang und beherrschte die Theologen. Die letzte Form des Sozialismus, so von Karl Marx proklamiert, sei humanistisch. Dieser sozialistische Humanismus, der atheistisch ist, macht der Kirche den Garaus, zerstört die christlich-abendländische Kultur und verbannt jedes christliche Zeichen aus dem öffentlichen Leben. Das ist nun seit der zweiten Hälfte des 20.Jahrh. voll im Gange. Gott ist entschlossen, den Kirchenbaum wegen seiner Hoffart und Üppigkeit zu fällen und völlig kahl zu machen. Wir kommen in Kap.7 noch darauf zurück.

Der Kirchenbaum ist zu einem Stammbaum der Konfessionen geworden, er hat große Äste getrieben, woraus in den letzten hundert Jahren viele Zweige entstanden, besonders auf evangelischer Seite. Zuletzt hat der Evangelikalismus zahlreiche Zweiglein hervorgebracht, auch einige sehr gute mit schönen Blättern und Fruchtansätzen, wenn wir das Bild weiter ausmalen dürfen. Oft hat ein Zweig dreißig und mehr Abzweigungen. Das Spektrum ist unübersehbar geworden, wiederum sind viele in Allianz und Ökumene vereinigt.

Nach dem Beschluss des Wächters soll diesem allem ein Ende gemacht werden: **Hauet den Baum um und schneidet seine Zweige weg; streifet sein Laub ab und streuet seine Frucht umher! Die Tiere unter ihm sollen wegfliehen und die Vögel aus einen Zweigen!**

Was das bedeutet, ist kaum auszudenken. Unter den Früchten, die umhergestreut werden sollen, fallen auch Bibelübersetzungen und -übertragungen, die das Wort Gottes verfälschen, entwürdigen, so die moderne Volxbibel u.a. Auch die Scofieldbibel wird weggeworfen, weil sie die falsche Prophetie von Israel und tausendjährigem Reich gleich mit in die Bibel als Anmerkungen hineingeschrieben hat und so den Leser irreführt. Eine Ernüchterung wird stattfinden, das Wohlfühlchristentum wird zu Ende sein. Die Kirche oder Gemeinde, in der man Unterschlupf gefunden hat, wird fruchtlos und bietet keinen Schutz und Schatten mehr. Was von der ganzen Herrlichkeit übrigbleibt ist keine Kirche Christi mehr, sondern sozialer Verein.

In dem Traum Nebukadnezars wird jedoch gesagt, dass der Wurzelstock in der Erde gelassen und sicher verwahrt werden soll für die Zeit der Wiederbelebung und Zurechtbringung. Das galt Nebukadnezar persönlich, und das gilt auch noch für die heutigen selbstherrlichen babylonischen Könige. Gott muss sie tief demütigen, bevor er sie wieder gebrauchen kann.

Als Nebukadnezar das Traumgesicht erzählt, ist Daniel entsetzt, er bekommt Angst, dem König die Deutung kundzutun. Anders als beim ersten Traum beunruhigt Nebukadnezar der jetzige überhaupt nicht. Auch unsere Anwendung wird kaum einen bestürzt machen. Wie kommt das? Viele interessieren sich für die biblische Prophetie und ihre Auslegungen. Sie sind unsicher geworden, was doch die Zukunft noch bringen mag. Aber im Grunde denken sie wie Nebukadnezar: das kann so schlimm nicht werden, lasst euch nicht Angst machen. „Mein Herr, der Traum gelte deinen Hassern und seine Deutung deinen Feinden!" sagt Daniel. Er wünschte nicht, dass es Nebukadnezar treffen würde. Die meisten Ausleger des Buches Daniel und der Offenbarung meinen das im Ernst und deuten alles auf die Welt, auf die Feinde des Christentums und die Christenhasser, über sie käme das Gericht, nicht über die Gemeinde. Ist das ehrlich? Die Wahrheit ist, dass der Traum haargenau auf die Weltkirche und das was sich als Gemeinde Christi versteht passt, wie ich in meiner Betrachtung der Offenbarung nachgewiesen habe (Geheimnis, Babylon, S.425ff.). Wie im alten Bunde lässt Gott als letztes Mittel die Feinde auf die Unbelehrbaren und Ungerechten los.

Die Deutung Daniels wird nun ganz persönlich. Der große Baum, **das bist du, o König, der du groß und stark geworden bist.** Ebenso groß und mächtig geworden sind die Könige und Verwalter des Königreiches Gottes in Christus. Je nach ihrer Begabung und Ausbildung, ihrer Berufung und Vollmacht sind sie emporgestiegen, waren erfolgreich und angesehen und wurden weltbekannt. Im Unterschied zu den Großen und Herrschern dieser Welt sind sie nicht mit Gewalt und Trug an die Macht gekommen, sondern als Diener Gottes unter der Oberhoheit des Hauptes der Gemeinde. Sie waren frei oder von der Kirche und Gemeinde gewählt und eingesetzt und versorgt, manche auch schon abgesetzt und vergessen. Durch ihren Namen, ihre Gelehrsamkeit, Erkenntnis, Redetalent usw. waren sie beliebt und begeisterten die Zuhörerschaft. Es gab solche Zeiten, aber es sind vergangene Zeiten. Christliche Persönlichkeiten ziehen die Leute nicht mehr an. In der „Endzeit" ist ihr Ansehen, ihre Beliebheit zurückgegangen. Manche sind sittlich gefallen.

Obwohl noch viel gepredigt wird, ist der Erfolg, dass Menschen zum Glauben kommen oder zurückfinden, heute sehr gering. Denn die Menschen haben keine Gottesfurcht mehr und daher auch kein Verlangen nach dem Heil. Heute geht es den Menschen, auch dem Kirchenvolk, nicht mehr um namhafte Personen und ihre Botschaft, sondern nur noch um Events und Vergnügen. Christliche Großveranstaltungen, Kirchentage etc. könnten ebenso gut von Politikern und fremdreligiösen Führern organisiert werden.

Es kommt der Augenblick, dass Gott alle großen Bäume, alle Könige Babylons abhauen, absetzen wird, weil sie stolz und hochmütig geworden sind. „Denn der Herr der Heerscharen hat einen Tag über alles Hoffärtige und Hohe, und über alles Erhabene, und es wird erniedrigt werden ...", sagt Jesaja. Kirchenführer, Theologen, Pfarrer, Prediger, große Evangelisten, Lehrer, Hirten, Propheten etc., alles was Rang und Namen hat, „der Hochmut des Menschen wird gebeugt und die Hoffahrt des Mannes erniedrigt werden; und der Herr wird erhaben sein, er allein, an jenem Tage" (Jes.2,12-17). Es ist der Tag der Offenbarung Jesu Christi, wenn Er die babylonische Kirche richtet und ihre Diener demütigt. Demütigung ist gut, sie soll Gelegenheit zur Neubesinnung geben.

Es wird sein wie in den letzten Tagen Jerusalems, als Nebukadnezar die Fürsten und Oberste gefangen nahm, es wird sein wie in der Apostelzeit, als Gott „Mächtige von Thronen hinabstieß, und

Niedrige erhöhte" (Luk.1,52). An ihre Stelle wurden die Apostel gesetzt, „das Volk erhob sie", die Hohenpriester aber, die Schriftgelehrten und Pharisäer sanken bis zur Bedeutungslosigkeit herab. Das Evangelium löste das Judentum ab und eroberte die Welt.

Der Fall Babylons, wovon die Offenbarung redet (Kap.18), wird die Könige und Kaufleute Babylons bedeutungslos machen. Unverhofft, in einer Stunde, ist die ganze Herrlichkeit dahin. Das wird viel Weinen und Trauer auslösen. Für die Offenbarung braucht Gott eine neue Predigerschaft, denn die bisherige versteht sie nicht und leugnet gar, etwas damit zu tun zu haben, erst wieder ab Kap.19. Etliche wiederum deuten die Apokalypse politisch, andere lassen die Sterne buchstäblich vom Himmel fallen, und dergleichen Unsinnigkeiten.

Darum, o König, lass dir meinen Rat gefallen, und brich mit deinen Sünden durch Gerechtigkeit und mit deinen Missetaten durch Barmherzigkeit gegen Elende, wenn deine Wohlfahrt Dauer haben soll. Das war schon der Rat der Reformatoren. Luther, Calvin u.a. wollten lediglich, dass Rom Gerechtigkeit und Barmherzigkeit – die Grundpfeiler des Königtums, übte, aber man hörte nicht auf sie. Und heute? „Wer unter euch fürchtet den Herrn? Wer hört heute auf die Stimme seines Knechtes?" (Jes. 50,10). „Wer ein Ohr hat, höre was der Geist den Gemeinden sagt" (Offb.3.22). Weder auf den Knecht Gottes noch auf den Geist Gottes hat man gehört. Beide wurden abgewiesen oder ausgelöscht, die Weissagung aber weggedeutet. Da bleibt nur die Beiseitesetzung.

Nach einer Bedenkzeit von 12 Monaten, statt sich zu demütigen, betrachtet Nebukadnezar noch einmal sein großes Werk: **Ist das nicht das große Babylon, welches ich mir zum königlichen Wohnsitz erbaut habe durch die Stärke meiner Macht und zu Ehren meiner Herrlichkeit?** Für das ihm anvertraute große Reich hatte er noch Gott gerühmt und Seine Wunder bezeugt, aber das große Babylon hat er sich selbst gebaut und rühmt seine Stärke. Aber vielleicht ist der Hintergrund doch eine gewisse Furcht, weshalb er seinen Ausspruch als Frage formuliert. Als wollte er sagen, es kann ja gar nicht sein, dass ich mein Königtum verliere und andere es einnehmen. Denken so nicht alle christlichen Könige

Babylons? Ihre Sprache lautet nämlich ganz ähnlich: „Ich bin reich und bin reich geworden und bedarf nichts" (Offb.3,17). Oder wie die Kirche Babylon spricht: „Ich sitze als Königin, und Witwe bin ich nicht, und Traurigkeit werden ich *nicht* sehen. Darum werden ihre Plagen an einem Tage kommen … Wehe, wehe!, die große Stadt, Babylon, die starke Stadt! Denn in einer Stunde ist dein Gericht gekommen" (Offb.18,7-10). Ja, Babylon ist die Stadt des Menschen, und was der Mensch baut, sie soll groß sein und ihn groß machen. Die Stadt Gottes wird die heilige Stadt genannt, und Gott hat sie erbaut zu Seiner Herrlichkeit. Welche Gegensätze!

Wir müssen allerdings hier beachten, dass nicht die Stadt Babel zerstört wird, sondern nur Nebukadnezar sein Amt als König verliert und verbannt wird, und zwar eine Zeitlang. Die Zerstörung Babylons ist das Thema der Offenbarung. In Daniel geht es um die Personen, in der Offenbarung um die Dinge. Das Zeugnis Jesu in der Offenbarung ist der Stein des Anstoßes für die Könige Babylons, und es wird gerade das bewirken, was Nebukadnezar im selben Moment erlebt: **Da kam eine Stimme vom Himmel herab: Das Königtum ist von dir gewichen! Und man wird dich von den Menschen ausstoßen, und bei den Tieres des Feldes wird deine Wohnung sein … bis du erkennst, dass der Höchste über das Königtum der Menschen herrscht, und es verleiht, wem er will.**

Die „bei den Tieres des Feldes wohnen" und Kraut essen wie das Vieh sind keine begehrten Prediger mehr, ihre Bücher werden für 1,- € angeboten und doch von niemand gekauft. Vollkommen bedeutungslos! Wenn sie Knechte Gottes sind, müssen sie diese Erniedrigung annehmen. Dann wird ihr Herz vom „Tau des Himmels" benetzt werden, und das ist gesegneter als alle persönlichen Vorrechte. Die Demütigung des stolzen, selbstherrlichen Königs währte so lange, bis „sein Haar wuchs gleich Adlerfedern und seine Nägel gleich Vogelkrallen".

Kann er nun fliegen und Beute fangen? Sicher nicht mehr für sich selbst, sondern für Gott, zu Seiner Ehre. Das ist der Zweck der Übung. „Alles zur Ehre Gottes", fügt man allem was Kirchen und Gemeinden veranstalten stets hinzu. Aber ist es wirklich so oder ist das nur eine fromme Floskel? Schaut man in eine Kirche oder in ein Bethaus und vergleicht die innere Gestaltung mit den großen Bibelversen an Decken und Wänden, kommen einem Zweifel, ob dort wirklich zur Ehre Gottes gesungen und gepredigt wird: „Wir predigen den gekreuzigten Christus". Doch der Gekreuzigte hatte keine bestimmte Wohnung, Er wusste nicht, wohin Er Sein Haupt legen sollte. Die Versammlung der Heiligen benötigt keinen Wohlfühlsalon, ein schlichter Raum oder Saal genügt. Der Besucher soll Christus erleben. Den Griechen, die zum Feste kamen, ging es nicht um den Tempel, sondern „wir möchten Jesum sehen" (Joh.12,21).

Möchte die Demütigung, die wir alle nötig haben, dazu dienen, nicht mehr unsere Ehre zu suchen, sondern die Verherrlichung des Namens Jesu, unseres HErrn und Meisters. Nebukadnezar hat das verstanden. Als er seine Augen zum Himmel erhob, kam ihm sein Verstand wieder, er preist Gott und rühmt und verherrlicht den ewig Lebenden. „Seine Herrschaft ist eine ewige Herrschaft, Sein Reich währt von Geschlecht zu Geschlecht". Das hatte Nebukadnezar schon am Anfang des Kapitels gerühmt, aber jetzt hat er es erfahren, **dass der Höchste über das Königtum der Menschen herrscht und es verleiht, wem er will, und den Niedrigsten der Menschen darüber bestellt.**

Weil er so tief erniedrigt worden ist, werden musste, und dies anerkennt, kann Gott ihn auch wieder erhöhen, ja ihn höherstellen als zuvor; „ausnehmende Größe wurde mir zuteil". Bei Jesus war es anders, er musste nicht erniedrigt werden, Er hat Sich selbst erniedrigt, „indem er gehorsam ward bis zum Tode, ja zum Tode am Kreuze. Darum hat Gott ihn auch hoch erhoben und ihm einen Namen gegeben, der über jeden Namen ist …" (Phil.2,6-11).

Haltet euch zu den Niedrigen, seid niedrig gesinnt; wer sich selbst erniedrigt, wird erhöht werden. Wir kennen diese Ermahnungen. Und doch wissen wir nicht, von dem hohen Ross herunter zu kommen. Dann muss Gott es tun, und Er tut es durch Menschen, in deren Gunst wir uns sonnten, die aber plötzlich uns verwerfen. **Nun rühme ich, Nebukadnezar, und erhebe und verherrliche den König des Himmels, dessen Werke allesamt Wahrheit und dessen Wege recht sind, und der zu erniedrigen vermag die in Hoffart wandeln.**

Frevel am Heiligsten (Kap. 5)

Der König Belsazar machte seinen tausend Gewaltigen ein großes Mahl, und er trank Wein vor den Tausend ... Nimmt er denn nicht wahr, dass feindliche Heere anrücken? Der Wächter sieht den Verwüster kommen und ist bestürzt. Er spricht: „Herr, ich stehe auf der Turmwarte beständig bei Tage, und auf meinem Wachtposten stehe ich da alle Nächte hindurch! Und siehe da, es kam ein Zug Männer, Reiter bei Paaren ... Und er hob an und sprach, Gefallen, gefallen ist Babel" (Jes.21,1-9).

Weshalb hat er seine Gewaltigen eingeladen? Sollen sie ihm im Kampfe gegen eine Übermacht beistehen? Oder erkennt er, dass alles verloren ist? Am besten sich berauschen. **Als der Wein ihm schmeckte,** (Luther übersetzt: „soff sich voll mit ihnen. Und da er trunken war") versteigt er sich zu dem Frevel, die goldenen und silbernen Gefäße, die Nebukadnezar aus dem Tempel zu Jerusalem weggenommen und in seinem Schatzhaus verwahrt hatte, holen zu lassen. Sein Vater war nicht dafür gestraft worden, dass er die Geräte und die Schätze des Hauses Gottes nach Babel gebracht hatte. Dort waren sie sicher verwahrt, er hatte sich gefürchtet, diese zu gebrauchen. Belsazar aber kennt keine Skrupel, sie zu nehmen und mit seinen Gewaltigen und seinen Frauen Wein daraus zu trinken. **Sie tranken Wein und rühmten die Götter von Gold und Silber, von Erz, Eisen, Holz und Stein.** Wie vermessen.

Nebukadnezar hat noch Gott erlebt; er war tief gedemütigt worden, bis er erkannte, dass der höchste Gott über das Königtum der Menschen herrscht. Er wurde wieder in sein Königtum eingesetzt und rühmte und verherrlichte **den König des Himmels, dessen Werke allesamt Wahrheit und dessen Wege Recht sind** (4,37). Sein Sohn hat das alles mitbekommen, aber er ist offensichtlich selbst nie davon berührt worden. War ihm als Mitherrscher das Königtum – und dieses war ausnehmend groß, bezeugt Nebukadnezar – in den Kopf gestiegen? Belsazar kannte Gott nicht, ja er verhöhnt den Gott Israels.

Heinrich Heine hat es in seiner Ballade „Belsazar" treffend ausgedrückt:

Er brüstet sich frech und lästert wild;
die Knechteschar ihm Beifall brüllt.

Der König rief mit stolzem Blick;
der Diener eilt und kehrt zurück.
Er trug viel gülden Gerät auf dem Haupt;
das war aus dem Tempel Jehovas geraubt.

Und der König ergriff mit frevler Hand
Einen heiligen Becher, gefüllt bis zum Rand.

Und er leert ihn hastig bis auf den Grund
Und rufet laut mit schäumendem Mund:

„Jehova! Dir künd ich auf ewig Hohn –
Ich bin der König von Babylon!"

Das Festmahl wirft ein grelles Licht auf die heutige gott- und sittenlose Gesellschaft. Die Mehrheit in Europa glaubt nicht mehr an Gott. Viele sind Agnostiker geworden oder bekennen sich unverhohlen als Atheisten. Eher glauben sie an Außerirdische, an die Wissenschaft, an die Autonomie des Menschen. Eine neue Generation verwirft das Christentum und die christlichen Werte. Ihre Religion ist der sozialistische Materialismus, sie rühmen die Götter, die nicht helfen können, die Idole im Sport, in der Filmwelt, dämonischen Musik, abartige Kunst etc., verhöhnen alle Sittlichkeit. Nach ihrer Devise kann jeder seinen Lüsten und Begierden leben. Die Frühsexualisierung der Kinder wird zum Erziehungsideal, perverse Sexualität wird als normal angesehen und soll akzeptiert werden. Vor nichts haben die Menschen mehr Ehrfurcht und Respekt, nicht mal mehr vor den eigenen Eltern, sie verachten jede Autorität und lästern Herrlichkeiten. Blasphemische Filme werden als freie Kunst hingestellt. Die Mahnung, dass sie ihrem Schöpfer einmal Rechenschaft geben müssen, dafür haben sie nur ein höhnisches Lächeln. Doch das Ende naht, es naht das Ende und damit auch die Wende. Die ganze Ausgelassenheit wird plötzlich einer Ernüchterung weichen. „Schluss mit lustig" (Peter Hahne) kündigt Krisen an, aber vielleicht doch anders als Hahne es erwartet. Es kommt eine Befreiung für die wahren Kinder Gottes

Für Babylon sind die letzten Tage gekommen. Vieles im Buch Daniel ist typisch auch für die „letzten Tage" des christlichen Babylon; Belsazars Ära markiert das Ende einer gesellschaftlichen Epoche, die vom humanistischen Zeitgeist geprägt ist. Man könnte ihn in der Tat als König Humanismus bezeichnen. Sein Vater hat in seiner letzten Lebensphase ein humanes Verhalten gezeigt, unter Belsazar sind die Gewaltigen seines Reiches atheistisch geworden, man benötigt keinen Gott mehr. Diesen Trend erleben wir auch seit dem 20.Jahrhundert in Westeuropa, besonders ausgeprägt in Deutschland. Lust ausleben und Spaß haben ist das Lebensprinzip der postmodernen Gesellschaft, Feiern und Feste sind die Berauschungsmittel gegen die Unsicherheit. Es herrscht in der

Bevölkerung und schon unter der Jugend eine absolut materialistische Einstellung, ihre Götter sind materielle. Die Christenheit hat sich weit von Christus entfernt, Kirchenführer und Gemeindeglieder sind reine Materialisten geworden. Am höchsten Fest der Christenheit hat das „Christkind" nur noch materiellen Wert. Frohe Weihnachten, kostspielige Geschenke, üppiges Essen, sinnliche Berauschung, aber der Feind steht bereits vor den Toren. Gott hat ihn kommen lassen.

Der bekannte Jugendpfarrer Dr. Theo Lehmann, Evangelist in der ehem. DDR, beklagt das vergnügliche „geile" Christsein in einem eindringlichen Appell an die Christen und Pastoren in den europäischen Ländern, in die der gegenwärtige Flüchtlingsstrom sich ergießt: „Vielleicht eine einmalige Möglichkeit der Missionierung der ankommenden Muslime, oder aber …

Noch tanzen wir auf unseren christlichen House-Parties, während der Leib von Christus in anderen Ländern aus tausend Wunden blutet. Noch verkaufen wir das Christentum unter dem billigen Slogan ‚Christsein ist cool'. Aber was machen wir, wenn eines Tages Christsein nicht mehr cool ist, sondern eine heiße Angelegenheit wird? Ich frage mich, wie lange wir uns dieses läppische Jesus-Getändel und dieses traumtänzerische Christentum noch leisten können, leisten wollen. Während in anderen Ländern christliche Frauen versklavt und vergewaltigt werden, spreizen bei uns die Mädels auf der Bühne ihre Beine und präsentieren uns ihren gepiercten Bauchnabel, alles ‚für den HErrn', ich weiß schon. Ich weiß aber auch, was die Herren in den ersten Reihen von diesem Anblick halten. Während woanders Christen unter der Folter schreien, leiern wir im Dreivierteltakt bis zum Umfallen (im wahrsten Sinne des Wortes) diese nichtssagenden Chorusse, in denen wir uns, sicher im Gemeindesaal sitzend, auffordern, auf den Straßen zu tanzen …".

Der Mahnruf verhallte vermutlich ungehört. Sie werden sich das Vergnügen nicht nehmen lassen und weiter feiern, bis das Unglück über sie hereinbricht, denn es ist vonseiten Gottes beschlossen. Schon verkündet ein Engel die Botschaft: „Gefallen, gefallen ist Babylon, die große, die mit dem Weine der Wut ihrer Hurerei alle Nationen getränkt hat" (Jes. 21,9; Offb.14,8). Lehmann mag an Verfolgung durch den Islam denken. Es könnte aber, und das ist wahrscheinlicher und wäre wünschenswert, zuerst einmal durch eine positive politische Veränderung kommen, die echtes Christsein unterstützt und die verkommene babylonische Kultur zu Fall bringt, zur Beschämung vieler.

Im evangelikalen Prophetieverständnis hat die Gemeinde nichts mit Babylon zu tun. Es verwundert, dass die Offenbarung sich erst in den letzten Kapiteln mit Babylon beschäftigt und uns unvermittelt mit ihrem Gericht und Fall überrascht. Wir müssen jedoch den Anfang betrachten, um ihre Ende zu begreifen. Die Anfänge der Babylon-Kirche liegen weit zurück. Als das Reich Gottes von den Juden auf die Nationen überging und diese mehrheitlich die Kirche bildeten, trat eine Loslösung von Israel ein. Die Kirche verselbständigte sich zunehmend. Man kann diese Entwicklung mit dem Übergang des Königtums Israels auf Babel vergleichen. Darin Gottes Weg zu sehen dürfte für uns so schwer und unbegreiflich sein wie einst für die Juden die Wegführung nach Babel.

Bei diesem Prozess sind auch alle Schätze der Erkenntnis, im Bilde die goldenen „Gefäße", (Apostellehre, kostbare Verheißungen, geistliche Segnungen, Ordnungen etc.) auf die Nationen übergegangen, so dass „der Fall Israels der Reichtum der Welt" wurde (Röm.11,12). Die Nationen sollten jedoch nicht vergessen, woher sie gekommen und wozu sie gelangt sind und wem sie die Schätze verdanken, mahnt der Nationenapostel (Eph.2). Wären sie sich dessen bewusst geblieben, würden sie sich nicht über Israel erhoben haben. Heute ist daraus ein krasser Gegensatz geworden in der Stellung vor Gott, indem sie das jüdische Volk zum „auserwählten Volk Gottes" erheben; es stehe aber auf einer weit niedrigeren Stufe als „wir, die Nationen", und habe noch eine schwere Zukunft vor sich. Das ist die allgemeine Ansicht in christlichen Kreisen, ungeachtet des Evangeliums, dass bei Gott kein ethischer Unterschied mehr besteht zwischen Juden und Heiden, „denn alle haben gesündigt und erreichen nicht die Herrlichkeit Gottes, und werden umsonst gerechtfertigt durch seine Gnade, durch die Erlösung, die in Christo Jesu ist" (Röm.3,23.24).

Die Liebe der Israelfreunde zu Israel im Nahen Osten ist eine politische Liebe, keineswegs eine missionarische und noch weniger brüderliche und göttliche. Die EKD verbietet neuerdings Judenmission. Ihre Liebe für Führer und Volk drückte sich in der Nazizeit in einer ungeheuerlichen Verachtung und Feindschaft gegenüber Juden aus; mit Juden wollte keiner etwas zu tun haben, selbst wenn sie Christen waren. Als der Wind sich drehte, waren plötzlich alle pro Israel, verwechselten aber Israel mit Israel. Das eigentliche und wahre Israel Gottes in Christus ist in Vergessenheit geraten, so vergessen wie Daniel von der feiernden Gesellschaft in Babel. In der Begeisterung für den Nationalsozialismus hat keinen die Prophetie interessiert, sogar das 1000jährige Reich, das dieser bauen wollte, hatte für Israel keine Bedeutung mehr. Heute aber dreht sich alles um Israels Zukunft, tausendj.Reich, Antichrist, Tempelwiederaufbau etc. An ihnen sollen sich alle „noch unerfüllten" Verheißungen der Propheten buchstäblich erfüllen, als nächstes die „siebenjährige Trübsalszeit" und eine starke Dezimierung bis auf einen „kleinen Überrest", der dann in die „Segnungen des Reiches" eingeht. Die Gemeinde aber werde vorher entrückt sein, vielleicht heute schon. Und damit sind wir wieder beim Festmahl Belsazars. Mit diesen Vorstellungen lässt sich fröhlich Festfeier halten.

Die geladenen „Gewaltigen" des Reiches sind nicht mehr allein die großen Kirchenfürsten. Diese haben keine Macht mehr, es sind die großen Namen im evangelikalen Raum, die sämtlich auf die falsche Israelproklamation hereingefallen sind. Die Kirche selbst hat keine Gewaltigen mehr, lediglich heiliggesprochene Selige. Ihr sind die großen Männer gestorben. Immerhin hatte sie nach Augustinus, Luther, Calvin etc. hervorragende Theologen, Evangelisten, Lehrer und viele andere Männer des Geistes. Wo sind die Lehrer der Kirche heute? Das Predigtamt wird mehr und mehr von Weibern besetzt. Wie jene vom sachlichen Denken und Gottes Wort bestimmt waren, hat nun das Gefühl und die Befindlichkeit den Geist ersetzt. Die Diener der Kirche sind Diener des Zeitgeistes geworden, die einen wollen die Evangelikalen in die Kirche zurückholen, andere sie nach Rom führen; die besten Prediger unter ihnen sind „falsche Apostel" (Offb.2,2). Wie könnten sie sonst ein Belsazar-Mahl mitfeiern?

Belsazar war kein Gewaltmensch, kein Tyrann wie andere, nicht wie Nebukadnezar, der das Volk zur Bildanbetung zwang. Es wurde niemand gezwungen, an seinem Mahl teilzunehmen, oder den Weisen gedroht, wie einst sein Vater. In unserer pluralistischen Zeit kann eigentlich jeder frei entscheiden, ob er mitmacht oder nicht. So muss niemand auf dem Kirchentag erscheinen oder das charismatische Spektakel mitmachen. Kirchgang ist kein Zwang mehr, Gemeindezugehörigkeit erwünscht, aber nicht unbedingt gefordert. So kann man jeden Sonntag eine andere Gemeinde besuchen. Wo es was zu Feiern gibt, kommen die Leute von selbst. Alle sind herzlich willkommen. So ähnlich müssen wir uns das bei Belsazar vorstellen. Der Zustand im Reiche Gottes ist auf babylonisch-endzeitliches Niveau herabgesunken, wenigstens hierzulande. Alles hat sich der großen Freiheit in Mode und Sexualität verschrieben, es gilt die freie Entscheidung, selbst für Jesus. Eben darum haben ja auch ethische Werte, sittliche Normen, traditionelle Formen keine Bedeutung mehr, alles ist unverbindlich und gleichgültig. Das Unkraut überwuchert den Weizen.

Luther würde sich im Grabe rumdrehen, wenn er wüsste, was aus seiner Reformation geworden ist. Er liegt begraben in der Schlosskirche zu Wittenberg, wo gerade jetzt das 500-jährige Jubiläum der Kirche gefeiert wurde. Seine Erben haben alles verschleudert, was den Reformatoren einst bedeutete. Ein Hohn selbst für Katholiken.

Im Rausch des Festmahls kommt eine beispiellose Arroganz zum Ausdruck, besonders bei den Endzeitpropheten des Dispensationalismus, der den ganzen Evangelikalismus durchdrungen hat. Mit welch einer Überheblichkeit sie sich über die Reichstheologie der Kirchenväter und Reformatoren hinwegsetzen, auf die sie sich zugleich berufen, und wie geringschätzig sie über diese reden, als wären alle diese im Irrtum gewesen. So denken sie, frei nach Heine: Den Reformatoren künd' ich auf ewig Hohn, ich hab' die Wahrheit in Person.

Verhöhnt wird aber auch Christus selbst von Evangelikalen. „Der Triumph des Gekreuzigten" von Sauer und „Der Triumph des Lammes" von Johnson sind eine einzige Verhöhnung des Gekreuzigten. Sie verkennen völlig das Wesen des Lammes, das sie zum alten Bluträcher machen. Er, Der doch voller Gnade und Wahrheit ist, auch in Seiner Offenbarung, tötet massenweise die Menschen? Da kann man nur beten: Vater, vergibt ihnen, denn sie wissen nicht was sie tun.

Beim goldenen Bild Nebukadnezars war die Musik dabei, jetzt ist es der Wein und die Frauen. Die Ernüchterung sollte bald darauf folgen. Weintrinken an sich ist nicht verboten, aber in Maßen, sogar gut bei Unwohlsein (1.Tim.5,23). Wein ist ein Bild der Freude, und die Nationen sollten sich freuen mit Seinem Volke über die Fülle des Segens Christi (Röm.15,10). Zugleich aber ermahnt der Apostel die Nationen, aus den empfangenen christlichen Vorrechten kein Freudenfest zu machen, sondern nüchtern zu bleiben und den Gehorsam zu lernen. „Sei nicht hochmütig, sondern fürchte dich" (Röm.11,20). Bleibe an der Güte, seid nicht gleichförmig dieser Welt … (Röm.-12,1-2). Und wiederum buchstäblich: Veranstaltet keine Schwelgerei und Trinkgelage (Röm.13,13).

Wenn man zuviel Wein (Alkohol) getrunken hat, sieht man plötzlich alles verschwommen oder doppelt. Bei dem Wein Babylons sieht man das eine Reich Gottes als zwei Reiche, das eine irdisch, das andere himmlisch; aus dem einen Leib sind wieder zwei Leiber, Gemeinde und Israel geworden, aus der Wiederkunft Jesu zwei Kommen usw. – alles wieder fein zeitlich und räumlich getrennt, was vorher vereint war. Die Einen müssen weg, bevor die Anderen kommen. Es gäbe ja sonst Konflikte wie in der Apostelzeit. Um diese zu vermeiden, müssen geschichtliche Erfüllungen halb geleugnet und wieder in die Zukunft gesetzt werden.

Dies alles wird den Gläubigen als Endzeitprophetie verkauft. In ihrer Unnüchternheit verwechseln sie das heutige politische Israel mit dem biblischen. Oder sind gleichnamige Personen identisch? „Streitfall Millennium" von Kim Riddlebarger (Betanien-Verlag) räumt mit den Mißverständnissen über das Reich Gottes, Israel, Drangsal, tausendjähriges Reich gründlich auf.

Wir halten fest: Die Bibel ist die Bibel Israels. Denn das Alte Testament wurde von den Vätern und Propheten Israels geschrieben. Das Neue Testament ist von Juden geschrieben worden, mit Ausnahme Lukas, ein Heidenchrist. Die Apostel waren Juden, Paulus zudem aus dem Stamme Benjamin. „Die Juden" ist ein Sammelbegriff für die Stämme Israels. Wir haben also die Bibel Israels in Händen. Leider ist der Gebrauch der Schriften des Alten Testaments schon früh aufgegeben worden, die doch durch ihre Ermunterung unsere Hoffnung begründen und lebendig machen (Röm.13,4). Das A.T. hat nur noch geschichtlichen Wert, interessant noch für Archäologen. Eine direkte moralische Anwendung ist so nicht möglich, sie setzt vielmehr geistliches Verständnis voraus im Lichte des neuen Bundes.

Mißbrauch mit der Bibel ist wie der Mißbrauch der heiligen Gefäße Israels. Etwa die bibelkritische Methode, mit der ungläubige Theologen den Unglauben säen, Auch verschiedene freie Bibelübersetzungen (Bruhn, Zink, Dreyer mit seiner Volxbibel) sind Verfälschungen, Schändungen des heiligsten Buches der Bücher. Die Krönung liefert die feministische „geschlechtergerechte Bibel". Die SCOFIELD-Bibel ist ebenfalls zu verwerfen. Scofield blieb wenigstens dem Text treu, aber er hatte keine Furcht, seine bzw. Darbys prophetische Irrtümer gleich mit hinein zu schreiben. „Aber vor deinem Wort hat mein Herz sich gefürchtet" (Ps.119,161); „Auf diesen will ich blicken: auf den Elenden und den, der zerschlagenen Geistes ist, und der da zittert vor meinem Worte" (Jes.66,2).

Die Frevler werden noch wie Belsazar das Zittern lernen. Nicht genug mit dem Mißbrauch der Bibel. Man mißbraucht auch die Gnade, um weiter in der Sünde zu leben und für weltliches Vergnügen, Mißbrauch der Freiheit in Christus für fleischliche Freiheit. Das ist heute reformatorisch. Da ja Christus des Gesetzes Ende sei, fallen auch Seine Gebote unter das Ende, das aber in Wahrheit Gesetzlosigkeit ist. Ein Leben in der Heiligung sei Gesetzlichkeit, Absonderung von der Welt ist als weltfremd verpönt. Nicht zuletzt der Mißbrauch der Geistesgaben für Selbstzweck und Gefühlsduselei, abgleitend in dämonisches Zungenreden.

War es bei Nebukadnezar der Größenwahn, ist bei Belsazar die Gesetzlosigkeit und Unsittlichkeit. Ihm ist nichts mehr heilig, wenn er keine Skrupel hat, heiliges Gut zu schänden. Und wieder, nach 2500 Jahren, wiederholt sich diese ganze Niedertracht im christlichen Abendland, allen voran das Land der Reformation. Die das Vergnügen mehr lieben als Gott, „die eine Form der Gottseligkeit haben, deren Kraft aber verleugnen", das ist kennzeichnend für die „letzten Tage" – „schwere Zeiten", das heißt sehr verführerisch für die Auserwählten (2.Tim.3,1-5).

Weil die Kirche kein Licht mehr ist, steht auch die Gesellschaft im Dunkeln und gibt sich dem Vergnügen, der Augenlust und Fleischeslust hin. Hurerei und Ehebruch, Scheidung und Abtreibung, Unzucht und Laster können in der Finsternis ungestraft geübt werden. „Das Herz des Menschen hat sich nicht verändert, die Fortschritte der Zivilisation haben keine Besserung bewirkt, sondern nur erreicht, das Böse anziehender zu machen, damit wir uns nicht mehr deswegen schämen" (La buena Semilla). Man muss sich nicht über die Welt und den Verfall der christlichen Kultur beklagen, Paulus rät in einer solchen Zeit: „strafe, überführe, ermahne mit aller Langmut und Lehre" (2.Tim.4,1-4).

Der alte kranke Vater gab seiner Frau und den Kindern, die sein Bett umstanden, noch ein schweres Rätsel auf. Sie sollten Daniel 5 lesen, jedoch ohne anzudeuten, wie das Kapitel zu verstehen ist. Niemand wusste, was dort stand, zumal keine Bibel in dem Krankenhaus greifbar war. Darüber verschied er, völlig unerwartet. War für ihn das Festmahl Belsazars ein prophetischer Hinweis auf die heutige Zeit? Oder sagte er dies nicht aus sich selbst? Was wollte er oder Gott ihnen damit sagen, was ist die Deutung der Sache?

MENETEKEL

Zu dem Frevel Belsazars konnte Gott nicht schweigen. **In demselben Augenblick kamen Finger einer Menschenhand hervor und schrieben, dem Leuchter gegenüber; und der König sah die Hand, welche schrieb. Da veränderte sich seine Gesichtsfarbe, und seine Gedanken ängstigen ihn; und die Bänder sei-**

ner Hüften lösten sich, und seine Knie schlugen aneinander.
Die Geisterhand und die geheimnisvolle Schrift versetzen Belsazar
in Angst und Schrecken. Er ruft nach den Weisen, doch niemand
kann die Schrift lesen, auch seine Schriftgelehrten nicht, geschwei-
ge denn die Deutung anzeigen. Alle sind bestürzt.

Gott hat sich der Finger der Hand des Sehers Johannes bedient, um die „geheime Offenbarung" zu schreiben. Er ist unser
Daniel, denn die Offenbarung weissagt dieselben Dinge wie das
Buch Daniel, „um seinen Knechten zu zeigen, was bald geschehen
muss" (Offb.1,1), besonders über das Ende des neutestamentlichen
Babylon. Die Offenbarung ist das letzte Zeugnis an die abtrünnigen Könige der Nationen des neuen Bundes. Darüber mögen
sie bestürzt sein wie Belsazar, aber sie können die Offenbarung
in Wirklichkeit weder lesen noch richtig deuten. Es fehlt ihnen
der Geist der Weissagung, welchen Gott nur denen gibt, die Ihm
gehorchen.

Die Ausleger der Offenbarung stoßen auf die gleiche Schwie-
rigkeit wie die Weisen Babylons. Ihnen ist das letzte Buch der
Bibel wie eine Geheimschrift, eine besondere „Literaturgattung",
die weder in die Schriften des Alten Testament noch in das Neue
Testament eingeordnet werden kann. Deshalb rätseln sie an den
Texten und Bildern der Apokalypse herum und kommen zu den
wunderlichsten Deutungen, die nur noch mehr Angst erzeugen.
Nichts als Spekulationen und Beschwörungen, aber keine klaren
Aussagen. Abgesehen von jenen Träumern, die meinen, Offb.4-19
habe nichts mit ihnen zu tun, da sie dann schon entrückt seien
und die Dinge von oben betrachten würden. Andere zerbrechen
sich den Kopf über die sieben Siegel. Dass der Antichrist bereits in
der Welt ist und schon in die Gemeinden eindringt, bleibt ihnen
dunkel und mysteriös. Der Widerpart sitzt doch auf dem Thron
wie Belsazar, aber nicht mehr lange.

Den Theologen ist die Offenbarung offensichtlich nicht offenbart. Sie fügt sich nicht in ihre Hermeneutik. Das geben sie auch
zu. Anders Evangelikale, sie behaupten, den Schlüssel gefunden zu
haben, aber sie haben statt aufzuschließen, die Türe des Verständnisses zugeschlossen. Die Türe war ja offen, wie geschrieben steht:

„Siehe, ich habe eine geöffnete Tür vor dir gegeben, die niemand zu schließen vermag“ (Ofb.3,3). Man muss nur durch die Türe, Christus, gehen, um zum geistlichen Verständnisses des Alten Testamens und der Geschichte Israels zu gelangen, die sich hinter der Offenbarung verbirgt.

Ist denn niemand da, der die Schrift an der Wand gemäß der Wahrheit deuten kann? Die Königinmutter erinnert sich an Daniel, bei dem *„in den Tagen deines Vaters Erleuchtung und Verstand und Weisheit gleich der Weisheit der Götter bei ihm gefunden wurden“.* Obwohl Nebukadnezar ihn zum Obersten der Schriftgelehrten über alle Beschwörer und Weisen erhoben hatte, war Daniel anscheinend in Vergessenheit geraten. Er besorgte zwar immer noch die Geschäfte des Königs (Kap.8,27), war also im Amt, aber man konnte diesen unbequemen Warner bei dem Festmahl nicht gebrauchen. Vielleicht hat er aber von sich aus abgesagt, weil er die ausgelassene Gesellschaft kannte. Nun aber wird er dringend gebraucht. Weil in Daniel der Geist Gottes ist, war es für ihn nicht schwer, die Schrift zu lesen und zu deuten. Er legt keinen Wert auf die versprochene Ehrung, es geht ihm um die Wahrheit, die diesem Frevler gesagt werden muss. Deshalb hält er dem König erst einmal eine Bußpredigt, ehe er die Deutung anzeigt.

Daniel war nicht unvorbereitet, als er gerufen wurde. Das ganze sittliche und moralische Verderben des Reiches war ihm bereits im ersten Jahr der Regierung Belsazars offenbart worden (Kap.7 u.8). Es steht geschrieben: „Der Herr tut nichts, es sei denn, dass er sein Geheimnis, seinen Knechten, den Propheten, geoffenbart habe“ (Amos 3,7).

Wie Daniel vergessen wurde, so sind auch die wahren Knechte Gottes in Vergessenheit geraten oder werden geringgeachtet. Die ganze Zeit beschäftigte sie der Abfall und das Treiben der Gesetzlosen, leider aber sehen nur wenige einen Zusammenhang mit Daniel und den Dingen der Offenbarung. Doch einmal wird man sie hören müssen und auch wollen, dann aber ist es zu spät. So hat man auch mir einmal gesagt, woher ich das alles, zum Beispiel die Veränderung im schulischen Bereich gewusst habe vor 30 Jahren, da ich doch keine Zeitung lese und weder Radio noch Fernsehen habe. Allein aus dem prophetischen Wort, das der Geist mir erleuchtete.

Wer den Geist Gottes hat – in der Offenbarung Geist der Weissagung genannt, das ist das Zeugnis Jesu, – und schriftkundig ist, für den dürfte es nicht schwer sein, die Weissagung der Offenbarung zu verstehen und ihre Aktualität zu sehen. Wurde sie doch von den ersten Empfängern verstanden.

Nur die herrschende Prophetie verhindert das Verständnis, um es deutlicher zu sagen, die falsche und vermessene Prophetie über Israel, Antichrist, Tausendj-Reich etc. schiebt die Dinge vor sich her und täuscht über die Wirklichkeit. Da sind wir genau an dem Punkte, wo die Endzeitpropheten versagen. Man pickt sich die kostbaren Verheißungen der prophetischen Schriften heraus, die aber eigentlich Israel gehören, dem man – und das ist der Gipfel des Hohns – mit der altt. Prophetie eine zweite große Drangsal verheißt, die schon die Juden gemäß der Vorhersage Jesu um 70 n. Chr. auskosten mussten (Matth.24). Über die eigene bedrohliche Lage herrscht eine sträfliche Unbekümmertheit in den Gemeinden.

Der Kult um das politische Israel ist ein Irrwahn, die Anwendung der prophetischen Verheißungen auf das ungläubige Volk ein Mißbrauch des Wortes Gottes. Jesus hat damit nichts zu tun. Niemals lehrt uns der Geist der Wahrheit, dass Ungläubige, Gesetzlose, Hurer, ehe sie sich bekehren, zum Volk Gottes gehören. Für Juden und Heiden gilt dasselbe: „… wer nicht glaubt, wird verdammt werden" (Mark.16,16). Durch und in Christus sind das Gesetz und die Propheten erfüllt. „Die Verheißungen aus Glauben an Jesum Christum sind denen gegeben, welche glauben" (Gal.3,22; 2.Petr.1,4). Christus allein ist der wahre Israel Gottes, und die an Ihn glauben gehören zum auserwählten Geschlecht. Das erwartete tausendjährige Reich ist eine Utopie, denn Gottes und Christi Reich unterliegt keiner zeitlichen Begrenzung. „Sein Reich ist ein ewiges Reich und seine Herrschaft währt von Geschlecht zu Geschlecht" (Dan.4,3). Augustinus erkannte: „Die Kirche ist das Reich", Darby aber neutralisierte und separierte die Gemeinde davon.

Mene, mene, tekel upharsin, lautet die Schrift. „Dies ist die Deutung der Sache: Mene – Gott hat dein Königtum gezählt und macht ihm ein Ende. Tekel – du bist auf der Wage gewogen und zu leicht erfunden worden." Diese Deutung steht über jedem Leben eines Menschen. Auf der Wagschale des Heiligtums gewogen kann niemand vor Gott bestehen, selbst nicht mit seinen gerechten Taten und guten Werken. „Sie sind allzumal Sünder und ermangeln des Ruhmes, den sie bei Gott haben sollten" (Röm.3,23 n. Luther). Glückselig der Mensch, der dies erkennen kann und die Gnade Gottes in Anspruch nimmt, und sei es in den letzten Augenblicken seines Lebens. „Wenn der Gerechte mit Not errettet wird, wo will der Gottlose und Sünder erscheinen" (1.Petr.4,18)? Und wo der Diener Gottes, der die schamlose Mode unterstützt oder stillschweigend duldet? „Deren Ende nach ihren Werken sein wird" (2.Kor.11,15).

GEWOGEN, GEWOGEN – UND ZU LEICHT ERFUNDEN.

Wie war es möglich, dass Belsazar nicht von der Demütigung seines Vaters beeindruckt war und sich selbst nie gedemütigt hat, wie ihm Daniel vorhält. Fand er es etwa gut, dass der stolze Vater einmal ganz runter musste von seinem hohen Ross? Wünscht das im Grunde nicht auch die junge Generation heute von ihren Vätern, deren Strenge, Einstellung, Grundsätze usw. den Jungen im Wege ist?

Die Väter haben Gott gefürchtet, aber dem nachfolgenden Geschlecht ist die Gottesfurcht fremd geworden, sie kennen keine Ehrfurcht vor Gott. Obendrein sind sie sorglos, wen kümmert die Zukunft der Kirche, der Gemeinde. Man feiert Events und merkt nicht, wie der Feind auf allen Gebieten auf dem Vormarsch ist. Der Atheismus ist auf dem Vormarsch, der Sozialismus setzt sich als Gesellschaftsform durch, Toleranz ist Religion, Humanismus ersetzt Christentum. Unter Diskriminierung fällt alles, was nicht der politischen Korrektheit des Gutmenschen entspricht, die sexuelle Verführung schon der Kinder durch Medien und Schule schreitet fort, der Pluralismus triumphiert. Der Geist der Welt erobert schon ganze Gemeinden und führt die Jugend zu einer falschen Freiheit.

Was wollen wir den „Weltbeherrschern der Finsternis" entgegensetzen? Was dem Islam bei der Flüchtlingsflut? Wie wollen wir unser Königtum in Jesu verteidigen? Was ist mit der Waffenrüstung? Wer ist zum Kampf bereit und wo die Kraft? Wüsste man doch wenigstens, was die sieben Sendschreiben den Nationen sagen wollen. Sie sind die Wage für unser Königtum und Priestertum. Zu leicht erfunden ist mittlerweile auch Philadelphia, denn die kleine Kraft ist einer großen Schwachheit gewichen (Offb.3,8). Von Laodicäa gar nicht zu reden, und doch meinen gerade die laodiäcischen Propheten, in Offb.4,1 die Entrückung zu sehen. Dann müsste man ja die Entrückten vor dem Thron sehen. Keiner dort angekommen, außer Johannes und die vierundzwanzig Ältesten als Vertreter der Gemeinden. Wäre aber die Gemeinde dort, benötigte es keine Vertreter mehr, die dann, man sehe nach, bei dem Hochzeitsmahl auch nicht mehr erscheinen. Also auch Laodicäa wird sich zum Kampfe rüsten müssen, wenn es nicht den Feinden des Glaubens in die Hände fallen will.

Es müsste ein heilsames Erschrecken durch alle Kirchen und Gemeinden der „Nationen" gehen: Menetekel, sie sind zu leicht (fertig) erfunden, ihr Königtum ist zu Ende, sie haben auf das falsche Pferd gesetzt, sie haben sich in falscher Sicherheit gewiegt. Deswegen hat Gott das große, schreckliche Tier heraufkommen lassen (Offb.13). Wir müssen uns neu orientieren, wo wir heute stehen. Vor diesem Ungeheuer kann nur bestehen, wer dem Lamme folgt (Offb.17,14). Der Fall Babylons steht unmittelbar bevor; sittlich ist die Kirche schon gefallen, dabei spielen wieder „Wein" und „Hurerei" die Hauptrolle. Ihr gerichtlicher Fall, ihre Vernichtung durch das Tier ist im Gange (Offb.17). Bald danach aber kommt der König der Könige und ergreift das Tier samt den falschen Propheten und wirft die beiden lebendig in den Feuersee (Offb.19,20). Dann beginnt eine neue Zeit, eine Wende zur Verherrlichung Gottes.

Ehe Gott eingriff, wurde Daniel noch eine große Ehre zuteil: *„Man bekleidete ihn mit Purpur, mit einer goldenen Kette um seinen*

Hals; und man rief über ihn aus, dass er der dritte Herrscher im Königreich sein solle". Für Babylon und seinen König kam jedoch die Erhöhung Daniels zu spät: *„In derselben Nacht wurde Belsazar, der König der Chaldäer, getötet"*.

Ob Belsazar von den eigenen Leuten umgebracht wurde oder das Schwert Kores ihn traf, wissen wir nicht. Als Babel fiel, wurde die ganze Festgesellschaft überwältigt. Die Stadt selbst wurde ohne Kampf eingenommen und blieb so erhalten. Das war das Ende des neubabylonischen Reiches, das so glorreich mit dem Haupt von Gold begonnen hatte; es wurde – Peres, das heißt zerteilt und den Medern und Persern gegeben. Von der Eroberung Babels durch Kores und seiner Regierungszeit berichtet Daniel nicht, er geht gleich auf die Regierung Darius, des Meders, über, wo Daniel wegen seiner Weisheit wieder eine hohe Stellung im Reich bekommt (1,21).

Daniel war nach dem plötzlichen Tod Belsazar für einen Augenblick der Alleinherrscher eines Weltreiches. Bei der Übernahme durch den persischen König Kores wurde er zweiter Mann. Es begann eine neue Zeit. Mit Fug und Recht kann man sagen, es war nicht nur ein Machtwechsel eingetreten, sondern Gott bahnte damit eine moralische Wende an. Die Unsittlichkeit hörte auf, die wahre Religion wurde wieder geachtet, die heiligen Dinge und Werte kamen wieder an ihren ursprünglichen Platz – alles das, was auch wir heute erwarten und hoffentlich bald erleben werden. Das Urteil über das verdorbene Babylonkirchenweib in Offb. 18 u.19 berechtigt uns zu dieser Hoffnung. Damit einhergehend muss sich auch politisch etwas ändern.

Kores war der Gründer des persischen Reiches, das bis Indien reichte, später auch Ägypten und Klein-Asien, ja „alle Königreiche der Erde hat der Gott des Himmels mir gegeben" (Esra 1). Israels wegen sollte er in einem Großen Siegeszug Völker und König unterwerfen. Er erkennt den Gott Israels an, den er vorher nicht kannte. Wer hat ihm zu dieser Erkenntnis verholfen? Daniel, der zuletzt als dritter Herrscher im Königreich ausgerufen und geehrt wurde, hat den König aus dem Propheten Jesajas (44,24-45,9) belehrt, was sein Auftrag ist. Kores kannte ja die Schrift nicht, er brauchte einen, der sie ihm erklärte (vgl.Apg.8,26ff).

Gott hat seinen Geist erweckt, Jerusalem und den Tempel wieder aufzubauen. Sogleich lässt er einen Ruf durch sein ganzes Königreich ergehen, dass, „wer irgend aus seinem Volke ist, hinaufziehe nach Jerusalem und das Haus Gottes baue".

Die Weggeführten sind wieder frei, jedoch nur ein Teil kehrt aus dem Exil zurück, die goldenen und silbernen Gefäße kommen nach dem Befehl Kores wieder nach Jerusalem zurück. In den Büchern Esra und Nehemia werden Tempel und Mauer wiederaufgebaut, die Ordnung des Gesetzes wird wiederhergestellt, das Priestertum kann frei ausgeübt werden. Dieser heimgekehrte Überrest erklärt sich in Jerusalem als „ganz Israel" (Esra 10,5; Neh.12,47). Auf die gleiche Weise wurde auch das, was Kirche ist, von den Reformatoren neu definiert, und das wird auch in Zukunft immer wieder notwendig sein. „Kirche ist dort, wo das Wort Gottes verkündigt wird und die Sakramente verwaltet werden", genügt nicht. Die Frage ist, was ihnen als „Wort Gottes" gilt und wie die Mit-Glieder es leben.

Statt uns dem Tiere preiszugeben, und das wäre das Ende des Christentums, hat Gott in Seiner Barmherzigkeit einen anderen Plan: Er schenkt eine neue Reformation, eine Re-formation. Vorkämpfer für eine Reformation könnte man einen Mann wie Kores nehmen, nicht mehr Luther. Obwohl Luther mit seinen 95 Thesen das röm.kath.Kirchensystem infrage stellte, waren es doch die Fürsten, welche die Reformation unterstützten; ohne sie wäre die Sache der Reformation im Sande verlaufen. Also bedarf eine Erneuerung auch eine politische Unterstützung oder zumindest eine Freiheit der Verkündigung, die nicht mehr diskriminiert und behindert wird. Die Mehrheit der Deutschen glaubt nicht mehr an Gott, Religion ist ihnen nicht mehr wichtig. Das ergeben Umfragen, aber so war zuletzt auch der Stand im babylonischen Reich, bis Kores, Darius und den weiteren persischen Königen dem Glauben wieder einen Platz gaben.

Die alten Werte müssen wiederkommen. Einst wurde das Heidentum durch das Evangelium überwunden; das Christentum führte mit kaiserlicher Unterstützung zu einer neuen Kultur (Theodosius 391). Seit 200 Jahren, und besonders in den letzten

Jahrzehnten, haben wir die entgegengesetzte Entwicklung, der linke Staat fördert mit dem atheistisch-humanistischen Sozialismus aktiv ein Neuheidentum. Wir stehen vor einer Zeitenwende, die antichristliche Zeit geht zu Ende, Exzesse werden verschwinden, Normalität wird wieder einkehren wie früher. Das Babylon der Christenheit wird fallen wie das alte heidnische Babylon. Deshalb „gehet eilig aus Babylon hinaus, mein Volk" (Offb.18,4). Das neue Jerusalem ist nicht fern, Jesus sagt: „Ich mache alles neu!" (Offb.21). Wie denn?

„... Eine Renaissance des Christentums wird die politische und gesellschaftliche Szene verändern. Der fortschreitenden Islamisierung wird ein Damm gesetzt werden. Biblische Grundsätze und Ordnungen werden wieder zur Geltung kommen; unmoralische Gesetze, die Kirchenführer befürwortet haben, werden geändert werden, Abtreibung und Perversitäten werden geächtet. Die Menschen kehren wieder zur Sittlichkeit zurück. Gläubige Menschen werden sich nicht mehr bedrängt fühlen. Sie werden nicht mehr von zügelloser Zurschaustellung alles Niederträchtigen in die Enge getrieben. Sie sind nicht mehr auf der Flucht, sie sind wieder geachtet und nicht verpönt. Kinderreiche Familien werden wieder geschätzt, die Mutter und Hausfrau hoch geachtet, die Emanze aber verachtet; die Beziehungen zwischen Eltern und Kindern kommen wieder in Ordnung nach den Geboten Gottes; Kinder werden wieder ihre Eltern achten und ihnen gehorchen, verlorene Söhne und Töchter werden zurückkehren. In den Schulen hat der christliche Glaube wieder seinen Platz, er ist wieder Mittelpunkt des Lebens und Grundlage der Sittlichkeit. Dann ist auch der Zeitpunkt gekommen, die Schulpflicht in eine Unterrichtspflicht umzuwandeln, sodass Eltern frei wählen können, wo und wie ihre Kinder Bildung und Erziehung erhalten, in einer christlichen Schule oder privat zu Hause .... Ein Traum? Eine Vision? Die Offenbarung Jesu Christi macht es zur Realität durch den Sieg Christi und Seines Heeres über das Tier und den falschen Propheten ...". („Geheimnis, Babylon", S.452/453)

Ein neuer Anfang im Reich (Kap. 6)

Nach der Regierung Kores (559-530) und der kurzen Herrscherzeit Kambyses (530-522), (die der Danieltext übergeht), heißt es kurz: **Und Darius, der Meder, bekam das Königreich...** Es ist immer noch das Königreich Gottes auf der Erde, den Nationen zur Verwaltung anvertraut, neu geordnet und verwaltet. Jedoch wird das Königtum Israels nicht wieder eingeführt, das Land bleibt unter fremder Herrschaft, die ihnen aber günstig gesonnen ist. Unter dem gottesfürchtigen König Darius II wird der Tempelbau in Jerusalem fortgeführt, der zwanzig Jahre unterbrochen war. Eine Denkschrift von Kores, die wiedergefunden wurde, gibt den Anstoß zur Weiterarbeit (Esra 6). Die Kosten sollen aus dem Hause des Königs bestritten werden. Esra, der Priester, ist von ihm beauftragt, Richter und Rechtspfleger zu bestellen und das Gesetz bekannt zu machen (Esra 6 u.7).

Was lag näher, als den Juden wieder einen König zu geben, etwa Daniel, der vom „königlichen Samen" war, oder Serubbabel, den Sohn Schealtiels, oder Josua, dem Sohne Jozadaks, dem Sacharja die Krone aufsetzt (Sach. 6,11-14). „Alle Königreiche der Erde", über die Kores die Oberherrschaft hatte, behielten ihren König. Das wäre auch für Israel möglich gewesen, um alle Stämme wieder zu vereinigen. Doch offensichtlich wollte Gott das nicht. Die Krone war für den Mann bestimmt, dessen Name Spross sein wird; „und er wird von seiner Stelle aufsprossen und den Tempel des Herrn bauen", was auf Christus hinweist. Das künftige Königreich sollte kein irdisches Königreich mehr sein, sondern ein Reich der Himmel, ein Himmelreich, ein ewiges, dessen Herrschaft „dem Volke der Heiligen der höchsten Örter gegeben wird" (Dan.2,44; 7,27). Als in späteren Tagen Herodes König in Judäa war, – das war keine prophetische Erfüllung, sondern eine menschliche, politische Lösung –, wurde der wahre König der Juden geboren (Matth.1,1-6).

Das babylonische Reich war also auf die Meder und Perser übergegangen bzw. darin aufgegangen, denn das Perserreich war viel größer und reichte bis Indien. Was den vorigen Herrschern nicht gelang, sollte der junge Meder Darius wieder aufgreifen. Regierung und Verwaltung waren neu zu besetzen. **Es gefiel Darius, über das Königreich hundertundzwanzig Satrapen zu bestellen, die im ganzen Königreich sein sollten, und über diese drei Vorsteher, von welchen Daniel einer war.** Das war eine treffliche Wahl, sie sorgte für eine gute Verwaltung und Aufsicht, um Schaden für den König abzuwenden. Unter dem guten Geist Daniels war das gewährleistet. Man könnte hier für Daniel den guten Geist Gottes im neuen Testament einsetzen, von dem auch Paulus geleitet wurde. Da war es um das Reich Gottes gut bestellt.

„Übrigens sucht man hier an den Verwaltern, dass einer treu erfunden werde" (1.Kor.4,2). Paulus war ein solcher, er hat „den ausgezeichnetsten Aposteln in nichts nachgestanden, wenn ich auch nichts bin" (2.Kor.12,11). Wie Daniel hatte auch Paulus seine Widersacher, die ihn ausschalten wollten. Ihm machte das nichts, wenn nur Christus verkündigt wurde. Die Beweggründe mussten jene selbst verantworten (Phil.1,15-18).

Daniel war einer der Vorsteher, denen die Satrapen Rechenschaft geben mussten, was aber Schwierigkeiten auslöste. Schon dass ein Sohn Israels ihr Vorsteher war, musste ihnen ein Dorn im Auge sein. Und sie hatten immer ein schlechtes Gewissen, wenn sie vor ihn traten. Sicher wird er ihre Nachlässigkeiten und Veruntreuungen, wenn er davon erfuhr, nicht gleich dem König angezeigt haben, sondern sie ermahnt haben. Darum hassten sie ihn und suchten ihm etwas Schlechtes anzuhängen. Treue Männer Gottes waren schon immer besonders gefährdet durch Rivalen und Neider. Das beste Beispiel ist der HErr Jesus selbst. Auch die Kirchengeschichte liefert viele Beispiele dieser Art.

In unserer kirchengeschichtlichen Anwendung (Dan.2) haben wir auf die vier Epochen des Kirchenreiches, besonders der letzten hingewiesen. Beim Wechsel jeder Phase hat es auch das gegeben, was wir jetzt in Kap. 6 vor uns haben. Wir können die Geschichte Daniels auch beispielhaft auf einen Fall anwenden, der sich vor Jahrzehnten abspielte. Zeitzeugen leben nicht mehr, reale Namen sind umbenannt, Orte frei gewählt.

Es waren die letzten Tage des zweiten Weltkrieges. Vater Starcke hatte die weiße Fahne aus dem Fenster gehängt, als der erste amerikanische Stoßtrupp der Straße entlang kam. „Tun sie das Tuch rein, die Deutschen kommen zurück!" schrien Nachbarn. Das weiße Bettlaken blieb, der Krieg war verloren, was lange vorauszusehen war, wer es wahrhaben wollte. Wilhelm Starcke war kein Mann, der sich fürchtete, außer Gott. „Ein Mann mit Gott ist die Majorität", zitierte er einmal. Das hatte er bereits in der Nazizeit erfahren.

Der Zusammenbruch des nationalsozialistischen Reiches 1945 hatte viele ernüchtert. Das Volk war dem falschen Führer gefolgt. Auch das Verhalten der Brüder bei dem Versammlungsverbot 1937 ist wenig ruhmreich, besonders ihre Haltung gegenüber Juden, auch wenn diese Christen waren. Wilhelm Starcke war auch hier wie schon 1933 eine Ausnahme gewesen. Eine gläubige jüdische Familie wohnte im Hause eines Nazi und wurde von diesem arg schickaniert. Als Starcke 1937 einen Mieter suchte, nahm er diese auf, bekannte sich sogar vor Gericht zu dem Juden als seinem Bruder im HErrn. Die Familie wurde 1941 nach Theresienstadt deportiert und starben dort. Die „Stolpersteine" vor dem Hause Starcke sollen daran erinnern. Eine Aktion der Stadt hatte sie überall dort eingepflastert, wo Juden gewohnt hatten.

Um sich wieder versammeln zu können, war man genötigt, sich mit dem NS-Staat zu arrangieren und nach seinen Vorgaben zu organisieren. In dem „Bund freikirchlicher Christen" (BfC), dem die große Mehrheit beitrat, konnte man sich weiter versammeln. Nur etwa 5-10% hielten diesen Weg für falsch und verräterisch; diese Wenigen versammelten sich im Geheimen, riskierten dabei Bußgeld und gar Gefängnis. Dem Geiste der Zeit folgend suchten die Leiter des Bundes die Einheit und Vereinigung mit „allen Kindern Gottes", was 1941 zur Gründung des „Bundes evangelisch-freikirchlicher Gemeinden" (BefG) führte, in welchem sich

Brüdergemeinden und Baptisten vereinigten und worin der BfC aufging. Die alte „Christliche Versammlung" war damit praktisch aufgelöst, das darbystische Sonderbekenntnis aufgegeben, außer bei jenen, die lieber die Verfolgung wählten. Über die Haltung der „Brüder" zum „Nationalsozialismus" (1933-1945) hat ausführlich Gerhard Jordy geschrieben („Die Brüderbewegung in Deutschland", Band, Wuppertal 1986)

Mit der Gründung der Bundesrepublik als ein freiheitlicher demokratischer Rechtsstaat waren Bedrängnisse durch den Staat nicht mehr zu erwarten. Die neue Regierung, das Bekenntnis „zum Christentum und zum europäischen Humanismus", die Verankerung der Menschenrechte im Grundgesetz, das „in der Verantwortung vor Gott" verfasst war, schuf eine neue Situation. Der Kirchenkampf war vorüber, die Predigt- und Versammlungsfreiheit wiedereingeführt, das Evangelium konnte frei verkündigt werden. In den Landesverfassungen wurde die „Ehrfurcht vor Gott und vor der Würde des Menschen ..." als vornehmstes Ziel der schulischen Erziehung festgeschrieben. Die Kirchen konnten wieder den Religionsunterricht halten und gestalten. Das Schuldbekenntnis des Rates der evangelischen Kirche sowie der Evangelischen Allianz bezeugen, dass die Christen in Deutschland über ihre Haltung in den Jahren 1933-1945 nicht stillschweigend hinweggehen wollten, als nunmehr die Zeit einer neuen Gemeinschaft mit den Gläubigen in aller Welt angebrochen war. Eine vergleichbare Erklärung bei den „Brüdern" wie auch unter den übrigen freikirchlichen Christen fehlte leider.

Durch die wiedererlangte Versammlungsfreiheit 1945 beginnt für die Brüderbewegung ein neues Kapitel. Viele Geschwister traten aus dem BefG aus und suchten den Anschluss zur „alten Versammlung". Von ihnen wurde jedoch erwartet, dass sie ihren verkehrten Weg bekennen, was bei einigen nicht aufrichtig war, wie später offenbar werden sollte. Zunächst aber war Freude über die wiedergewonnene Gemeinschaft, die acht Jahre zum Leidwesen beider Seiten unterbrochen war. Man kam in den Häusern zusammen, bis es dort zu eng wurde, so dass man Schulräume anmietete. Die Lokale waren ja weiter von den Brüdergemeinden des BefG besetzt, der weiter existierte mit alter Leitung, aber immer mehr die „Brüder"-identität verlor.

Die deutsche Brüderbewegung war nun geteilt, wie jenes Reich von Belsazar, welcher den Gott Israels verhöhnt hatte. Verhöhnt hatten auch die „Brüder" die Juden, die ja nach ihrer These unter dem Fluche standen. Alle Menschen und Religionen stehen unter dem Fluche, und jetzt hatte es auch die Brüderbewegung getroffen. Wenig später teilte sich der BefG noch einmal, weil wiederum eine größere Anzahl dort austrat. Diese wollten aber nicht in die Enge der „alten Versammlung" zurück, sondern bildeten den „Freien Brüderkreis".

Es gab nun drei Gruppen der ehemaligen „christlichen Versammlung". Wir verfolgen hier nur die „Geschlossenen Brüder", auch „Exklusive" genannt, etwa 200 Gemeinden in Deutschland; sie hielten an dem Weg der Absonderung fest und bildeten ein eigenes Königreich als „Nationen". Lehrmäßig unterscheiden sie sich nicht von den „Freien Brüdern", wohl aber in ihrer Einstellung zur Welt.

Die ersten Jahre nach dem Krieg waren sehr gesegnete Versammlungen; die herzliche Gemeinschaft und die Einheit des Geistes, dazu eine Wortdarbietung, die ihresgleichen an Tiefe im ganzen evangelikalen Spektrum nicht hatte und jedes Alter ansprach, schafften ein neues geistliches Aufleben. Damals brauchte man außer der Sonntagschule keine Jugendstunde, kein Frauenfrühstück, keine Freizeiten o. ä. Zwei große Konferenzen, im Frühjahr und im Herbst, an verschiedenen Orten mit ausländischen Gästen waren die absoluten Höhepunkte im Versammlungsleben. Den Verfasser begeisterte als Jüngling besonders ein holländischer Bruder, der nur so voll Geistes und Geist sprühte und zwei Stunden predigen konnte, ohne dass jemand in der Abendversammlung schläfrig wurde. Für die jungen Leute war aber nicht nur die große Erkenntnis und Redegabe dieses Mannes faszinierend, noch mehr interessierte sie sein Auto, ein amerikanischer Straßenkreuzer. In den Jahren 1947/48 erregte so ein Luxuswagen ziemliches Aufsehen.

Die Versammlung in Eichfeld war wie kaum eine andere begünstigt mit großen Gaben: Wilhelm Starcke als ein hervorragender Lehrer; Vater Simon, genannt Hirtesimon, weil er einmal eine Schafherde besaß, war auch ein wirklicher Hirte der Gemeindeschäflein; und Erich Seel, ein geborener Evangelist, der aber meistens unterwegs war, und zwei andere, die am Wort dienten. Diese Gaben sind nach Paulus gegeben „zur Vollendung der Heiligen, für das Werk des Dienstes für die Auferbauung des Leibes Christi" (Eph.4,11-16). Schade, dass sie nicht dem ganzen Leib zur Verfügung standen.

Das überörtliche „Brüdergremium" bestand aus drei Reisebrüdern, von denen der genannte Wilhelm Starcke einer war. Es fehlten viertens nur noch die von Paulus genannten Propheten, was verständlicherweise niemand sein wollte oder so genannt werden mochte. Der „prophetische Dienst" erwies sich aber später als durchaus notwendig.

Die drei „führenden Brüder" waren also ziemlich genau das wie die drei Vorsteher, die Darius bestellt hatte. Sie waren weder gewählt noch ernannt, vielmehr hatten sie sich herausgebildet, wussten sich aber vom König der Könige berufen und wurden in allen Versammlungen anerkannt. Hingegen waren die „Satrapen" vergleichsweise die Diener in den örtlichen Versammlungen und fühlten sich für Zucht und Ordnung in der Versammlung zuständig. Um die Reisebrüder für den Dienst an den Gemeinden freizustellen, wurde eine Versorgungskasse eingerichtet, aus der sie ein Gehalt beziehen sollten. Bruder Starcke lehnte ab, weil er allein vom HErrn abhängig bleiben wollte. Man muss wissen, dass er nur eine kleine Kriegsrente bekam und eine große Familie mit sechs Kindern zu versorgen hatte, dazu auch nicht mal krankenversichert war. Doch sein Glaube wurde nicht beschämt. Als er einmal dringend zu einer Gemeinde kommen sollte, fehlte ihm das Fahrgeld. In dem Bewusstsein, dass der HErr ihn gerufen hatte, ging er zum Bahnhof und stellte sich in die Schlange am Schalter, obwohl er kein Geld in der Tasche hatte. Als er drankam, zog er die Brieftasche, aber ein Herr hinter ihm klopfte ihm auf die Schulter: „Lassen Sie nur, ich zahle für sie". Diese und ähnliche Glaubenserfahrungen stärkten sein Vertrauen auf Gott. Leider kam es durch die Ablehnung des Gehalts zu Mißstimmungen im Bruderrat. Auch die Ablehnung eines Pkws für seinen Reisedienst von einem reichen Bruder in Kirchenburg verschaffte ihm nicht gerade dessen Gunst. Er wollte einfach unabhängig bleiben von Menschen.

Jede Zeit hat seine Herausforderungen. Männer, „fest und treu wie Daniel", sind auch in Zeiten wie heute gefragt, wo die Neigung zur Anpassung und Menschengefälligkeit besteht. Wilhelm Starcke liebte Gott und trat für Wahrheit und Gerechtigkeit ein, auch wenn er sich dadurch manche Sympathien verscherzte. Er war ein gerechter und gradliniger Mann, sein Grundsatz war: Erst Reinheit, dann Einheit; ohne Heiligkeit ist kein wahrer Friede möglich.

Schon nach wenigen Jahren begannen in den Brüdergemeinden Schwierigkeiten, die größere Kreise zogen. Es begann mit der Klage einer treuen Schwester, einer Witwe, die in der Gemeinde Niederhausen von einem herrschsüchtigen Bruder, der in ihrem Haus wohnte, unterdrückt und schikaniert wurde, so dass sie fast am Leben verzweifelte. Als Wilhelm Starcke davon erfuhr, nahm er sich der Sache an. Dass jemand Unrecht litt, zumal eine alleinstehende Witwe, konnte Bruder Wilhelm nicht auf sich beruhen lassen. Ihr Mann, mit dem Starcke befreundet war, war wegen unerlaubter Hausversammlungen von den Nazis ins Gefängnis gekommen, dort mißhandelt und schwer erkrankt, starb er auch dort.

Bald hatte Starke herausgefunden, wer der Urheber war. Dieser aber zeigte trotz aller Versuche um Versöhnung keine Einsicht, im Gegenteil, er verfasste ein Pamphlet an alle Gemeinden, worin er Wilhelm Starcke übel verleumdete. Überall entstand dieserhalb Unruhe in den Versammlungen. Eine Kommission von Brüdern wurde beauftragt, den Fall in Niederhausen zu untersuchen. Der „Diotrephes", genau wie jener im dritten Johannesbrief, verstand es geschickt, diese zu beeinflussen, so dass die Witwe als die Schuldige erscheinen musste. Dadurch kam auch Bruder Wilhelm in ein schiefes Licht, als ob er Partei für die Frau nehme. Sein bester Freund wandte sich gegen ihn und wurde ihm zu einem erbitterten Gegner. Bei einem zweiten Besuch von Brüdern wurde jedoch klar, wer der Böse war, so dass die umliegenden Gemeinden die Versammlung in Niederhausen nicht mehr anerkannten. Der Fall fand seinen Abschluss durch ein schreckliches Eingreifen Gottes: Der Bedrücker war im Wald tot aufgefunden worden, er war über eine Baumwurzel gestolpert und hatte sich das Genick gebrochen.

Obwohl nun die Akten geschlossen wurden, wirkte die böse Saat des Pamphlets weiter. Einige Widersacher, ehemalige Bündler, waren Wilhelm Starcke von früher her immer noch gram, weil er ihnen ein Bekenntnis abverlangt hatte. Doch er wollte für den Neuanfang lediglich reinen Tisch haben, denn die Zustände, wie sie vor dem Verbot in den Versammlungen vorlagen, sollten nicht wieder eintreten.

Der wachsende Wohlstand, und damit einhergehend eine materialistische Einstellung der Menschen, der moralische Verfall in der Gesellschaft, die Verführungen zur Sittenlosigkeit usw. wurde auch den Gläubigen zur Versuchung. Wilhelm Starcke sah mit prophetischem Auge diese Einflüsse in den Versammlungen eindringen und suchte davor zu warnen. Aus seiner Sicht hatte „die Stunde der Versuchung" schon begonnen (Offb.3,10). Auf den Konferenzen sprach er diese Themen an, und sein holländischer Freund stand ihm bei. Es kam manchmal zu kontroversen Diskussionen. Während die einen meinten, die Versammlung würde vor der Stunde der Versuchung entrückt sein, stritt man sich um das „vor" (zeitlich vor) oder „aus heraus". Andere verwechselten die Versuchung mit der „großen Drangsal". Wilhelm Starcke suchte klar zu machen, dass jedenfalls die Stunde der Versuchung begonnen habe; er war nüchtern genug, die Realität zu sehen und nicht blind eine überkommene Lehre zu verteidigen.

Ein anderes heikles Thema war Laodicäa. Das Brüderbekenntnis gründete sich auf Philadelphia, aber eindeutig war eine gewisse Lauheit verbunden mit Selbstgerechtigkeit eingetreten, wovor einige besorgte Brüder warnten. Dass aus Philadelphia Laodicäa werden könne, war dann doch vor der Menge zuviel gesagt. Obwohl einige ihm zustimmten, weckte er damit den Unmut der Führenden. Einmal sah er sich genötigt, einen großen Redner offen zu korrigieren. Derselbe war sehr angesehen, und alles was er sagte, wurde gleich von vielen Konferenzteilnehmern aufgeschrieben. Aber der hatte etwas völlig Falsches gesagt, was nicht unwidersprochen bleiben durfte. Starcke wartete bis zum nächsten Tag, um den Bruder nicht bloßzustellen. Es kam zum Eklat, als er die Sache richtigstellte und bemerkte: „Wer das gestern aufgeschrieben hat, streiche es durch, es ist nämlich falsch". Damit gewann er sich natürlich keine Freunde. Doch die Wahrheit musste gesagt werden, Heuchelei und Menschengefälligkeit waren ihm verhasst.

Um noch andere Punkte wurde auf den Konferenzen gestritten, worin Starcke jedoch die Zeugnisse der Gründer wie Darby, Kelly u.a. für sich hatte, denen man nicht widersprechen konnte. So auch die Berufung des Dieners, den der HErr beruft und nicht die Gemeinde. „Alles zur Ehre des Herrn" (Spurgeon) wie bei den wahren Männern Gottes war auch Wilhelm Starckes Ansinnen.

Es ist gut vorstellbar, dass Daniel ähnlich unbeliebt war, weil er Unkorrektheiten tadelte, damit „der König keinen Schaden erlitte". Darius hatte erkannt, dass in Daniel „ein außergewöhnlicher Geist war", sicher nicht nur seiner Klugheit und Weisheit wegen, sondern weil der Heilige Geist in ihm war; „außergewöhnlich" in seiner Umgebung war seine Aufrichtigkeit und Hingabe, nicht wie die übrigen, die ihre eigene Ehre und freilich ihre eigenen Vorteile suchten. Deshalb „gedachte der König ihn über sein ganzes Königreich zu bestellen".

Da suchten die Vorsteher und die Satrapen einen Anklagegrund gegen Daniel vonseiten der Verwaltung zu finden aber sie konnten keinen Anklagegrund und keine schlechte Handlung gegen ihn finden, weil er treu war ...

Außergewöhnlich ist jeder Christ, wenn in ihm die Wahrheit ist. Leider heute die Ausnahme selbst unter Gläubigen, durch die sich jene, die nicht den Geist haben, bloßgestellt fühlen. Wilhelm Starcke sollte das noch erfahren. Die Widersacher konnten ihm keinen Fehltritt und keine schlechte Tat nachweisen. Da sprachen jene Männer: Wir müssen ihn in seiner Lehrauffassung widerlegen. Äußerungen auf den Konferenzen boten ihnen die Handhabe gegen ihn. Also listeten sie Lehrpunkte auf, wo er ihrer Meinung nach von der biblischen Wahrheit abwich. Da war erstens „die Stunde der Versuchung", dann die Freiheit des Dienstes; Ärgernis erregte die Betonung der Verantwortlichkeit des Gläubigen, worin sie die Heilssicherheit in Frage gestellt sahen, und andere kritische Fragen. Seine Meinung, dass der Antichrist sich in die Kirche setze, denn sie sei ja nach Paulus der Tempel Gottes, nicht jenes Gebäude in Jerusalem, war der Gipfel der Falschlehre. Heute bestreitet das kaum einer noch.

Alle Vorsteher des Königreichs, die Statthalter und Satrapen, die Räte und Landpfleger, sind Rats geworden, dass der König eine Verordnung aufstelle und ein Verbot erlasse, dass ein jeder, der binnen dreißig Tagen von irgend einem Gott oder Menschen etwas erbittet außer von dir, o König, in die Löwengrube geworfen werden soll.

Daniel hatte in Darius einen wohlgesinnten Freund. Aber dieser ließ sich durch seine Schmeichler betören und unterschrieb das Verbot, sicher ohne daran zu denken, dass es auch Daniel zum Verhängnis werden könnte.

Auch Wilhelm Starcke hatte Freunde, königliche Freunde, die ihn verehrten. Es lag ihm fern, von irgendjemand etwas zu erbitten oder anzunehmen, wenn er dadurch abhängig wurde. Mit List und Trug brachten die Gegner es fertig, die Freunde auf ihre Seite zu ziehen. Das geschah zunächst nicht dadurch, dass sie Starcke schlechtmachten, das hätten die Freunde gemerkt. Vielmehr fanden sie etwas, was sie mit ihnen verband, nämlich das gemeinsame Anliegen auf Erhaltung des Brüdertums und ihrer prophetischen Sichtweise. Diese war absolut und wie ein ehernes Gesetz festzuhalten, ohne Berücksichtigung der veränderten Zeiten und Umstände. Sie wussten, dass Wilhelm Starcke kein Freund desselben war. Außer ihm wagte niemand, etwas dagegen zu sagen.

Der Druck auf Wilhelm Starcke wurde immer größer. Auf der Brüderkonferenz im Frühjahr setzte man ihm hart zu. Schließlich stand ein Bruder auf und las Psalm 62: „Bis wann wollt ihr gegen einen Mann anstürmen? Ihr alle ihn niederreißen wie eine überhängende Wand, eine angestoßene Mauer. Sie ratschlagen nur, ihn von seiner Höhe zu stoßen". Ein Geraune ging durch die Reihen, jeder wusste, wer gemeint war. Die Versammlung war für diesen Tag zu Ende, jeder fuhr in sein Quartier.

Am nächsten Morgen passierte ein schreckliches Unglück. Der Wagen mit vier Brüdern wurde an einem unbeschrankten Bahnübergang von einem ankommenden Zug erfasst: alle vier waren sofort tot, unter ihnen der Hauptwidersacher. Das war ein deutliches Haltesignal für die Brüder!– Dennoch horchten sie nicht auf, sondern sagten: „Unglück ist Unglück".

Die Gegner hielten keine Ruhe, sie trugen den Lehrstreit in die Gemeinde von Starcke. Hier war bisher Friede und Einigkeit gewesen. Aber ein Mann in der Gemeinde wurde ihr willfähriger Handlanger. Gustav Neidler trug seinen Namen nicht zu Unrecht, denn er war von Neid gegen Wilhelm Starcke geplagt und hatte ihn wiederholt um Verzeihung bitten müssen. Jetzt war seine Stunde gekommen, Stimmung gegen Starcke zu machen. Doch sie konnten Starcke nicht widerlegen, weder von der Schrift her noch mit den Schriften der Väter der Brüderbewegung. Jemand bemerkte: „Während die Hirten streiten, ertrinken die Schafe". Einem gemütsschwachen Bruder wurde das zuviel, er stürzte sich in die Fluten des Flusses und ertrank.

In der Nachbargemeinde Frohnhausen war ein Bruder ausgeschlossen worden. Es war ebenfalls das Werk von Neidern, den treuen Diener ohne Rücksicht auf seine große Familie zur Strecke zu bringen. Die Kreisbrüderversammlung musste sich mit dem Fall beschäftigen und kam zu dem Ergebnis, dass der Ausschluss ungerecht und ganz willkürlich war. Er musste zurückgenommen werden. Vier Wochen später schlossen sie ihn wieder aus. Sie hatten sich inzwischen Rückendeckung bei einem einflussreichen Gönner in Kirchenburg geholt, dessen Stimme schon wegen seiner großen Firma und als Arbeitgeber vieler Brüder mehr Gewicht hatte als die eines einfachen Bruders. Der urteilte jetzt: Da nun der Ausschluss einmal geschehen ist, muss er anerkannt werden. Dagegen wehrte sich Wilhelm Starcke: „Das wäre eine himmelschreiende Ungerechtigkeit!" stieß er hervor. Wie konnte es sein, dass das was man vorher als Unrecht erkannt hatte, nun rechtmäßig sein sollte. Unmöglich. Die Mehrheit auf der nächsten Kreisbrüderversammlung wollte dem Hin und Her ein Ende machen und kam zu der Entscheidung, Versammlungsbeschlüsse müssen anerkannt werden. Das war ja so unumstößlich wie die Verordnung des Darius. Diese Doktrin, ob recht oder unrecht, sollte Wilhelm Starcke zum Verhängnis werden. Seine Weigerung, den Ausschluss von Frohnhausen anzuerkennen, war der Haken, den der Ränkeschmied gesucht hatte.

Wieder war es Gustav Neidler, den man gedungen hatte, Wilhelm Starcke unter Druck zu setzen. Die Versammlung Eichfeld wurde von außen bedrängt, mit Starcke zu handeln oder sie würde sich selbst von allen anderen isolieren. Das fürchteten die Brüder natürlich. Hirte-Simon richtete einen Notruf an Freunde: „Hier liegt kein Grund vor, mit Wilhelm Starcke zu handeln". Walter Judt erwies sich als Judas; während er bereits für die Gegner tätig war, täuschte er mit einem Bruderkuss für Starcke Sympathie vor.

Eine Versammlung von fünfzig Brüdern wurde nach Eichfeld einberufen, um über den Fall Starcke zu verhandeln. Man brachte viele und schwere Beschuldigungen gegen ihn vor, so dass sein Sohn aufstand und sagte: „Ist denn garnichts Gutes mehr an meinem Vater?" Einige wollten dann doch etwas stehen lassen. Starcke selbst sagte zu alledem nichts. Er schwieg auch in den Versammlungen am Sonntag und der wöchentlichen Bibel- und Gebetsstunde und setzte sich auf die hinterste Bank. Dies wurde für viele unerträglich, die Atmosphäre war sehr bedrückend, so dass Wilhelm Starcke noch einmal aufstand, um sich vor der Versammlung zu demütigen. Er fühle tief sein Zukurzkommen, weshalb es so weit gekommen sei, und bat um Verzeihung für seine Fehler und wo er lieblos gewesen war. Das war jedoch einigen nicht genug, er sollte den Beschluss anerkennen, doch das war ihm nicht möglich.

Dann kam der schicksalhafte Dienstagabend, als man ihm die Pistole auf die Brust setzte: Entweder Beugung oder Ausschluss. Wilhelm Starcke verließ schweigend das Lokal, um nie mehr dorthin zurückzukehren. Zu Hause angekommen sagte er: „Frau, ich muss noch kleiner werden". Eine Woche später bekam er den Ausschluss schriftlich. Begründung: Röm.16, Vers 18: „Solche dienen nicht unserem Herrn Christus ...".

Mit seiner Frau und den Kindern, soweit sie „in Gemeinschaft"
waren, machte man kurzen Prozess. Nun war es Otto Graber,
einst ein Mitgenosse in der Verfolgungszeit, der die Kinder ins
Verhör nahm. Sie wurden gefragt, ob sie den Ausschluss des Vaters
anerkennen. Da sie das entschieden verneinten, waren sie somit
auch ausgeschlossen. Ausschluss nach Paulus aber heißt: „Dem
Satan überliefert zum Verderben des Fleisches" (1.Kor.5,5); er war
in dem vorliegenden Fall gleichbedeutend mit der „Löwengrube".
Die Familie war von allen Geschwistern am Ort und in ganz
Deutschland abgeschnitten. Vater Starcke wurde wie ein Irrlehrer
behandelt, den man nicht mehr grüßen soll und auf der Straße auch
nicht mehr grüßte (2.Joh.10). Für die Kinder war das besonders
schlimm, sie verloren mit einem Schlage alle ihre Jugendfreunde.

Den alten Hirte-Simon hat der ganze Ausschlussakt, den er
nicht akzeptieren konnte, zur Verzweiflung getrieben und starb
auch bald danach. Einige aus den Nachbarversammlungen konn
ten den Ausschluss nicht anerkennen, weil sie Wilhelm Starcke als
einen aufrichtigen und treuen Bruder kannten; wer irgend seine
Stimme dagegen erhob, wurde ebenfalls ausgeschlossen. Es folgte eine Serie von Ausschlüssen, insgesamt 50 Geschwister. Alle
Vorstellungen von auswärtigen Brüdern, den Ausschluss zurück-
zunehmen, da er ungerecht sei, wurden ignoriert. Zuletzt wurde
noch sein holländischer Freund Henk, ein Mitkämpfer, in Eichfeld vorstellig. Er hielt ihnen das Urteil Darbys entgegen, dass eine
Versammlung, die ungerechte Ausschlüsse tätigt, den Charakter
einer Versammlung Gottes verliert. Auch das rührte die Eichfelder
nicht. Henk blieb seinem Freunde wie ein Jonathan treu; wenn er
in der Nähe war, traf er sich heimlich mit ihm.

Trotz der erfahrenen Ungerechtigkeit und aller Verleumdungen
blieb Wilhelm Starcke unverletzt im wahrsten Sinne des Wortes.
Er hat nie über jemand seiner Gegner hergezogen, wie das andere
taten, die sich auf seine Seite stellten. Wilhelm Starcke wollte keine
Partei um sich, auch keine neue Gemeinde. Dennoch sammelten
sich alle um seinetwillen Ausgeschlossenen um ihn, wie bei David, „ein jeder Bedrängte, und ein jeder, der erbitterten Gemütes
war" (1.Sam.22,2). Im Hause Starcke fand wieder dasselbe statt,

was gleich nach dem Kriege dort begonnen hatte, jedoch nicht als neuer hoffnungsvoller Anfang, sondern ein leidender Überrest. Manche Geschwister konnten sich über die Ungerechtigkeiten der „Brüder" nicht beruhigen, aber von Wilhelm Starcke hörte man nie eine Anklage. Wie liebte er die Brüder und hoffte bis zuletzt auf Einsicht. Für ihn selbst waren die Leiden und Bedrängnisse vorüber; er war so frei und glücklich, wie man ihn vorher nie gesehen hatte. Der Satan hat ihn ebensowenig antasten dürfen wie die Löwen Daniel.

Der König hob an: Daniel, Knecht des lebendigen Gottes, hat dein Gott, welchem du ohne Unterlass dienst, vermocht, dich von den Löwen zu erretten? Ja! konnte auch Wilhelm Starcke sagen. Er ging 15 Jahre später im Alter von 70 Jahren in tiefem Frieden zu seinem HErrn.

Und Gott schwieg zu all den Ungerechtigkeiten? Gustav Neidler kam bald selbst in Konflikt mit seinen Brüdern und wurde ausgeschlossen. „Nun kommt über mich, was ich Wilhelm Starcke angetan habe", bekannte er. Zu spät. Erich Seel wurde psychisch krank und gänzlich untauglich für den Evangelistendienst; auch er hatte sich in das böse Spiel mit einspannen lassen, und jetzt quälten ihn Schuldgefühle. Wilhelm Starcke hatte ihn einst zum Dienst am Evangelium ermutigt und eingeführt. Walter Judt war von Not um seinen Sohn, einem Trinker, der sich tot soff, geplagt; er konnte kaum eine Predigt zu Ende bringen, ohne in Weinen auszubrechen. Der letzte der schändlichen Handlanger war Otto Graber, er überquerte die Hauptstraße, wurde überfahren und war sofort tot.

Bis heute hat niemand den Stein des Ausschlusses aufgehoben. Die Freunde konnten es nicht, die Feinde wollten es nicht. Die Sache liegt wie ein Bann auf allen Versammlungen. Die nachfolgende Generation weiß nicht, was damals geschehen ist. Aber das entschuldigt sie nicht, sie hat das unselige Erbe übernommen. David wurde erst nach drei Jahren fragend, warum die Hungersnot, Jahr auf Jahr. „Es ist wegen Sauls und wegen des Bluthauses, weil er die Gibeoniter getötet hat" (2.Sam.21).

Eine Rechtfertigung oder Rehabilitierung von Menschen hat Wilhelm Starcke nicht erwartet. Der Stein scheint weiter versiegelt. Das Siegel wird erst mit dem Zeugnis der Offenbarung Jesu Christi gebrochen. Das „geschlachtete Lamm" hat die sieben Siegel bereits durch seinen Tod gebrochen, für die Welt ein Schrecken, aber für die Heiligen eine große Erlösung. Die „Brüder" jedoch meinen, schon vorher entrückt zu sein. Ihre Prophetie wird ihnen zum Verhängnis samt dem ganzen gesetzlichen System. Bald kommt ein neuer Morgen, wo der König selbst nach seinen Knechten sehen und sie öffentlich rechtfertigen wird.

Und der König befahl, und man brachte jene Männer, welche Daniel angezeigt hatten, und warf sie in die Löwengrube, sie, ihre Kinder und ihre Weiber. Die Gottlosen werden in ihre eigenen Netze fallen.

Der Glaube Daniels hatte Auswirkung auf den ganzen damaligen Erdkreis. **Darius schrieb an alle Völker, Völkerschaften und Sprachen, welche auf der ganzen Erde wohnten: Friede euch in Fülle! Von mir wird Befehl gegeben, daß man in der ganzen Herrschaft meines Königreichs bebe und sich fürchte vor dem Gott Daniels; denn er ist der lebendige Gott und besteht in Ewigkeit und sein Reich wird nie zerstört werden, und seine Herrschaft währt bis an Ende; der da rettet und befreit, und Zeichen und Wunder tut im Himmel und auf der Erde; denn er hat Daniel aus der Gewalt der Löwen errettet.**

Und dieser Daniel hatte Gedeihen unter der Regierung Darius und unter der Regierung Kores, des Persers.

Wenn die Zeit kommt, „bei seiner Erscheinung und seinem Reiche" (2.Tim.4,1), dass die Ungerechten bestraft werden, wird man wieder Gottesfurcht lernen. Nötig wäre, dass nächst den Verantwortlichen in der Kirche auch die Politiker wieder lernen, Gott zu fürchten. Dann würde auch das Volk wieder Furcht haben. „Fürchtet Gott und gebet ihm Ehre, denn die Stunde seines Gerichts ist gekommen" (Offb.14,7).

Der geschichtliche Teil des Buches Daniel ist hier zu Ende. Wir kommen nun zu dem prophetischen Teil.

1. Es war ein Manne, Daniel genannt
   im ganzen Land und drüber 'naus bekannt.
   Er war klug, ehrlich, ohne alle Scheu
   und Gott im Himmel blieb er treu.

2. Daniel war alt und hatte viel gesehen,
   sollt' als Minister vor zwei Kön'gen stehn.
   Nun kam der dritte, setzte Daniel ein
   und sein Minister sollt' er sein.

3. Er machte alles richtig und genau,
   das sah der König und er sprach: „Schau, schau",
   Ich will ihn machen, weil er's so gut kann,
   in meinem Reich zum ersten Mann."

4. Die andern Fürsten sagten nun zu sich:
   „Was soll denn das, der Posten ist für mich.
   Wir sagen an, was Daniel falsch gemacht,
   dann sagt er diesem: Gute Nacht!"

5. Die andern Fürsten fanden, ach du Großer Schreck,
   bei Daniel kommt kein einz'ger Pfennig weg.
   „Hört Daniel betet nächtlich und wenn's tagt,
   zu Gott nach dem sonst niemand fragt."

6. Sie ging'n zum König, schmeichelten ihn arg:
   „Im ganzen Land dein Lob ist schrecklich karg.
   Droh' an, zu werfen zu den Löw' hinein,
   jeden der bitt' nicht dich allein."

7. Der König unterschrieb dies sogleich heut,
   er kann's nicht ändern, wenn er's auch bereut.
   Doch Daniel betet weiter zu dem Herrn,
   das sah'n die Fürsten freilich gern.

8. „Daniel ist schrecklich, ehrt den König nicht,
   er bat zu Gott, wir hab'n ihn 'bei erwischt."
   Nun muss er zu den hung'ren Löwen rein
   hau, hau, hau, hört die Löwen schrei'n.

9. Der König sprach: „Du betetest zu Gott,
   mag er dich retten heut aus dieser Not."
   Man tat nun Daniel zu den Löwen rein
   und auf das Loch den großen Stein.

10. Des Morgens kam der König zu dem Loch
    und rief hinein: „Herr Daniel, lebst du noch?"
    „Gott hat den Löwen Appetit verwehrt,
    kommt seht, ich bin noch unversehrt."

11. Wer Gott vertraut, der wird von ihm bewacht,
    am hellen Tag und auch in finstrer Nacht.
    Ja, Gott ist mächtiger noch als der Tod,
    er rett' uns gerne aus der Not.

Ernst Amos Brause

Teil II.

Prophetischer Teil

(Kap. 7 - 12)

Nach dem erlebnisreichen geschichtlichen Teil folgen nun prophetische Ankündigungen. Die Gesichte im zweiten Teil des Buches Daniel erfolgten in der Zeit von Belsazar, dem König von Babel, bis in die Regierungszeit der persischen Könige Kores und Darius. Wir müssen uns also zunächst noch einmal zurückversetzen in das Reich der Chaldäer.

Unter Nebukadnezar war Daniel der gefragte Mann Gottes, durch Gottes Geist und Weisheit war er allen Weisen im ganzen Weltreich überlegen. Jeden Traum, durch den die stolzen Könige des babylonischen Reiches erschreckt und gedemütigt wurden, konnte er deuten. Jetzt aber ist es so ganz anders mit ihm. Hier lesen wir, dass auch Daniel Gesichte der Nacht hatte, Träume, die ihm Angst machen, die er nicht versteht und gedeutet haben muss. Der Unterschied ist, dass den Knechten Gottes das Geheimnis Gottes vor dem Geschehen offenbart wird. Schon aus der biblischen Geschichte können wir Gottes Plan und Wege mit seinem Volke und der Welt erkennen. Doch alles, was Satan inszeniert, wissen wir nicht, aber Gott weiß es. Zeitlich müssen Daniels Gesichte schon zwischen Kapitel 4 und 5 liegen.

Im Erlebnisteil des Buches wird der persönliche Glaube erprobt, im prophetischen Teil ist er substantiell angefochten. Prüfungen des Glaubens kommen von Gott, und der Glaubende vertraut darin auf Gott und Gott auf ihn, dass er die Prüfung besteht. Im prophetischen Teil erfahren wir von Verführungen, mit denen Satan, die alte Schlange die Menschen versucht und täuscht. Verfolgung bewährt den Glauben, Verführung gefährdet ihn. Verfolgungen um des Glaubens willen kann man nicht voraussehen und daher auch nicht üben, sie entstehen erst bei der Herausforderung, dem Glauben abzuschwören. Und wenn sie kommen, stellen sie sich anders dar als erwartet, und dann versagen die Gläubigen, die nicht feststehen im Glauben und machen Kompromisse. Wenn die Verfolgung nicht mehr greift oder aufhört, kommt die Verführung. Verführungen aber muss man rechtzeitig erkennen; Gottes Wort, besonders das prophetische Wort und der Geist der Weissagung helfen uns, die Listen des Teufels zu erkennen. Unsere Zeit kennzeichnet eine großangelegte Verführung, die Daniel in Tierbildern in einer Nacht schon gesehen hat.

Dem Zweifler stellt sich die Frage, ob alles, was Gott bisher Großes getan hat, Wirklichkeit war? War auch die Reformation nur ein Traum? Angesichts der gewaltigen Umwälzungen in religiöser und sittlicher Hinsicht suchen wir tragfähige Antworten, die Orientierung geben. Der Autor ist kein Traumdeuter, aber er möchte wie Daniel die Wahrheit herausfinden.

Im ersten Jahre Belsazars, des Königs von Babel, sah Daniel einen Traum und Gesichte seines Hauptes auf seinem Lager. Dann schrieb er den Traum auf, die Summe der Sache berichtete er.

Daniel hob an und sprach: Ich schaute in meinem Gesicht bei der Nacht, und siehe die vier Winde des Himmels brachen los auf das Große Meer. Und vier Große Tiere stiegen aus dem Meere herauf, eines verschieden von dem anderen.– Das erste war gleich einem Löwen und hatte Adlersflügel; ich schaute, bis seine Flügel ausgerissen wurden, und es von der Erde aufgehoben und wie ein Mensch auf seine Füße gestellt und ihm eines Menschen Herz gegeben wurde.– Und siehe, ein anderes, zweites Tier gleich einem Bären; und es richtete sich auf einer Seite auf, und es hatte drei Rippen in seinem Maule zwischen seinen Zähnen; und man sprach zu ihm also: Stehe auf, friss viel Fleisch!– Nach diesem schaute ich, und siehe, ein anderes, gleich einem Pardel; und es hatte vier Flügel eines Vogels auf seinem Rücken; und das Tier hatte vier Köpfe, und Herrschaft wurde ihm gegeben.

Nach diesem schaute ich in Gesichten der Nacht: und siehe, ein viertes Tier schrecklich und furchtbar und sehr stark, und es hatte Große eiserne Zähne; es fraß und zermalmte, und was übrigblieb zertrat es mit seinen Füßen; und es war verschie-

den von allen Tieren, die vor ihm gewesen, und es hatte zehn Hörner. Während ich auf die Hörner achtgab, siehe, da stieg ein anderes, kleines Horn zwischen ihnen empor, und drei von den ersten Hörnern wurden vor ihm ausgerissen; und siehe, an diesem Horne waren Augen wie Menschenaugen, und ein Mund, der Große Dinge redete. Ich schaute bis Throne aufgestellt wurden und ein Alter an Tagen sich setzte; sein Gewand war weiß wie Schnee, und das Haar seines Hauptes wie reine Wolle; sein Thron Feuerflammen, dessen Räder ein loderndes Feuer. Ein Strom von Feuer floss und ging von ihm aus; tausend mal Tausende dienten ihm, und zehntausend mal Zehntausende standen vor ihm. Das Gericht setzte sich, und Bücher wurden aufgetan. Dann schaute ich wegen der Stimme der Großen Worte, welches das Horn redete; ich schaute bis das Tier getötet, und sein Leib zerstört und dem Brande des Feuers übergeben wurde. – Und was die übrigen Tiere betrifft; ihre Herrschaft wurde weggenommen, aber Verlängerung des Lebens ward ihnen gegeben bis auf Zeit und Stunde.**

Ein böser Traum, vier große Raubtiere werden ihm gezeigt, furchtbar und erschreckend. Daniel ist davon tief ergriffen in seinem Geiste; was er in den Nachtgesichten gesehen hat, ängstigt ihn. Er weiß nicht, was dies alles zu bedeuten hat, aber er ahnt, dass etwas Furchtbares auf die Heiligen zukommt.

„Ich nahte zu einem der Dastehenden, um von ihm Gewissheit über dies alles zu erbitten. Und er sagte zu mir, dass er mir die Deutung der Sache kundtun wolle". Wer sind die „Dastehenden"? Zweifellos Heilige, die ihm nahestehen. Wenn wir uns lediglich in den Medien schlau machen wollen, was die Zukunft bringt, werden wir kaum Gewissheit bekommen. Liegt aber eine Bedrohung der Seele vor, dann lässt Gott den Fragenden und Suchenden nicht allein. Wir brauchen Deutungshilfe, Brüder, die den Durchblick haben und die Zeit erkennen. Leider gibt es nur wenige davon, und auch nur wenige, die ihnen glauben und sich warnen lassen.

Zweifellos handelt es sich bei den vier Tieren wieder um die vier Weltreiche. In Kapitel 2 wurden sie nach ihrem *Wert* dargestellt, der mit jedem nachfolgenden Reich abnimmt. Als Tiere aber erscheinen die Reiche in ihrer Natur und ihrem *Charakter,* jedoch in einer auffällig veränderten Gestalt.

Das Schlimmste für Daniel ist, dass die Tiere, wahre Bestien, auf die Heiligen losgelassen werden, wie er nachher mit Gewissheit erfahren soll. War es nicht bereits Gericht, dass Israel das Königtum weggenommen und den Nationen gegeben worden war? War sein Volk durch die Gefangenschaft nicht genug gestraft? Sollten denn jetzt auch noch die Nationen, diese wilden Tiere, den Überrest Israels fressen und ausrotten? So mag er sich gefragt haben. Doch das ist glücklicherweise nicht mehr zu befürchten, aber es beginnen jetzt außergewöhnliche Verführungszeiten. Gott hat die Tiere, Löwe, Bär, Leopard und das große Seeungeheuer geschaffen, sie stellen die obrigkeitlichen Gewalt dar. Aber Satan nimmt ihnen den Schrecken, indem er sie verwandelt, so dass sie allgemein akzeptiert und gar gewählt werden.

Auch wir leben in einer Verführungszeit, wie sie nie gewesen ist. Der Glaubensabfall und damit einhergehend der Sittenverfall, die antichristliche Kulturzerstörung und der immer aggressiver auftretende Atheismus einerseits, sowie die Anpassung der Kirchen und Gemeinden an den Zeitgeist andererseits, – wem macht das nicht mehr Sorgen als den Heiligen. Müssen wir das als Gericht verstehen? Ich denke nicht. Sicher aber für diejenigen, die sich haben verführen lassen, wird es zum Fallstrick und Verderben.

Der humanistische Löwe

Betrachten wir die vier Tiere im Einzelnen. Da ist zuerst der babylonische Löwe. Daniel sieht, wie dieser eine ganz unnatürliche Gestalt annimmt: Er hat Adlersflügel. Wie ein Raubvogel hat der König von Babel viele Länder wie im Fluge eingenommen, dabei auch Judäa und Jerusalem erobert. Die Häuser der heiligen Stadt wurden verbrannt, auch der Tempel zerstört, die Mauern niedergerissen, viele Leute, Jung und Alt, wurden geschlachtet, und das Volk gefangen weggeführt. Ganz grausam wüteten die Chaldäer in Jerusalem. Das ist Geschichte und wiederholt sich nicht, denn

„die Adlersflügel wurde ihm ausgerissen". Plötzlich wirkt der rücksichtslose radikale König wie verwandelt? Daniel sieht, wie der Löwe „wie ein Mensch auf seine Füße gestellt und ihm eines Menschen Herz gegeben wurde". Wie kam diese Veränderung zustande? Nebukadnezar kann nicht mehr wie früher mit Gewalt und Macht vorgehen. Gott hat ihn gedemütigt, so dass er menschlicher wird, er bekommt mitleidige Gedanken und Empfindungen. Die Umwandlung kam jedoch nicht von Gott, er kann nicht mehr anders als, wir würden sagen, sich human zu geben, wenn er weiter herrschen will.

Angewandt auf die Kirche haben wir einen ähnlichen Prozess in den letzten 500 Jahren. Das Mittelalter mit seinen Grausamkeiten an Ketzern ist vorbei. Die Weltkirche ist durch die Reformation gezwungen, Verfolgungen einzustellen, denn sie ist tief gespalten, Zweidrittel Deutschlands und andere europäische Länder sind protestantisch geworden. Dadurch verliert Rom erheblich an Macht und Herrschaft, die es über Könige und Kaiser ausübte. Es gewinnen antikirchliche geistige Strömungen die Oberhand. Eine davon ist der *Humanismus.* Bedeutendster Repräsentant des europäischen Humanismus war Erasmus von Rotterdam, man nennt ihn den „Fürsten der Humanisten". Erasmus war wie Luther ein Kritiker der Päpste und der Kirche, aber er versagte den Reformatoren seine Unterstützung. Persönlich sind sich die beiden nie begegnet, führten aber einen Briefwechsel miteinander. Theologisch kamen sie jedoch nicht überein, weil jeder ein anderes Menschenbild vertrat: Erasmus das humanistische, Luther das biblische der völligen Verdorbenheit des Menschen durch die Erbsünde.

Humanismus ist „die optimistische Einschätzung der Fähigkeit der Menschheit, zu einer besseren Existenzform zu finden" (Wikipedia). Als Gesellschafts- und insbesondere als Bildungsideal möchte er dem Menschen die bestmögliche Persönlichkeitsentfaltung ermöglichen. Durch Wissen käme der Mensch zur Tugend. Dabei spielen bei Erasmus Vernunft und freier Wille die Hauptrolle, er wird damit Wegbereiter der europäischen Aufklärung und der heute verherrlichten Toleranz, die atheistisch ist.

„Wegen seiner kritischen Haltung zur römisch-katholischen Kirche wurden Erasmus Werke auf dem Konzil von Trient auf den Index gesetzt. Der holländische Kultur-Historiker und Erasmus-Biograph Johan Huizinga charakterisiert Erasmus als einen geistigen Typus der ziemlich seltenen Gruppe, die zugleich unbedingte Idealisten und durchaus Gemäßigte seien; ,sie können die Unvollkommenheit der Welt nicht ertragen, sie müssen sich widersetzen; aber sie fühlen sich bei den Extremen nicht zu Hause, sie schrecken vor der Tat zurück, weil sie wissen, dass diese immer ebenso viel zerbricht als aufbaut; und so ziehen sie sich zurück und rufen weiter, alles müsse anders werden; aber wenn die Entscheidung kommt, wählen sie zaudernd die Partei der Tradition und des Bestehenden. Auch hier liegt ein Stück von der Tragik im Leben des Erasmus." (Wikipedia)

Ist nun der Mensch durch Bildung und Wissen tugendhafter geworden? Das Beispiel Nebukadnezars zeigt uns schon bei seinem Sohn, dass er nichts aus dem Sturz seines Vaters gelernt hat, sondern in einen Götzenkult und Frevel schlimmster Art verfiel. Humanisten sind Optimisten und Idealisten, die aber an der Unveränderbarkeit der verdorbenen menschlichen Natur scheitern. Der Mensch ist dann enttäuscht von allem und von sich selber und verfällt dem Hass gegen alles, auch gegen alles Göttliche. Er muss daher ständig mit neuen Idealen und Ideologien gefüttert werden. Das Raubtier, das Daniel wie ein Mensch erscheint, ist das wahre Bild des Humanismus, es zeigt deutlich, dass der Mensch durch denselben immer wieder auf sich selbst zurückfällt und inhuman, unmenschlich wird. „Humanität ohne Divinität (Göttlichkeit) wird zur Bestialität" (Zinzendorf). Ohne Buße und den Glauben an das Evangelium gibt es keine Erneuerung, keinen neuen Menschen.

Mittlerweile ist auch die Römisch-katholische Kirche humanistisch geworden und möchte sogar Luther heimholen. War sie einst unbarmherzig und brachte die Zeugen Jesu um, ist sie heute ausgesprochen barmherzig geworden. Sogar die früheren Mißstände erkennt sie an. Erasmus wäre heute Papst. Das „Jahr der Barmherzigkeit" ist nicht das Jahr der Gnade, sondern einer humanistischen Liebe ohne Wahrheit. Rom verkörpert den *religiösen* Humanismus, der sich mit allen Religionen guten Willens verbrüdern will, deren Götter Intelligenz, Vernunft und guter Wille sind.

Humanistisch geworden ist inzwischen auch der Protestantismus, jedoch aus einer anderen Linie, nämlich die des Sozialismus. Der *humanistische* Sozialismus ist eine linke politische Strömung, die hauptsächlich in der evangelischen Kirche Fuß fassen konnte, weil die Kirche für alle Geister sentimental offen ist. In seinem Buch „Zurück zu Luther" bringt Norbert Bolz Luthers Lehre gegen den *sentimentalen* Humanismus in Stellung. Wie nötig wäre wieder ein Luther.

Beide Kirchen haben sich auf der humanen Ebene wieder angenähert. Die Ökumene ist die Fusion aus beiden humanistischen Richtungen mit dem Ziel einer Weltreligion und -Ethik.

Der Evangelikalismus als Dritter im humanistischen Bunde hat das Evangelium auf die menschliche und menschengefällige Seite verkürzt. Verbindungen zu beiden Volkskirchen sind kein Geheimnis mehr.

Der letzte Schrei der Humanisten ist der *Trans*humanismus. Der ist allerdings weder religiös noch sozialistisch, sondern ganz persönlich, ganz menschlich, ganz ohne Gott. „Den Menschen zu ‚verbessern' war schon immer ein Bedürfnis. Der Versuch, sich selbst schöner, gesünder und intelligenter zu machen, nimmt heute aber ganz neue Dimensionen an. Der transhumane Mensch will letztlich – anstelle Gottes – Herr über Leben und Tod sein. Das transhumane Dasein ist nicht mehr Krankheit, Tod und Trauer ausgesetzt, so das Heilsversprechen der Anhänger des Transhumanismus; sie verheißen das ewige Leben in einer kommenden neuen Welt durch den vom Menschen selbst initiierten technischen (medizinischen) Fortschritt („Ewig" leben, Herder Korrespondenz 12/16).

Es ist noch kein Baum in den Himmel gewachsen. Gott wird ihn rechtzeitig umhauen und seine Zweige und Früchte zerstreuen, haben wir in Kap.4 gesehen.

Zum Humanismus hat sich auch die Bundesrepublik nach dem verheerenden zweiten Weltkrieg bekannt und ihn im Grundgesetz in den Menschenrechten festgeschrieben. Das kam den Kirchen und Gemeinden zugute, die Verfolgung hatte aufgehört, es war wieder Versammlungsfreiheit. Auch das Erziehungsrecht der Eltern als einem gottgegebenen Naturrecht wurde in der Verfassung und in den Schulgesetzen verankert, es sollte nicht nur im Rahmen der Familie, sondern auch im Bereich der Schule gelten. Der Religionsunterricht ist wieder ordentliches Lehrfach, die zehn Gebote bilden die Grundlage des gesellschaftlichen Lebens. Alles das stand unter der „Verantwortung vor Gott" (Präambel GG), in den Verfassungen der Bundesländer bekannte man sich zum Geist des Christentums

Zunächst bahnte sich in der Bundesrepublik eine positive Entwicklung an, die zu einer moralischen Aufrüstung führen sollte, sich aber nach kaum 20 Jahren ins Gegenteil verkehrte. Der Humanismus wandelte sich in ein Antichristentum, ihm liegt ein materialistisches Menschenbild zu Grunde. Das humanistische Menschenbild ist atheistisch. Humanistisch gilt in der Gesellschaft soviel wie christlich, aber er ist kein Christentum, er verdrängt, ja bekämpft heute das Christentum. Toleranz? Nur nicht gegen christliche Standpunkte und ein christliches Gewissen. Humanistische Antichristen müssten wissen, dass der Humanismus auf den Schultern des Christentums steht. Fällt das Christentums, fällt auch der Humanismus und wird heidnisch, tierisch, brutal. Die Natur kennt Härte und Unerbittlichkeit, aber woher hat der Mensch die Grausamkeit? Die Geschichte des Sozialismus ist voller Grauen, und auch der sozialistische Humanismus wird es sein, weil er atheistisch ist. Als Staatsideologie kann er sehr unmenschlich, ja brutal werden. Wer kommt schon gegen die Staatsgewalt an.

Vergessen wir nicht, der humane König der Tiere hat zwar ein menschliches Aussehen bekommen, aber in seiner Natur ist er nicht verändert, er ist immer noch ein Raubtier, auch der edelste Humanist; er bleibt nur friedlich, wenn man ihm zu Willen ist, wenn er ständig gefüttert wird. Wenn nicht, zeigt er einem die Zähne, und Löwenzähne sind erbarmungslos. Der Humanismus, wie er heute verstanden wird, ist immer nur einseitig, als Forderung an andere, selbst aber intolerant, insbesondere gegen bibelgläubige Menschen. Das spiegelte sich nun auch in dem Raubtiercharakter der Jugend wider. „Die Kinder und Jugendlichen müssen dazu erzogen werden, sich in der Raubtiergesellschaft zu behaupten", meinte eine Schulleiterin. Das beeinflusst auch ihr Verhältnis zu ihren Eltern und allen die über ihnen stehen. Am meisten leiden Christen unter der Entartung der Gesellschaft, welche für sie ein ganz neues Umfeld darstellt. Die vier Raubtiere haben, wie wir an den folgenden noch sehen werden, in der Tat eine Raubtiergesellschaft hervorgebracht.

Humanismus als Bildungsideal hat gründlich versagt. Christen sollten sich davon abwenden und freie christliche Schulen gründen und das biblische Menschenbild bekennen. Das ist nicht leicht, denn um genehmigt werden zu können, mussten sie die staatlichen Erziehungsziele und Lehrpläne anerkennen. Dabei wurde die Autorität des Wortes Gottes zurückgenommen. Ihre pädagogischen Konzepte sind mehr oder weniger humanistisch, schreibt Georg Wünsch ihnen ins Stammbuch (Die Autorität an der christlichen Schule, Bonn 1995).

DER HEDONISTISCHE BÄR

Das zweite Daniel'sche Tier gleich einem Bären ist das medo-persischen Reich. Das babylonische Reich wurde in der ersten Hälfte des 6.Jahrh. v.Chr. vom persischen Weltreich abgelöst. Bei dem ersten König begegnet uns zunächst wieder eine humane Einstellung. Kyrus, der Eroberer Babels, erweist sich als gottesfürchtiger König, er lässt einen Ruf durch das ganze Reich gehen, dass alle Juden wieder in ihre Heimat zurückkehren können (Esra 1). Er und die nachfolgenden Könige haben großes Interesse daran, dass der zerstörte Tempel in Jerusalem wieder aufgebaut wird, um dem Gott des Himmels zu opfern, und das Gesetz Gottes zur Geltung kommt.

Das persische Reich zeichnet sich durch strenge und beständige Gesetze aus, wie wir bei Darius in Kapitel 6 gesehen haben. Die gesetzgebende Vollmacht wurde aber auch von königlichen Beamten mißbraucht, welche den König zu Gesetzen bewogen, die der Beseitigung der Zeugen Gottes dienen sollten. Doch Gott schafft Rettung denen, die auf Ihn vertrauen.

Nach kaum 100 Jahren kommt bei dem persischen Bären wieder die Raubtiernatur durch, sehr gierig und triebhaft. Er hat „drei Rippen in seinem Maul", ihm wird gesagt: „Stehe auf, friss viel Fleisch". Der Bär, der sich so religiös gab, wird ganz gesetzlos und fröhnt der Augenlust und Fleischeslust. Dem Glaubensabfall folgte der Sittenverfall und mit ihm eine widernatürliche und perverse Kulturentwicklung. Der Einfluss der griechischen Moralphilosophie ist im persischen Reich zum Ende hin unverkennbar.

Aus dem gesetzlosen Humanismus entsprang der Hedonismus, der aus einer griechischen Schule stammt, er erhebt die sinnliche Lust zum höchsten Glück. Sein Motto ist: Gut ist, was Spaß macht, und darum „Tue, was dir Spaß macht", was besonders der Jugend gefällt. Sex macht Spaß, egal mit wem und in welcher Form. Der sexuellen Freiheit sind nun keine Grenzen mehr gesetzt. Die „drei Rippen in seinem Maule" sind drei Menschentypen, der natürliche Mensch, der moralische Mensch und der religiöse Mensch. Er möchte auch den geistlichen Menschen fressen. Wer ist nicht von dem fleischeslüsternen Bär geschlagen worden?

Auch der Okkultismus hat unter diesem Tiere Konjunktur. Spaß kann man, so meinen manche, auch mit okkulten Dingen haben, aber dieser Spaß beschwört die Dämonen herauf. Das Tier befördert ein wahrhaft teufliches Werk, das bis zur Satansanbetung reicht. Schließlich hat Satan auch die Entartung der Tiere bewirkt.

An der Eudämonie, der Sexbesessenheit und Fressgier geht das geordnete Perserreich zugrunde, es zerfällt durch seine Unmoral und Sittenlosigkeit, wie so manche Reiche. In den Persern war zuletzt keine moralische Kraft mehr, den feindlichen Angriffen zu widerstehen. Wie eine reife Frucht fiel das Perserreich Alexander dem Großen in die Hände. Da hörte der Spaß auf. Dan. 8 schildert diesen Kampf.

Der König Hedonismus ist dabei, auch Europa zugrunde zu richten. Die sexuelle Revolution hat die Kinder erreicht, sie gibt sich in einer frivolen Sexualerziehung kund. Ihr Ziel ist, der Jugend die Scham zu rauben und das Gewissen abzutöten. Was die Schule nicht fertig bringt, ergänzen Fernsehen, Internet und Pornofilme. Aufgabe und Verantwortung des Staates wäre, die Medien, insbesondere das Internet stärker zu kontrollieren und zu beschränken, wie das andere Regierungen tun, die ihre Jugend schützen wollen. Diese Verantwortung schiebt der Staat auf die Eltern, die derselbe Staat entmachtet hat. Sie alle reden auf die Kinder und Jugendlichen ein: Tue, was du willst, das ist dann auch gut so. Moralische Maßstäbe gibt es nicht mehr, Werte wie Keuschheit, Reinheit, Selbstbeherrschung werden verlacht. Christen, die dafür eintreten, werden verspottet, als fundamentalistisch diskriminiert. Das ist für treue Gläubige eine schwere Prüfung. Sogar Mitchristen beteiligen sich an dieser Demütigung. Wenn wir nicht wüssten, dass die überhandnehmende Gesetzlosigkeit nicht das Ende ist, sondern die Dazwischenkunft des Menschensohnes sie stoppt, den Daniel bereits sehen darf, müssten wir verzweifeln. Zum Trost ein guter Traum:

Ich schaute in Gesichten der Nacht: Und siehe, mit den Wolken des Himmels kam einer wie eines Menschensohn. Und er kam zu dem Alten an Tagen, und man brachte ihn vor ihn. Und ihm wurde Herrschaft und Herrlichkeit und Königtum gegeben, und alle Völker, Nationen und Sprachen dienten ihm. Seine Herrschaft ist eine ewige Herrschaft, die nicht vergeht, und sein Königtum ein solches, das es nie zerstört werden wird.

Demokratie und Pluralismus

Bei dem dritten Daniel'schen Tier, dem griechischen Pardel, erkennen wir die Demokratie und ihr Freiheitsideal, wovon die „vier Flügel eines Vogels auf seinem Rücken" zeugen. Dieses Tier bildet an dem Offenbarungstier den Körper, den Staatskörper und alle ihm unterworfenen Institutionen. Wir werden sehen, wie das beflügelte Tier mit seinen „vier Köpfen" die Demokratie in allen

Bereichen durchsetzen will. Seinen ersten Kopf erhob es gegen die Monarchie, Könige und Kaiser wurden entthront, eine Volksherrschaft wurde aufgerichtet, wo nicht mehr ein Einzelner bestimmt, sondern die Mehrheit. In der Demokratie gilt das Mehrheitsprinzip. Der demokratische Staat versprach Freiheit, freie Wahlen, freie Meinungsäußerung, Mitsprache in der Politik. Die Mehrheit bildet dann die Regierung und verabschiedet die Gesetze. Dafür musste aber die Autorität jeglicher Art abgebaut werden, um neue Freiräume zu schaffen. Immerhin haben wir die Gewaltenteilung in Legislative, Exekutive und die Judikative, die richterliche Gewalt, die den Staat kontrolliert.

Eine wirkliche „Volksherrschaft" haben wir allerdings nicht. Die demokratische Staatsform wurde im alten Griechenland erfunden. In Athen kamen alle wahlberechtigten Männer zu der Vollversammlung und konnten dort Anträge einreichen und über die Gesetze abstimmen. Dafür gibt es heute Parteien, wir haben nur die „repräsentative Demokratie". Das heißt, das Volk übt die Staatsgewalt nicht direkt aus, sondern die Abgeordneten vertreten den Wählerwillen, versprechen es zumindest. Nach der Wahl sieht es anders aus, weshalb sie Volksbefragungen fürchten und verhindern. Viele beklagen, dass sich die Regierenden über den Willen des Volkes hinwegsetzen.

Mit der Demokratie ist es in Deutschland nicht gut bestellt, umso mehr nimmt der *Pluralismus* zu, der eine Ausgeburt der Demokratie ist. Die pluralistische Gesellschaft erkennt keine absoluten Werte und Maßstäbe mehr an, alles ist relativ. Die Vielzahl von Meinungen wird von den Medien, der vierten Gewalt, zu Mehrheiten gebündelt und dann als „öffentliche Meinung" ausgegeben. Man spricht auch von einer „veröffentlichten" Meinung, die von einzelnen Politikern und Parteien gebildet wird, und dann als Meinung der „Allgemeinheit" präsentiert wird. Gegen diesen Trend kommen christliche Positionen nicht mehr an, weil sie in der Minderheit sind und nicht die Medien zur Verfügung haben, denn diese sind mehrheitlich in der Hand der linken Meinungsmacher.

Für bibelgläubige Christen stellt sich die Frage, wie sie zu den demokratischen Prozessen stehen. Können oder sollen sie an der politischen Meinungsbildung mitwirken oder Parteien gründen und gar nach politischen Ämtern streben? Freilich ein sinnloses Bemühen, wir können den schleichenden Pardel oder Leopard nicht aufhalten. Wir sollen es auch nicht, vielmehr sind wir angewiesen, jede Obrigkeit, ob diktatorisch, präsidial oder demokratisch, anzuerkennen, wie geschrieben steht: „Unterwerfet euch aller menschlichen Einrichtung um des Herrn willen; es sei dem Könige als Oberherrn, oder den Statthaltern als denen, die von ihm gesandt sind" (1.Petr.2,13). „Jede Seele unterwerfe sich den obrigkeitlichen Gewalten ..." (Röm.13,1-7). Der Christ soll die Obrigkeit deshalb anerkennen, weil sie von Gott angeordnet ist uns zum Schutz, es muss Zucht und Ordnung im Lande herrschen, das Böse muss bestraft werden und das Gute belohnt. Die demokratische Obrigkeit heute konstituiert sich nicht mehr wie früher durch Thronfolge, sondern sie muss gewählt werden. Soll ein Christ sich an den Wahlen beteiligen? Was soll er wählen? Das kleinere Übel? Gar kein Übel, denn jedes Übel ist mit Lug und Trug behaftet. Jesus und die Apostel haben sich nicht politisch betätigt.

Demokratie in der Kirche

Der zweite Kopf des Pardels will sich in der Kirche durchsetzen. Es soll ja überall Freiheit und kein Zwang mehr herrschen. Hat die Demokratie einmal in der Kirche Eingang gefunden, dann steht dem geistlichen Mann eine Mehrheit gegenüber, die fleischlich urteilt und handelt. Hier kann dann auch der Pluralismus gedeihen, auch in der Theologie. Für den *theologischen* Pluralismus gibt es nicht mehr nur *eine* Wahrheit, sondern viele; gesellschaftliche Trends gelten mehr als die Bibel. Man sieht das an den Entscheidungen der EKD, für sie ist nicht mehr Gottes Wort alleinige Richtschnur, nicht einmal mehr das reformatorische Bekenntnis. Bibelkritik, Homosegnung, keine Missionierung von Juden und Muslime etc. ist Konsens mit der roten und grünen Politik. Mehrheitsbeschlüsse sind wie in den Parlamenten auch in den kirchlichen Sitzungen oberstes Prinzip. Wenn es heißt, „einstimmig beschlossen", dann

beugten sich die Gegner wider Willen oder wurden vorher elimi-
niert. So geschieht es in vielen Kirchen und Gemeinden, wo die
Mehrheit der Glieder den Ausschlag gibt. Demokratie ideal und
überall.

Wie sich die Zeiten ändern. In den dreißiger Jahren diente man
dem „Führerprinzip“. Das staatliche Vorbild fand Nachahmung in
christlichen Kreisen oder wurde vom Staat angeordnet. Nach dem
Zusammenbruch 1945 verdammte man den „Führer“, dem man so
begeistert gefolgt war. Nachdem nun wieder die Demokratie eingeführt wurde, mit der man schon in den zwanziger Jahren gespielt
hatte, schaffte es die Raubkatze mit List und Tücke auf Schleich-
wegen bis in die kleinsten Gemeinschaftskreise einzudringen und
zum demokratische Denken und Handeln anzuregen. Auf diese
Weise wurde die Autorität des Wortes Gottes untergraben und die
Leitung des Heiligen Geistes beiseitegesetzt. Das Urteil geistlicher
Personen wird zum Streitpunkt.

PLURALISTISCHE SCHULE

Damit ist der Herrschaftsanspruch des Pardels noch nicht befriedigt. Es hat ja noch zwei Köpfe, die zur Geltung kommen und
sich durchsetzen wollen. Sein dritter Kopf regiert die Schule. Denn
man wollte auch die Schule demokratisieren, um sich mündige
Bürger zu erziehen. Die Klasse wurde zum Plenarsaal umgebaut,
der Frontalunterricht abgeschafft. Der Erfolg waren Diskussionen
ohne Ende, so dass wir heute eine pluralistische Schule haben, welche die pluralistische Gesellschaft nachahmt, um die Kinder auf
die Welt vorzubereiten. Das Ergebnis kann man an den Defiziten
der Schüler, ihrer Orientierungslosigkeit und Lebensuntüchtigkeit
ablesen. Früher prägte die Schule die Gesellschaft, heute ist es umgekehrt.

Der vierte Kopf will in der Familie regieren, zumindest Mitspracherecht haben. Von der Schule übertrug sich zwangsläufig das demokratische Prinzip auf die Familie. Als besonderen Leckerbissen gilt ihm die christliche und autoritär geführte Familie. Hier die Herrschaft zu bekommen, war nicht so einfach. Die Autorität des Vaters, die Unterwürfigkeit der Frau und der Gehorsam der Kinder musste beseitigt werden. Das ist ihnen in den meisten Familien gelungen, die Kinder wollen mitreden und gefragt werden, um möglichst mitzuentscheiden. Der Einfluss der Schule ist in vielen Häusern der Gläubigen unverkennbar. Der triebhafte Bär hatte bereits mit der sexuellen Aufklärung gut vorgearbeitet und die Elternehre herabgesetzt. Auch mit Gleichberechtigung und Mitbestimmung waren große Erfolge erzielt worden. Jedoch die letzte starke Bastion, die bibelgläubige, gottesfürchtige Familie einzunehmen, war unmöglich. Dafür musste der Hebel bei den Kindern angesetzt werden, und zwar dort, wo sie dem Einfluss der Eltern nicht ausgesetzt sind: in der Schule. Viele gläubige Eltern haben noch nicht erkannt, wodurch ihre Kinder gefangen und unzufrieden, ja rebellisch werden. Die Erkenntnis über das dritte Tier kann ihnen die Augen über den Urheber öffnen. Manche Eltern füttern das Tier obendrein noch, indem sie den Kindern allen Willen tun, damit sie lieb bleiben, obwohl sie immer anspruchsvoller werden. Bald will es die Kleidung seiner Mitschüler, dann auch zerrissene Jeans. Auch mehr Taschengeld, und wenn es 16 ist, meldet es schon den Führerschein an usw. Aber versucht einmal, ihm zu widerstehen und die Rechte und Ordnung Gottes durchzusetzen, dann wird es rebellisch.

Ein anderes Kapitel ist die Zucht. Woher kommt es, dass christliche Eltern ihre Kinder nicht mehr züchtigen, obwohl sie wissen, dass dies nach dem Worte Gottes geboten ist? „Erziehe den Knaben seinem Wege gemäß" (Spr.22,6); „entziehe dem Knaben nicht die Züchtigung" (Spr.23,13); „Rute und Zucht geben Weisheit" (Spr.29,15). Mädchen schlägt man nicht, aber Jungens müssen auch mal die Rute spüren, wenn sie es verdient haben. Das geht nicht mehr, denn heute bekommen Eltern mit dem Staat zu tun, der jede Art von körperlicher Zucht verbietet. Da haben wir wieder den Pardel mit allen vier Köpfen; der Pardel ist der weibliche Leopard. Es sind hauptsächlich die „dämlichen" emanzipierten Politiker und Sozialarbeiter, die sich für das „Kindeswohl" einsetzen und die Kinder für unantastbar halten, obwohl sie meist selbst keine Kinder haben. Da die öffentliche Meinung, also die Mehrheit sich gegen eine „strenge Erziehung" ausspricht, haben auch viele Christen diese Meinung angenommen. Besser wäre, einzusehen, dass wir unter der Herrschaft des dritten Tieres stehen, bis Gott wieder das Reich den Heiligen gibt.

Wohin der Pardel mit den vier Flügeln eines Vogels und den vier Köpfen die Kinder geführt hatte, fand bereits in Athen in den Klagen der Eltern über die Jugend ihren Ausdruck. Ihr Verhalten antwortete in ihrem Freiheitsdrang und ihrer Triebbefriedigung auf die Krise der Gesellschaft. Nicht aus sich heraus hat unsere Jugend sich so entwickelt, vielmehr ist sie indoktriniert worden, und zwar durch linke Geister in der Schulpädagogik. „Sie haben unermesslichen Schaden an Geist, Seele und Charakter der Kinder und Jugendlichen angerichtet", äußerte eine Lehrervereinigung über das Sozialinstitut, die „Frankfurter Schule". Seit der Schulreform Anfang der 70er-Jahre hat sich Denken, Sprache und Gebahren der Jugend total gewandelt, was zwangsläufig zu dem beklagten Generationskonflikt führen musste. Der war auch von den Ideologen so gewollt. Alle neuzeitlichen Geister haben ihre Lehren aus dem Hellenismus geholt, um sie gegen das Christentum zu verwenden und einen neuen Menschen, eine neue Gesellschaft zu schaffen.

Die Geschichte des Griechentums, bis ins 4.Jahrhundert eine Weltkultur, wiederholt sich in unseren Tagen. Nach zweitausenddreihundert Jahren (in Dan. 8,14 angedeutet) haben wir wieder den Hellenismus in Reinkultur, auch den Glauben an die Götter und Götzen, die heute nur andere Namen haben. Das bedeutet, dass das Selbstverständnis des Neuheidentums gegen die christliche Frömmigkeit gerichtet ist, wodurch bibeltreue Christen in eine Außenseiterposition gedrängt und bereits als Gefahr für die Gesellschaft angesehen werden.

„Die Herrschaft der drei Tiere wurde weggenommen, aber Verlängerung des Lebens wurde ihnen gegeben, bis auf Zeit und Stunde", haben wir gelesen. Sie haben die ganze Zeit der Kirchengeschichte im Untergrund weiter existiert, konnten sich aber nicht durchsetzen, bis sie in der Renaissance wieder geweckt wurden, zuerst das humanistische Tier.

Diese Tiere, Löwe, Bär und Pardel, scheinen für die Heiligen nicht die gefährlichsten zu sein, sie schränken lediglich unsere Rechte ein. Ein Trost ist, **die Heiligen der höchsten Örter werden das Reich empfangen, und werden es besitzen bis in Ewigkeit, ja, bis in die Ewigkeit der Ewigkeiten.** Sie können also die drei Arten der Versuchung überwinden, den Humanismus, den Hedonismus und den Pluralismus. Das bringt ihnen jetzt Schmach, Spott und Ausgrenzung ein, aber um Christi willen werden sie das ertragen, bis ihnen das Reich wird und sie herrschen.

DAS ZEHNHÖRNIGE UNTIER – DER MATERIALISMUS

Das vierte Tier war einfach zu schrecklich und furchtbar, um es beschreiben zu können. Daniel wiederholt nachher noch einmal vor einem der Dastehenden, wie er es gesehen hat:

Darauf begehrte ich Gewissheit über das vierte Tier, welches von allen anderen verschieden war, sehr schrecklich, dessen Zähne von Eisen und dessen Klauen von Erz waren, welches fraß und zermalmte, und was übrigblieb mit seinen Füßen zertrat; und über die zehn Hörner auf seinem Kopfe; und über das andere Horn, welches emporstieg, und vor welchem drei abfielen; und das Horn hatte Augen und einen Mund, der große Dinge redete, und sein Aussehen war größer als das seiner Genossen. Ich sah, wie dieses Horn Krieg wider die Heiligen führte und sie besiegte, bis der Alte an Tagen kam, und das Gericht den Heiligen der höchsten Örter gegeben wurde, und die Zeit kam, da die Heiligen das Reich in Besitz nahmen.

Über das vierte Tier mit den 10 Hörnern ist Daniel sehr erschreckt, am meisten darüber, dass es mit den Heiligen Krieg führt und sie besiegt. Das muss er genauer wissen.

Bei diesem Untier haben wir es zunächst mit der unbeschreiblich grausamen Herrschaft der römischen Weltmacht zu tun, die ihresgleichen in der Weltgeschichte sucht. Davon zeugen die Gladiatorenkämpfe und die öffentlichen Hinrichtungen, wobei die Verurteilten wilden Tieren zum Fraß vorgeworfen wurden; die grausamste Art war die Kreuzigung, die auch Jesus erdulden musste. Es war gang und gebe, Behinderte, Alte und unheilbare Kranke einfach zu töten oder sie auf jeden Fall nicht mehr zu behandeln, weil sie keinen Nutzen für die Gesellschaft brachten. Juden und Christen waren die ersten, die sich um sie kümmerten. Wussten sie doch: Sie alle sind Ebenbild Gottes. Der Sklavenhandel blühte, mehr als ein Viertel aller Menschen im römischen Reich waren Sklaven, Eigentümer römischer Bürger, Menschen ohne Rechte, reines Wirtschaftsgut, die wie Material oder ein Tier gekauft und wieder verkauft werden konnten. Auf den großen Landgütern und in den Bergwerken arbeiteten sie besonders schwer. Viele Sklaven überlebten hier nicht lange. Schlimm erging es den Sklaven, die als Ruderer auf den Galeeren arbeiten mussten. Sie waren angekettet und gingen bei einem Unglück oft mit dem Schiff unter. Unternehmer besaßen Hunderte von Sklaven, die sie in sogenannten Arbeitshäusern einsperrten und bei Bedarf an Auftraggeber vermieteten. Heute geht es humaner zu, aber dennoch menschenunwürdig. Viele müssen bei Leiharbeitsfirmen arbeiten, beklagt wird auch die Sklaverei in der Wirtschaft, alles nur aus Gewinnsucht der Unternehmer. Sogar eine Familienministerin lässt sich für die Wirtschaft einspannen statt das Familienwohl zu fördern. Abscheuliche Exzesse waren bei den Römern erlaubt, Frauen wurden vor den Augen der Männer vergewaltigt, um sie zu demütigen; heute legal als Lustobjekte versklavt, Männer werden pornosüchtig.

Die griechische Philosophie bzw. der Hellenismus wirkte noch bis in die römische Kaiserzeit hinein. Die Römer glaubten wie die Griechen an eine Vielzahl von Göttern in Menschengestalt. Auch von anderen Völkern und religiösen Kulturen übernahmen die Römer viele Götter, so die Liebesgöttin Isis, die heute der Sexvergottung entspricht. Jede wohlhabende römische Familie besaß einen eigenen Hausaltar, das ist heute der Fernseher. Hier wurden neben den eigenen Ahnen auch bestimmte Haus- und Familiengötter, an deren Stelle heute Idole getreten sind, verehrt. Es war üblich geworden, die Kaiser als göttlich zu verehren. Ihnen wurden Tempel gebaut und Opfer dargebracht.

Als das Christentum sich ausbreitete, sollten auch Christen die ganze Grausamkeit der Römer erfahren. Sie erkannten die Kaiser zwar als Herrscher an, nicht aber als göttliche Wesen. Daher galten die Christen als Staatsfeinde. Viele wurden grausam hingerichtet. Der römische Schriftsteller Tacitus berichtet: „Alle, die sich offen zum Christentum bekannten, wurden zuerst ergriffen, dann auf deren Aussagen hin eine weitere große Menge. Da man sie nicht der Brandstiftung überführen konnte, verurteilte man sie wegen allgemeinen Menschenhasses. Mit ihnen trieb man grausames Spiel. Sie wurden in Tierfelle eingenäht und den Hunden vorgeworfen. Wenn der Tag sich neigte, dienten sie als Fackeln. Nero gab für dieses Schauspiel seinen Park frei und veranstaltete dabei ein Zirkusspiel.“

Das römische Recht gilt in der freien Welt zwar als vorbildlich, indem kein Urteil gefällt werden durfte ohne vorherige Anhörung des Angeklagten. Doch im Falle der Christen stand das Urteil schon vorher fest. Daran leidet auch die heutige Rechtsprechung, wenigstens in Deutschland, wenn es um Schulverweigerung aus Glaubens- und Gewissensgründen geht. Unbezahlbare Bußgelder, Gefängnis und Sorgerechtsentzug zwingen gläubige Christen, ins Ausland auszuweichen. Deutschland ist mit dem Schulzwang die absolute Ausnahme in der EU.

Trotz zeitweise schwerer Verfolgungen, die heftigste und grausamste unter dem Kaiser Decius (249), die letzte unter Diokletian (303-313), breitete sich das Christentum umsomehr aus, bis es Kaiser Konstantin anerkannte und die Wende eintrat. Bis dahin wirkte also das Tier in seinem letzten schrecklichen und furchtbaren Vorgehen gegen den christlichen Glauben, der sich jedoch als stärker erwies als der glühende Hass der heidnischen Machthaber. Das Christentum hat das Heidentum samt der griechischen Philosophie überwunden und eine neue Kultur angebahnt. Tempel und Götzenbilder verschwanden allmählich, sogar die Olympischen Spiele wurden verboten (393 n.Chr.). Die Jugend wurde wieder normal, fürchtete Gott, ehrte die Eltern und gehorchte den Lehrern.

Das Evangelium hatte deshalb so großen Erfolg, weil das römische Reich sittlich auf den absoluten Tiefstand herabgesunken war. Gott hatte sie dahingegeben in schändliche Leidenschaften, Homosexualität war weit verbreitet, von Juden und Christen als Schande gebrandmarkt. In dem Paulus-Brief an die Römer, Kap.1, kann man den unmoralischen Zustand, in dem damals die Gesellschaft allgemein war, nachlesen: „Sie tun, was sich nicht geziemt, erfüllt mit aller Ungerechtigkeit, Bosheit, Habsucht, Schlechtigkeit, voll von Neid, Mord, Streit, List; Gottverhasste ... Eltern ungehorsam, Unverständige, Treulose, ohne natürliche Liebe" usw. Das Bild der römischen Jugend spiegelt die griechische Jugend wider, und beide ergeben das Bild der Jugend heute.

Auf diesen Tiefstand ist auch die heutige Gesellschaft gesunken, den Rückfall ins Heidentum prophezeit Paulus in 2.Tim.3. Man findet dort dieselben Dinge wieder wie in Röm.1: „Den Eltern ungehorsam, undankbar, heillos, unenthaltsam, das Gute nicht liebend, mehr das Vergnügen liebend als Gott". Arme Jugend, die keine Vorbilder hat. Was damals das „Ende der Zeit" war – nach 2000 Jahren sind wir wieder an das Ende gekommen. Dann kommt die Zeitenwende, denn „das Reich wird dem Volke der Heiligen der höchsten Örter gegeben werden" (Dan.7,27; Offb.20,4-6). Nur die Überwinder werden daran teilhaben.

Immer wieder hat man in den prophetischen Auslegungen versucht, das Wiedererstehen des römischen Reiches in dem großen Offenbarungstier zu sehen, zum Beispiel in der römischen Kirche, dann in der Europäischen Gemeinschaft. Als es 10 Staaten waren, passte das genau auf die 10 Hörner. Die Verfechter dieser Deutung verlangten von mir, ihre Version zu glauben. Ich sagte, darauf lasse ich mich nicht festlegen. Denn zu dieser Zeit lagen Anträge von weiteren vier Staaten vor. Werden diese in die EU aufgenommen, wurde ich gefragt? Ich sagte, warum nicht? Dann können wir mit dir keine Gemeinschaft haben, und verließen das Haus. Es blieb nicht bei den 10, es wurden 14, 20 und heute 26 Staaten und weitere. Fehlspekulationen sind immer zu erwarten, wenn man das prophetische Wort politisch deutet will.

Das römische Reich kommt so nicht wieder, es fand im Gericht am Kreuz sein Urteil und wurde geistlich durch das Evangelium überwunden, ebenso die übrigen Tiere. In Röm.1 - 3 ergießt sich ein Strom von Feuer, der von dem „Alten an Tagen" ausging, um das Tier zu richten und seinen Leib zu zerstören. „Tausend mal Tausende, und zehntausend mal Zehntausende", die von dem Tier frei wurden und Gott dienten, haben das Urteil bestätigt. „Das Evangelium ist Gottes Kraft, zum Heil jedem Glaubenden, sowohl dem Juden zuerst als auch dem Griechen."

Der Charakter von allen vier Tieren findet sich klar in dem Offenbarungstier mit den zehn Hörnern wieder. Es vereinigt in einer neuen Gestalt alle vier Danielschen Tiere in sich: Löwe, Bär, Pardel und eben das vierte unbeschreiblich schreckliche Ungeheuer. Das Tier ist heute voll entwickelt und führt Krieg gegen die Kinder Gottes und wird sie, wie die Offenbarung ebenfalls bestätigt, überwinden (Offb.13,7). Das ist eine ernste Bedrohung. Durch den demokratischen Charakter des Tieres (Pardelkörper) kann es die Heiligen nicht wie einst leiblich verfolgen, aber es hat andere Zwangsmittel, Pressalien und psychisch wirkende Mittel.

Das Tier hatte „große, eiserne Zähne", es frisst Material statt Fleisch. Sein Hauptmerkmal ist der Materialismus. Das materialistische Denken entwickelte sich zu einer unheimlichen Macht, vor der selbst der Welt graut. Für den Glauben der Heiligen ist es die gefährlichste Macht, weil es die Glaubensgrundlage zerstört und an der Glaubenssubstanz frisst. Christen werden zu Materialisten.

Insbesondere zwei Lehren brachten das vierte Tier schon im 19.Jahrhundert zur Weltherrschaft: Der Marxismus und der Darwinismus. Karl Marx, ein abgefallener Christ, fand mit seinem atheistisch-materialistischen Evangelium bei der Arbeitermasse Gehör; er lehrte, die Herrschaft der besitzenden Klasse sei Ausbeutung und Unterdrückung der Arbeiter. Die moralischen und religiösen Wertungen seien nur zur Aufrechterhaltung des kapitalistischen Systems ersonnen und hätten keine bindende Kraft, sie seien im Gegenteil heuchlerisch und verwerflich und nur Mittel zur Unterdrückung. Seine Thesen gipfelten in dem weltbekannten Satz: Religion ist Opium für das Volk.

Etwa zur gleichen Zeit macht ein anderer materialistischer Denker und zugleich Forscher von sich reden. Es war Charles Darwin mit seiner Evolutionstheorie, nach welcher der Mensch kein Geschöpf Gottes ist gemäß dem biblischen Schöpfungsbericht, sondern sich entwickelt haben soll, etwa vom Urwaldaffen zum modernen Menschen.

Da im 19.Jahrh. stark das rationalistische Denken herrschte, auch in der Theologie, fielen beide Ideologien auf fruchtbaren Boden. Der Kirche glitten die Zügel aus der Hand, sie wurde nun selbst Angriffsziel des Tieres. Skrupellos und mit eiserner Gewalt setzte das Tier seine Forderung nach Unabhängigkeit und Besitz durch. Es ist ja so gierig nach materiellen Dingen und wird doch nicht satt. Dabei verlangt es weniger Arbeit und mehr Geld, keine Pflichten und nur Rechte. Nachdem es das Kirchenjoch und die kapitalistische Herrschaft abgeschüttelt hat, duldet es nichts mehr über sich, neben sich und vor sich. Zur Erreichung seiner primitiven Ziele war ihm jedes Mittel recht, es war ihm auch nichts mehr heilig. Moralische, sittliche und ideelle Werte, die Jahrtausende Gültigkeit besaßen, zertrat es mit seinen Klauen. Die christlichen und natürlichen Ordnungen und Gesetze kehrte es um und veränderte die Welt radikal. Hierbei spielten die Hörner eine entscheidende Rolle.

Die „zehn Hörner" des Tieres versinnbildlichen geistige Machthaber. „Zehn" bedeutet keine bestimmte Zahl, sie steht für eine Vollständigkeit, dass keine Macht der Bosheit an dem Tier fehlt. In Wahrheit sind es viele mehr und auch von unterschiedlicher Größe und Stärke, alles bekannte „Könige", deren Namen mit -ismus enden. In erster Linie der Sozialismus, die vier hervorragendsten sind heute Rationalismus, Liberalismus, Atheismus als mediale Mächte, und natürlich der Materialismus als höchstes und wirksamstes Horn. Von den übrigen sind zu nennen Naturalismus, Positivismus, Nihilismus, Feminismus u.a.. Von den übrigen Tieren nannten wir schon den Hedonismus für die Spaßgesellschaft und den Pluralismus der Gesetzlosen. Neu ist der Terrorismus, mit dem Satan Unsicherheit und Angst verbreitet.

Während ich auf die Hörner achtgab, siehe, da stieg ein anderes, kleines Horn zwischen ihnen empor, und drei von den ersten Hörnern wurden vor ihm ausgerissen; und siehe an diesem Horn waren Augen wie Menschenaugen, und ein Mund der große Dinge redete.

Zeitlich und national bedingt waren Nazismus, Militarismus, Rassismus. Diese standen dem „kleinen Horn" für seinen Internationalismus und Globalismus im Wege und spielen seit dem Zusammenbruch des Nationalsozialismus kaum noch eine Rolle. Rassismus und Nationalismus werden immer wieder hochgespielt, um politische Gegner auszuschalten, besonders die Patrioten. Alles ist und heißt jetzt -inter, wodurch das kleine Horn sich erst richtig entfalten kann.

Die „Augen wie Menschenaugen" weisen hin auf Klugheit und Forschungsdrang. Wissenschaft und Technik kommen durch das fortschrittliche kleine Horn zur höchsten Entfaltung. Und „der Mund, der große Dinge redet" rühmt mit vermessenen Worten den Geist des Menschen und preist seine Errungenschaften. In den letzten Jahrzehnten sei mehr erfunden worden als in der ganzen Menschheitsgeschichte zuvor. Hat uns das freier und glücklicher gemacht? Mit seinen Röntgenaugen hat es sogar die Seele des Menschen durchleuchtet und mit der Psychologie seine moderne Pädagogik aufgebaut, um den Menschen völlig in den Griff zu bekommen.

Das ist also das vierte Tier mit seinen Auswüchsen, „schrecklich und furchtbar und sehr stark", wie gläubige Christen es heute wahrnehmen und jeder nachvollziehen kann. Bei dem Offenbarungstier kommen noch „sieben Köpfe" hinzu, wovon jetzt nicht im Einzelnen zu reden ist; ihre Bedeutung kann man erst im Laufe der Offenbarung (Kap.17) verstehen.

Der Deuter bei Daniel wiederholt noch einmal die Bedeutung und den Wirkungskreis des vierten Tieres: **Es wird die ganze Erde verzehren und sie zertreten und sie zermalmen.** Die „ganze Erde" war historisch der damalige Erdkreis, das römische Reich, das den Mittelmeerraum umfasste und sich bis nach Britannien ausweitete. Das Offenbarungstier beherrscht den freien Westen, wie die drei vorhergehenden Tiere uns gezeigt haben. Der Osten (Rußland) schirmt sich gegen die westliche Dekadenz ab.

Die zehn Hörner werden Daniel als Könige ausgelegt: **Es werden sich zehn Könige erheben. Und ein anderer wird sich nach ihnen erheben, und dieser wird verschieden sein von den vorigen, und er wird drei Könige erniedrigen.**

Und er wird Worte reden gegen den Höchsten und wird die Heiligen des Höchsten vernichten; und er wird danach trachten, Zeiten und Gesetz zu ändern, und sie werden in seine Hand gegeben werden für eine Zeit und zwei Zeiten und eine halbe Zeit.

Das „kleine Horn" ist ebenfalls ein König von besonderer Eigenart, und außerdem tritt er besonders frech gegen Gott auf, seine Spitze richtet sich gegen die Heiligen. Wie ein König fühlt sich beispielsweise Richard Dawkins, sein Buch „Der Gotteswahn" wurde zum Bestseller. „Wahrscheinlich gibt es keinen Gott", steht auf dem Bus, mit dem er durch die Städte fährt. Kaum an Frechheit zu überbieten. Die Offenbarung schreibt die Lästerungen dem ganzen Tier zu.

Wir haben schon gesehen, wie die Wirksamkeit der Tiere „Zeiten und Gesetz" geändert haben und die westliche Welt bestimmen. Das kleine Horn treibt es auf die Spitze, indem es die Gebote und Ordnungen Gottes, Normen und Tabus abschafft. Seine Wirksamkeit in „Zeit, Zeiten und eine halbe Zeit" finden wir auch in der Offenbarung, einmal als 1260 Tage, dann als 42 Monate, das sind die letzten dreieinhalb Jahre. Diese Zeitangabe der freien Tätigkeit des Tieres hat mit Dan.9 zu tun, worauf hier vorgegriffen wird. Dann wird das Tier gerichtet und vernichtet. In der Offenbarung lässt Gott zuerst das Tier angreifen, „sie werden mit dem Lamme Krieg führen, und das Lamm wird sie überwinden". Die

Schlacht findet in Harmagedon statt, was auch im Saale sein kann (Offb.16,13-16; 17,14). Für die aber, die durch das Schwert aus seinem Munde „getötet" werden, ist Harmagedon eine Erlösung, wenn sie das Urteil annehmen und ihnen ihre völlige Verlorenheit bewusst wird (Offb.19,19-21).

Wie ist es möglich, dass das Tier, wie wir gesehen haben, die Oberhand bekommen hat und ein „kleines Horn" gegen die Heiligen Krieg führt – und sie sogar besiegt? Die Lage der Heiligen ist äußerst ernst und bedrohlich. Dieses Horn ist der erklärte Feind der Heiligen, es bringt die ganze Macht des Tieres gegen dieselben auf, um sie zu vernichten. Es soll keine Heiligen mehr geben, nur noch Gottlose. Wie einst, so auch heute.

Es ist wahr, dass Jesus Sieger ist, Er wird über alle Feinde triumphieren. Das hat Er bereits am Kreuz vollbracht. Wir wissen auch, dass Gott über allem steht und das Ende jener gottfeindlichen Macht kommen wird. Doch jetzt stehen wir noch im Kampf und verlieren immer mehr an Boden, der Feind überrollt uns geradezu mit eiserner Walze. Statt die Welt zu überwinden durch den Glauben, überwindet sie uns. Warum lässt Gott es zu, dass wir unterliegen und zusehen müssen, wie der Feind Stück für Stück die Gemeinden erobert und sich der Herzen unserer Kinder und Jugend bemächtigt. Warum, warum …

Waren wir zu human, zu tolerant, zu kompromissbereit? Hätten wir unsere Stellung in dem himmlischen Jerusalem eingenommen, denn daselbst stehen die Throne zum Gericht, sähe es anders aus. Wir hätten die Urteile Gottes aussprechen und die Trennung von der Welt vollziehen sollen. Wir hätten die Autorität der Heiligen Schrift behaupten sollen und ihr gehorchen. Alle dieser Versäumnisse rächen sie nun. Da bleibt nur Demütigung, damit Gott uns helfen kann, das „kleine Horn" zu überwinden.

Wir müssen dieses Horn, so klein es beginnt, scharf im Auge behalten. „Wehret den Anfängen", heißt ein weises Wort. Aus kleinsten Übeln kann ein großes Unglück werden. Wenn es, wie es heißt, die Macht hat, Zeiten und Gesetz zu ändern und somit den Zeitgeist bestimmt, dann müssen wir aufpassen, dass wir nicht mitverändert werden. Alles was bisher gut und nützlich war, will es ändern, umfunktionieren, reformieren, sogar die Sprache ändert es und gibt eindeutigen Wörtern und Begriffen einen ganz neuen oder sogar zweideutigen Sinn. Am besten Fremdworte, die der Unkundige nicht versteht. Nie war eine Zeit so vieler Reformen und Gesetzesänderungen. Was gestern noch anerkannt war, wird heute geändert, und was heute gültig sein soll, wird morgen wieder verworfen. Die Zeit hat sich völlig gewandelt, und wir haben Not, dass wir uns nicht mitverwandeln lassen.

Das kleine Horn ist von erstaunlicher Klugheit. Unter ihm sind Bildung und Wissenschaft zur höchsten Blüte entwickelt worden, so dass es nach den Sternen greift. Alles, was es behauptet, will es „wissenschaftlich" beweisen und „natürlich" ohne den Schöpfer erklären können. Welch eine Prüfung für den Glauben der Heiligen. Anfänglich haben wir uns verblüffen lassen und mit in der Bewunderung seiner Errungenschaften und technischen Leistungen eingestimmt. HErr vergib!– Inzwischen sind wir gründlich ernüchtert worden seit wir wissen, dass vieles, was der große Mund des Hornes als Wissenschaft herausgibt, gar nicht empirisch nachgewiesen ist, sondern Hypothesen, Vermutungen und gar Lügengespinste sind. Doch da das Tier noch die Macht hat und die Mehrheit beeinflusst, wird alles als wissenschaftlich erforscht ausgegeben und in den Medien verbreitet. Hat man wieder einen neuen Stern entdeckt, ist dieser erdähnlich und lässt Leben vermuten. Die Einmaligkeit der Erde soll dadurch in Frage gestellt und die Schöpfung Gottes geleugnet werden.

Wie können wir den Tieranbetern antworten, wenn sie an uns herantreten? Sollen wir ihnen mit wissenschaftlichen Gegenbeweisen kommen? Dafür müssten wir Wissenschaftler sein. Oder können wir auf gläubige Naturwissenschaftler hinweisen? Die gibt es ja Gott sei Dank immer mehr, so dass man uns nicht mehr einfach überfahren kann. Kommen sie doch zu denselben Ergebnissen in der Forschung, aber deuten sie anders, und zwar von der Schöpfung Gottes her. Denn die Behauptungen der Evolutionisten sind auch nur Deutungen aus ihrer Weltanschauung.

Nun ist aber auch der Spruch wahr: „Was zu beweisen ist, ist zu widerlegen. Nur die Überzeugung gilt". Leider haben unsere gläubigen Wissenschaftler dem Tiere die Ehre erwiesen, sich auf seine Vernunftebene zu begeben, aber wenig ausgerichtet. Die Menschen glauben weiterhin mehr der Lüge als der Wahrheit. Zugegeben, man ist leicht versucht, einen namhaften gläubigen Wissenschaftler, möglichst mit sieben Doktortiteln, ins Feld zu führen, um den Tieranbetern das Maul zu stopfen. Wir verlassen dann aber den biblischen Grund. Lassen wir uns erst einmal in Diskussionen ein, haben wir verloren. Sie wollen das letzte Wort behalten und erfinden immer neue Argumente. Offen gesagt, die „gläubigen" Wissenschaftler haben uns einen Bärendienst erwiesen, und sie selbst sind gar nicht so gläubig, wie es scheint. Warum nicht? Weil sie, statt auf der Autorität der Schrift zu bestehen und die Gewissen zu erreichen, den Ratio des Menschen ansprechen. Sie wollen uns zu wissenschaftlich Gebildeten machen, und gerade darum verlieren wir. Unser Glaube beruht nicht auf wissenschaftlichen Erkenntnissen, sondern auf Gottes Wort. Wer dem Worte glaubt, erfährt seine Wahrheit. Zweifler erst durch Ereignisse.

Wodurch hat Jesus den Satan aus dem Feld geschlagen? Etwa durch einen wissenschaftlichen Beweis, wie Steine zu Brot werden? Nein, allein durch Gottes Wort: „Es steht geschrieben", ohne jede weitere Erklärung. Paulus hält den griechischen Weisen „das Wort vom Kreuz" entgegen, das ihnen eine Torheit ist, den Glaubenden aber Gottes Kraft und Gottes Weisheit (1.Kor.1). Das ist zu einfach? Man scheut die Schmach Christi, aber die ist, solange das Tier herrscht, unser Los. Ich habe erfahren, dass ein einfaches, festes Berufen auf Gottes Wort mehr Eindruck hinterlässt als alles Diskutieren. Wenn sie sehen, dass wir einen festen Grund unter den Füßen haben, kapitulieren sie meist sehr schnell und offenbaren sich selbst.

Da das kleine Horn sehr groß geworden ist, größer als alle übrigen, lässt es so und so nicht zu, dass die Heiligen ihres Glaubens in Ruhe und Frieden leben können. Es will den Glauben ausrotten, ganz ausmerzen, ja eine glaubenslose Gesellschaft schaffen. Die propagierte Meinungs- und Religionsfreiheit ist nur Vorwand, es soll überhaupt keine freie Meinung und auch keine Religion mehr geben, vor allem nicht die christliche. Zum diesem Zweck lässt es alle möglichen Religionen zu, damit sie sich gegenseitig auflösen.

„Alle aber auch, die gottselig leben wollen in Christo Jesu, werden verfolgt werden" (2.Tim.3,12). Wenn wir entschieden dem HErrn Jesus folgen wollen, wozu auch das Zeugnis der Wahrheit gehört, kommen wir unweigerlich in Konflikt mit unseren Zeitgenossen und dem herrschenden System. Wir können ja nicht schweigen und deshalb werden wir leiden müssen, vielleicht am meisten von denen, „die eine Form der Gottseligkeit haben, deren Kraft aber verleugnen", schreibt Paulus an seinen Mitarbeiter Timotheus. Diese Art Leiden sollen uns nicht schwächen, sondern uns zubereiten für die Herrlichkeit, die an uns geoffenbart werden soll, wenn das Tier beseitigt ist.

Doch so lange können wir nicht warten, denn das Tier sitzt uns auf den Versen. Wer Schulkinder hat, weiß wo und wie das kleine Horn wirkt. Wir haben bereits bei der Betrachtung des zweiten und dritten Tieres über den verderblichen Einfluss der entchristlichten Schule gesprochen. Hier zeigt sich das Horn am größten und mächtigsten, denn hinter ihm steht der Staat mit der Schulpflicht, die als Anwesenheitspflicht ausgelegt wird. Wie können wir ihr entfliehen? Einwänden christlicher Eltern gegen die Sexualerziehung wird nicht stattgegeben, Proteste und Demos sind unwirksam. Wir befinden uns in einem Gewissenskonflikt, der zur Entscheidung drängt. Denn wir können nicht gegen unser Gewissen handeln und die Dinge so laufen lassen. Es ist ja nicht allein die Sexualisierung der Kinder, sondern auch die atheistische Evolutionstheorie, mit der die Kinder indoktriniert werden. Und ebenso wenn nicht noch schlimmer ist die Entmachtung der Eltern durch die Schulerziehung, die Kinder zu Hause erziehungsunfähig macht. So bleibt nur, letzte Konsequenzen zu ziehen und die Kinder aus der Schule zu nehmen. Aber dann machen wir Bekanntschaft mit der Staatsgewalt und die Verfolgung ist da. Aber was denn? Die Macht Gottes ist größer als die Macht der Welt. Viele Heimschuleltern haben erfahren, wie Gott eingreifen kann.

Das Gericht wird sich setzen; und man wird seine Herrschaft wegnehmen, um sie zu vernichten und zu zerstören bis zum Ende. Und das Reich und die Herrschaft und die Größe

der Reiche unter dem ganzen Himmel wird dem Volk der Heiligen des Höchsten gegeben werden. Sein Reich ist ein ewiges Reich, und alle Mächte werden ihm dienen und gehorchen.

Wenn der Unglaube frech die Stirne erhebt und die Mächte der Finsternis unsere Seele bedrängen, ist es wichtig, den Blick nach oben, auf die Throne zum Gericht zu richten. Der HErr lässt die Seinen in dieser großen Anfechtung und Trübsalszeit nicht ohne Ausblick. Immer wieder ist es das Evangelium, das wie der Stein vom Berge Gott in die Zeit hereinbricht und alles Menschen- und Teufelswerk zerschlägt, sowohl bei Völkern als auch beim Einzelnen. Gott sei Dank für Seine Macht und Gnade! Unser Ende ist für Gott der Anfang, am Höhepunkt der Krise kommt die Wende, für den Glaubenden die Erlösung, wie das Buch Daniel und viele andere biblische Beispiele zeigen.

Gott hat Christus „aus den Toten auferweckt und ihn zu seiner Rechten in den himmlischen Örtern gesetzt über jedes Fürstentum und jede Gewalt und Kraft und Herrschaft" (Eph.1,20-23). Das zeigt uns auch die Offenbarung: „Und ich sah Throne, und sie saßen drauf, und es wurde ihnen gegeben, Gericht zu halten" (Kap.20,4). Dem Tiere ist eine Frist gesetzt, wann es gerichtet und vernichtet werden soll. Die Throne, die es richten sollen, sind bereits aufgestellt. Die Frage ist nur, wann wir dort unseren Platz einnehmen, richtiger gesagt, wieder einnehmen. „Wisset ihr nicht, dass die Heiligen die Welt richten werden?" (1.Kor.6,2). Weil wir unseren Platz um den Thron her „in den himmlischen Örtern" (Eph.1,21) verlassen haben und das gottgemäße Richten des Fleisches und der Weltförmigkeit nicht mehr tun, hat Gott das Volk der Heiligen diesen Tiermächten ausgesetzt, dass sie über uns herrschen, bis wir einsehen, dass wir sie richten müssen. Lasst uns deshalb zurückkehren zum Gericht, zum Thron und zu einem klaren Urteil fähig sein. Die Throne warten auf uns, dass wir dort wieder unseren Platz einnehmen. Sie werden uns in Offb.4 ganz neu vorgestellt: „Rings um den Thron saßen vierundzwanzig Älteste, bekleidet mit weißen Gewändern, und auf ihren Häuptern goldene Kronen". Das ist die rechtmäßige Stellung, wenn Gott uns zu Priester-Königen gemacht hat. Das Geheimnis des Überwindertums liegt in dem Glauben, dass wir im Geiste auf Thronen sitzen in Christo und das Tier richten werden, was bald geschehen muss. Gott lässt das kleine Horn so lange und so stark auf uns los, bis wir, des Seufzens müde und der Niederlagen satt, uns wieder auf den Thron schwingen. Nur so können wir überwinden und recht Gott dienen.

Der „Alte an Tagen" ist ein gerechter Richter, und wir müssen wissen, dass das ganze Gericht dem Sohne übergeben ist. In Offb.1 haben wir wieder dieselbe Erscheinung als Menschensohn im weißen Gewand und „sein Haupt und seine Haare wie weiße Wolle, wie Schnee, und seine Augen wie eine Feuerflamme". Der Sohn in Gestalt Gottes oder Gott in der Gestalt des Sohnes hat sich auf den Thron der Heiligkeit gesetzt. Gottes Eifer ist wie Feuer, das die Widersacher verschlingen wird. Dem Tiere und seinen Anbetern kann man nur mit dem Feuer des Gerichts beikommen. Alle, die Gott dienen, sind Beisitzer am höchsten Gericht, um das Tier nach dem geschriebenen Wort zu richten, nach seinen greulichen Taten und den gotteslästerlichen Worten, die alle aufgezeichnet sind. Der Apostel der Nationen hat das in Röm.1-3 in der ersten Zeit reichlich getan.

Es ist gut, jetzt Anklagematerial gegen das Tier zu sammeln. Wie sehr hat es allerwärts gegen das Gesetz Gottes verstoßen und das Recht der Heiligen mißachtet; es ist ja so gesetzlos. Wie hat es unseren allerheiligsten Glauben verlästert. Wir werden wieder zu unserem Recht kommen und das Tier bestrafen, töten, vernichten. Dass es noch frei wirken und großtun kann, liegt in erster Linie daran, dass wir es nicht genug bei Gott und den Heiligen anklagen. Je mehr Beweise gegen das Tier vorliegen, umso schneller wird es zum Prozess kommen. Aber wo kein Kläger ist, da ist auch kein Richter. Es geht ja bei dem Tiere weniger um Gottes Sache als vielmehr um das, was es uns angetan hat. Doch wenn es uns verfolgt, verfolgt es auch Jesus. Er kennt keinen Unterschied zwischen sich und uns, wie es auch Saulus erfahren musste.

Auch was die übrigen Tiere betrifft, sie trifft dasselbe Urteil wie dem zehnhörnigen Tier; bilden sie doch mit diesem in der Offenbarung eine Einheit. Gott erlaubte ihnen „Verlängerung des Lebens bis auf Zeit und Stunde". In ihrem zweiten Lebensabschnitt, mit dem wir heute zu tun haben, dürfen sie noch einmal wirken, um dann endgültig im Feuersee zu verschwinden.

Am Schluss bekommt Daniel noch einen wunderbaren Ausblick auf die Herrschaft Christi und Sein ewiges Reich. Dieses Reich hat Jesus als das Evangelium des Reiches verkündigt und mit Seiner Gemeinde gegründet. „Seine Herrschaft ist eine ewige Herrschaft, die nicht vergehen, und sein Königtum ein solches, das nie zerstört werden wird", hörte Daniel in Vers 14. Und diese Wahrheit gilt noch immer, die ganze Kirchengeschichte hindurch. Manchmal klein und verborgen, dann wieder mächtig und groß in der Welt, aber immer war das Reich da. Die Propheten des Tieres behaupten zwar, das Königtum Jesu sei auf 1000 Jahre begrenzt und noch zukünftig, aber die Schrift sagt: es ist ewig! Denn Christi Reich ist nicht von dieser Welt, es ist geistlich und himmlisch und selbstverständlich ewig, von Ewigkeit zu Ewigkeit. Amen.

Bis hierher das Ende der Sache. Mich, Daniel, ängstigten meine Gedanken sehr, und meine Gesichtsfarbe veränderte sich an mir; und ich bewahrte die Sache in meinem Herzen.

Daniel war tief ergriffen von den Gesichten der Nacht, man sah es ihm an, dass er große Angst hatte. Was er da geschaut hatte, war ja schrecklich. Er sieht sein Volk schweren Zeiten entgegengehen. War es nur ein böser Traum, war es Zukunftsschau von Gott? Es wurde Geschichte, Weltgeschichte. Vor beinahe 2000 Jahre wurde dem Johannes das Wiedererstehen des Tieres in seiner vereinigten Macht gezeigt, auch Johannes hatte Gesichte, viele Male heißt es: und ich sah. Und dann sah er etwas ganz Ungeheucherliches und auf die Heiligen losgelassen, „ich sah aus dem Meere ein Tier aufsteigen …und mit den Heiligen Krieg führen" (Offb.13,1-7). Falsche Lehrer beruhigen die Gläubigen damit, dass die Dinge der Offenbarung uns nicht mehr beträfen, da wir dann schon entrückt seien. Doch wir spüren bereits und sehen es jeden Tag, dass das Tier heimlich agiert, „Zeiten und Gesetz zu ändern". Wer hat da nicht Angst vor der Zukunft? Welche Eltern sind da nicht besorgt um ihre Kinder? Reform auf Reformen, besonders im Schulbereich, entfernen sich immer mehr vom Normalen und

Natürlichen, bis alles auf dem Kopf steht. Doch Halt! „Die Heiligen der höchsten Örter werden das Reich empfangen, und werden das Reich besitzen bis in Ewigkeit, ja, bis in die Ewigkeit der Ewigkeiten", tröstet die Schrift uns. Hat doch Jesus in Seiner Reichspredigt verkündet, „glückselig die Armen im Geiste, ihrer ist das Reich der Himmel", und: „Glückselig die Sanftmütigen, denn sie werden das Land ererben" und der Seligpreisungen mehr in allen Lagen, in Schmach und Verfolgung (Matth.5,1-12). Das Reich ist den Heiligen sicher und die Seligkeit.

DIE HEILIGEN

Wer sind die Heiligen? Das Wort ist aus der Mode gekommen, man wagt nicht mehr, es auf die gläubigen Kinder Gottes anzuwenden oder von den Heiligen in … zu sprechen. Bei Paulus finden wir das noch: „Den Heiligen und Treuen in Christo Jesu, die in Ephesus sind" (Eph.1,1). Eine Gemeinde, die diese Bezeichnung nur für ihre eigenen Mitglieder gebraucht und alle anderen lediglich Christen nennt, ist vermutlich eine Sekte. Denn „die Geheiligten in Christo Jesu, die berufenen Heiligen" gab es sogar in Korinth, „samt allen, die an jedem Orte den Namen unseres Herrn Jesus Christus anrufen, sowohl ihres als unseres Herrn. Gnade euch und Friede von Gott, unserem Vater, und dem Herrn Jesus Christus!" (1.Kor.1,1-3). Die Heiligen waren nicht von Geburt die Geheiligten, sondern Sünder; „aber ihr seid abgewaschen, aber ihr seid geheiligt, aber ihr seid gerechtfertigt worden in dem Namen des Herrn Jesus und durch den Geist unseres Gottes". Ungerechte, Gesetzlose gehören selbstverständlich nicht zu den Heiligen. Sie haben kein Teil am Reich, weder im alten Bunde noch im neuen Bunde (1.Kor.6,9-11).

„Die Heiligen der höchsten Örter" waren immer die Heiligen, im Alten wie im Neuen Testament, angefangen mit Abel. Seit Abraham sind es die Heiligen Israels, sein Same bildet das „Volk der Heiligen". Dazu gehörten nicht alle Juden in der babylonischen Gefangenschaft, „die Heiligen" waren immer nur wenige. Daniel und seine Freunde, Mordokai und die aus der Gefangenschaft Zurückgekehrten. Bei Esra findet noch einmal eine Klärung statt, ob sie aus Israel sind; „sie konnten ihr Vaterhaus und ihre Abkunft nicht angeben" (Esra 2,59-63).

Unser Geschlechtsverzeichnis ist durch Christus gesichert (Matth.1,1-17, „die Wurzel und das Geschlecht Davids" (Offb.22,16). Es sind die, welche auf Christus gehofft, an ihn geglaubt, mit Christo auferweckt sind, um in Neuheit des Lebens zu wandeln, womit der Epheserbrief auch die Gläubigen aus den Nationen einschließt. Beachten wir, dass die geistlichen Segnungen und Verheißungen zunächst den Heiligen Israels gehören, dann aber auch die Gläubigen aus den Nationen daran teilhaben sollten (Eph.1,3-14). Es gibt daher keine zwei Klassen von Heiligen, etwa irdische und himmlische, sondern nur Erben und „Miterben seiner Verheißung in Christo Jesu" durch den Glauben an das Evangelium (Eph.3,6). Demnach gibt es auch kein geteiltes Reich, etwa mit einem irdischen, sondern nur ein ewiges und geistliches Reich in den Himmeln. Die Lehre einer Teilung ist zu verwerfen. Wenn wir unseren Platz in Christo in „den höchsten Örtern" einnehmen, haben wir das ganze Reich. „Wenn ihr nun mit dem Christus auferweckt worden seid, so suchet was droben ist, wo der Christus ist, sitzend zur Rechten Gottes. Sinnet auf das, was droben ist, nicht auf das, was auf der Erde ..." (Kol.3,1-4). Das ist nur möglich, wenn wir unsere Augen und Ohren für all das verschließen, was die Welt uns durch Bilder und Informationen aufdrängen will. Schalte das Fernsehen aus, bestelle die Zeitung ab, damit du fähig wirst, dich auf das Reich Gottes zu konzentrieren und was es heute angreift. Viele Gläubige haben einfach noch nicht realisiert, dass es diese vier Tiere sind, in der Offenbarung verkörpert in dem einen großen Ungeheuer, gegen die wir uns ständig wehren. Die Tiere wären ein Thema für die Jugendstunde, ein zwölfjähriger Schüler könnte sie verstehen...

DER BABYLONISCHE LÖWE

Das erste Tier in Dan.7 steht im Zusammenhang mit den Kapiteln 2 und 3. In Kapitel 2 sehen wir das goldene Haupt des babylonischen Menschenbildes, das dann in Kap.3 tatsächlich aufgerichtet wird. Der Grimm Nebukadnezar sowohl gegen seine Weisen als auch gegen die Freunde Daniels offenbart seine Löwennatur. Später nahm das babylonische Staatswesen menschliche Züge an. Es ging nicht mehr so radikal vor. Wir sehen darin in Verbindung mit dem Löwenmaul des großen Endzeittieres der Offenbarung (Kap.13) den König Humanismus, der heute in der westlichen Welt herrscht. Der babylonische Humanismus ist in unserer Zeit zum Staatswesen erklärt worden und prägt das Volks- und Weltwesen. Das humanistische Denken hat auch den Kreis der Gläubigen beeinflusst und teilweise sehr stark das christliche Wesen verdrängt. Man sieht nicht mehr die Notwendigkeit der Erlösung und Erneuerung der eigenen Natur, die ja doch im Grunde so böse ist wie der babylonische Löwe, wenn er gereizt wird.

DER PERSISCHE BÄR

Die Füße des Tiers in Offb.13 entsprechen dem zweiten Tier in Dan.7. Es ist der persische Bär. Der Charakter des persischen Reiches war im Anfang religiös und gottesfürchtig (Kores, Darius, Artasasta). Es zeichnete sich aus durch gute Gesetze und Erlasse, die nicht abgeändert werden durften. Die Herrscher des Reiches waren dem Volk Israel durchaus zugetan, denn sie erkannten Jerusalem als Anbetungsstätte an. Wir sehen dann allerdings auch, dass die Gesetzestreue mißbraucht wird und sich gegen die Juden richtet (Dan.6, Esth.3), wo dann aber Gott eingreift und die Gläubigen rettet.

Die gottesfürchtige Gesetzgebung schlug später in Gesetzlosigkeit und Gewissenlosigkeit um. Das Gesetz Gottes wurde aufgehoben und mißbraucht. Eine solche Wandlung der guten sittlichen Ordnung trat vor etwa 30 Jahren in den westlichen Ländern ein, besonders krass in der Bundesrepublik. Der Humanismus hat in Verbindung mit dem Wohlstand in einer ungeheuren Weise die Augenblust und Fleischeslust geweckt. Dies alles fand auch in der Reform der Strafgesetze seinen Niederschlag, die wiederum den sittlichen Zerfall beschleunigten.

Die Medien, Fernsehen, Illustrierte und Filme sowie die verführerische Reklame tun ihr übriges, um die Lust zu einer unbändigen Macht werden zu lassen und die gierige Masse zu verführen.

Wir sind in diese Zeitströmung geboren und müssen uns vor den Verlockungen und Verführungen Satans hüten. Der beste Schutz gegen die Versuchungen zur Sünde sind die Gebote Gottes, der Gehorsam gegen Gott und die Flucht vor der Sünde. Jeder muss erkennen, wo seine ganz persönlichen Versuchungen liegen und sie fliehen. Wir können uns gegen die Listen des Teufels durch die Waffenrüstung Gottes schützen und die Sünde überwinden (2.Tim.2,22; Jak.1,13-15; Röm.6,1.12-13; Eph.6,11).

UNTER DER DEMOKRATIE

Die Demokratie kommt aus dem griechischen Reich, das in Dan.7 als Pardel mit vier Flügeln und vier Köpfen erscheint. Er stellt eine nach Freiheit und Herrschaft strebende Macht dar.

Der *erste Kopf* ist die Demokratie im Staat, der sich der Christ zu unterwerfen hat. Wir sollen der Obrigkeit untertan sein, ganz gleich, welche Form sie hat (Röm.13,1-10). Ein Wahlrecht hat der Christ allerdings nicht, da er Bürger des Reiches Gottes ist (Phil.3,20).

Der *zweite Kopf* hat sich in der Kirche (Gemeinde, Versammlung) durchgesetzt. Damit gilt nun auch in der Kirche, deren Haupt doch Christus ist, das demokratische Prinzip, das heißt, die Mehrheitsentscheidung. Die Mehrheit entscheidet heute, welche Gebote Gottes zu gelten haben. Dies stürzt die sittliche Ordnung in der Gemeinde um, und führt die Weltförmigkeit ein. Die Demokratie hat die geistliche Autorität abgeschafft.

Der *dritte Kopf* ist in der Schule eingeführt worden. Er hat die Lehrerautorität beseitigt, die Zucht in der Schulerziehung abgeschafft und die Diskussion(en) eingeführt. Es wird über alles diskutiert, alles kritisiert, sogar die Lehrer und die Eltern.

Von der Schule übertrug sich zwangsläufig das demokratische Prinzip auf das Elternhaus wo nun der *vierte Kopf* herrschen und sich durchsetzen will. Die Angriffslust des Tieres richtet sich besonders gegen die christliche Familie. Es stellt die ganze Hausordnung Gottes auf den Kopf, indem wir Kinder mitreden und mitentscheiden sollen, unsere Wünsche durchsetzen, aber unzufrieden sind.

DAS VIERTE TIER

Das vierte Tier in Dan.7 wird als schrecklich und furchtbar beschrieben. Es ist dasselbe Tier wie in Offb.13 mit den zehn Hörnern und sieben Köpfen. Seine „eisernen Zähne", mit denen es alles fraß, deuten auf den Materialismus hin, der sich inzwischen zu einer schrecklichen Macht entwickelt hat, vor der selbst der Welt graut. Karl Marx und Charles Darwin haben dem Tier zur Weltherrschaft verholfen. Den beiden Lehren liegt ein materialistisches Menschen- und Weltbild zugrunde.

Der Marxismus ist eine Gesellschaft-, Wirtschafts- und Staatstheorie. Der Schwerpunkt liegt beim Bewerten der wirtschaftlichen Verhältnisse. Das moderne Menschenbild ist mit dem Marxismus verbunden. Der Mensch sei das höchste entwickelte Wesen, das sich keiner Autorität zu unterwerfen brauche.

Die zehn Hörner

Die zehn Hörner des Tieres stellen geistige Mächte dar, die alle mit -ismus enden. Bekannt sind vor allem der Sozialismus, insbesondere der Marxismus (Materialismus), der Darwinismus (Evolutionstheorie) sowie der heute im Westen herrschende Demokratismus und Humanismus.

Das kleine Horn

Durch den Ausgang des zweiten Weltkrieges wurde der Nationalismus zerstört. Der Sozialismus wurde international und der Einfluss des Amerikanismus brachte das „kleine Horn" hervor. Dieses Horn entwickelte durch seine Klugheit und seinen Forschungsdrang einen außerordentlichen Fortschritt in der Wissenschaft und Technik. Die Bewunderung menschlicher Leistungen stärkte die Macht des Tieres ungemein, so dass es alle geistigen Werte und Normen des christlichen Abendlandes mit seinen Klauen zertrat.

Wie können wir das Tier überwinden?

Die Spitze des kleinen Hornes ist gegen die Gläubigen gerichtet, um sie zu überwinden und arm und schwach zu machen, wie es sich heute zeigt. Das Fortschrittsdenken und die Wissenschaftsgläubigkeit haben den Glauben, die Hoffnung und die Liebe zerstört.

Doch dieser traurige Zustand soll nicht länger mehr andauern. Den Heiligen wird wieder die Herrschaft und Herrlichkeit und das Königtum Jesu gezeigt, der am Kreuze die Macht des Tieres überwunden hat (Dan.7,14.27). Wir sollen wieder unsere Stellung mit Ihm um Seinen Thron erkennen und können von daher das Tier richten und überwinden (Eph.1,20-23; 2,6). Denn die Heiligen der höchsten Örter (in den himmlischen Örtern) werden das Reich Gottes besitzen (vgl.Matth.5,1-12).

Wir sind mit dem Worte Gottes aufgewachsen (2.Tim.3,15-17). Es macht uns weise und zeigt uns den Weg zur Errettung. Es lehrt uns, überführt uns, weist uns zurecht, unterweist uns in der Gerechtigkeit und macht uns vollkommen und nützlich zu jedem guten Werke.

Alles was das Wort Gottes schreibt, lehrt uns und gibt uns Geduld und tröstet uns, dass wir an der Hoffnung festhalten können (Röm.15,4).

Jesus tadelt den Unglauben der Emmausjünger, weil sie nicht den Propheten glaubten, diese sie nicht auf Christus hin verstanden (Luk.24,25-27). Wir sollen den Propheten glauben, die von Jesu Leiden und Herrlichkeiten geredet haben, an denen wir jetzt teilhaben sollen. Denn der HErr Jesus ist schon in Seine Herrlichkeit eingegangen.

Wir verstehen die Dinge des Geistes Gottes geistlich (1.Kor.2,13) und sollen sie auch lehren und leben (vgl. 1.Kor.10,3-4) und nicht wieder in den Buchstaben des Gesetzes und der Propheten zurückfallen.

Schüler Kl. 9

DAS PARLAMENT
(Dan.7; Offb.13)

Das Offenbarungs-Tier mit den 10 Hörnern (-ismen)
und 7 Köpfen (Parteien) gewinnt Gestalt

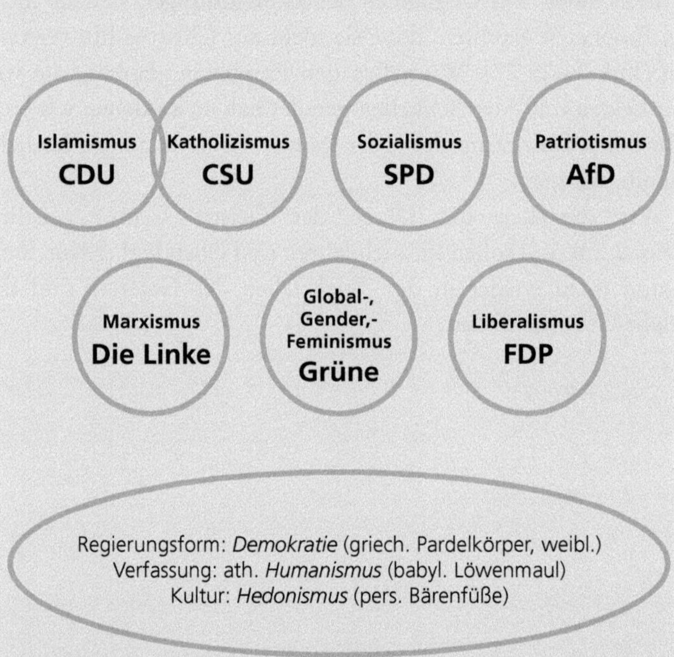

Aus dem Fall der Kirche (Gemeinden) sind Parteien entstanden, und Parteien haben die Kirche unterwandert, so dass sie eine politische Kirche geworden ist. Die Vielzahl der Parteien wird von den sieben Parteien bzw. zehn -Ismen u.a. im Parlament repräsentiert.

Kirche und Staat (Kap. 8)

Im dritten Jahr der Regierung des Königs Belsazar erschien mir, Daniel, ein Gesicht nach dem, welches mir im Anfang erschienen war. Und ich sah im Gesicht; Und es geschah, während ich sah, da war ich in der Burg Susan, welche in der Landschaft Elam ist; und ich sah im Gesicht, und ich war am Fluß Ulai. Und ich erhob meine Augen und sah: Und siehe, ein Widder stand vor dem Fluß, der hatte zwei Hörner; und die zwei Hörner waren hoch, und das eine war höher als das andere, und das höhere stieg zuletzt empor. Ich sah den Widder nach Westen und nach Norden und nach Süden stoßen, und kein Tier konnte vor ihm bestehen, und niemand rettete aus seiner Hand; und er handelte nach seinem Gutdünken und wurde groß.

Das Gesicht, welches Daniel zwei Jahre nach dem ersten schaut, steht in enger Beziehung zu dem vorigen Kapitel und ist ein Ausschnitt aus demselben, jedoch unter einem neuen Bild, dem eines Widders und Ziegelbocks. Daniel ist hier nicht mehr in Babel, die Dinge betreffen auch nicht mehr das babylonische Reich. Vielmehr handelt es sich um eine Auseinandersetzung zwischen dem zweiten und dritten Reich und die weitere Entwicklung. Das was in dem ersten Gesicht betreffs der Heiligen angedeutet war, wird hier unmittelbar vor seinen Augen entfaltet und in naher Zukunft erlebt. Anders als bei dem vierten Tier, das die Welt und die Kultur verändert, geht es jetzt direkt um den Bestand des Glaubens, Gottesdienst und die heilige Stätte, die dem Frevel hingegeben sind. Das Gesicht geht bis auf die letzten Tage des Judentums unter persischem Schutz, eine verderbenbringende Macht setzt gezielt auf das Volk Gottes an, um ihr Heiligtum zu entweihen. Den Tempel in Jerusalem zu zerstören war Nebukadnezar gekommen, den wiederaufgebauten von innen her zu verderben blieb dem dritten Reich und seinen Fürsten vorbehalten. Ohne uns mit der geschichtlichen Erfüllung eingehender zu beschäftigen, können wir gleich zur kirchlichen Erfüllung in unserer Zeit übergehen. Denn Judentum in jener Zeit und Christentum unserer Tage haben deutliche Parallelen.

Daniel hat den Standort gewechselt, er ist jetzt „in der Burg Susan, in der Landschaft Elam, am Flusse Ulai" – beredte Namen für die Stellung des bedrängten, aber treuen, gottesfürchtigen Überrestes: entweichen, verbergen, am stärkenden Brunnen. Es ist gut, diesen Platz einzunehmen, um vor Verführung und Gesetzlosigkeit in dieser letzten Zeit bewahrt zu bleiben und einen klaren Blick zu behalten. Viele sind blind geworden und haben sich benebeln lassen von den neuen evangelistischen Parolen, die im Grunde gesetzlos sind. Unter dem Bekenntnis „kein anderes Evangelium" und „erfüllte Prophetie" und „die Zukunft nach den Weissagungen des Wortes Gottes" verbergen sich falsche Botschaften. Geistliches Sehvermögen, Augensalbe ist nötig, um die Verfälschungen und Täuschungen zu erkennen. Geöffnete Augen sind notwendig, um die prophetischen Dinge richtig zu sehen, vor allem das Nächstliegende, wie nahe das Ende ist. Es liegt so vieles vor unseren Füßen, dass man blind sein müsste oder vor lauter Weitsicht sie nicht zu sehen und darüber zu Fall kommt. In der Tat, das vorliegende Gesicht Daniels ist nicht nur alte Vergangenheit, auch nicht in ferne Zukunft, sondern erfüllt sich gerade jetzt an unserem Ort in viel schlimmerer Weise als einst am Judentum.

„Ich erhob meine Augen und sah: und siehe, ein Widder stand vor dem Flusse, der hatte zwei Hörner ...". Der Widder verkörpert passend die Kirche der Nationen, die beiden Hörner versinnbildlichen Macht. Das eine Horn heißt Gesetz, das höhere nennen wir Evangelium und Mission. In dem geschichtlichen Vorbild war der Widder das religiöse medo-persische Reich, sein erstes Horn Darius und die weiteren Könige Persiens. Sie unterstützten das Gesetz der Juden und den Wiederaufbau des Tempels. Andererseits, und damit sind wir bei dem zweiten Horn, wird der Bau erst wieder durch die Prophezeiung Sacharjas und Haggais, die auf Christus und das Evangelium hinweisen, fortgesetzt. Die ganze Zeit des persischen Reiches, etwa 200 Jahre, kam dem jüdischen Volk zugute. Im Buche Esther kam es zu einem Anschlag auf die Juden durch den Amalekiter Haman, er wollte das Volk gänzlich vernichten. Doch das Unglück wendete sich zu ihren Gunsten, so dass die Furcht vor den Juden auf die Nationen fiel und viele aus ihnen Juden wurden. Nie war eine Zeit so großer Freiheit und ungestörten Gottesdienstes für das jüdische Volk. Wer wollte, konnte in das Land Israel zurückkehren, oder bleiben wo er war. Währenddessen breitete sich das persische Reich immer weiter aus.

KIRCHE, GEMEINSCHAFTEN UND SEKTEN

Auch die Kirche breitete sich weltweit aus. Wir überschlagen die Geschichte der christlichen Kirche bis zur Reformation. Es gibt keine Zeit, die besser zu dem Bild von dem persischen Widder passen würde, als die Reformation. „Ich sah den Widder nach Westen und nach Norden und nach Süden stoßen, und kein Tier konnte vor ihm bestehen, und niemand rettete aus seiner Hand". Nachdem die Kirche jahrhundertelang in gesetzlicher Weise geherrscht hatte, triumphierte wieder das Evangelium der Gnade Gottes und der Rechtfertigung des Sünders ohne Werke. Nicht kirchliche Überlieferungen, Sakramente, Marienkult, sondern die *fünf* Solas sollten gelten: Allein der Glaube, allein die Schrift, allein die Gnade, allein Christus, allein Gott die Ehre. Sie allein bewirken auch heute neues geistliches Leben mit Ewigkeitswert. Die Reformatoren lehnten nicht das Gesetz ab, im Gegenteil, es diente der Überführung des Sünders; seine zweite Funktion war die Ordnung für das praktische Leben (Luthers kleiner Katechismus). Fürsten setzten sich für die Verbreitung der evangelischen Botschaft ein, ganze Länder wurden protestantisch.

Luther wollte keine evangelische Kirche errichten, er sah die durch die Reformation geschaffene Ordnung mehr als missionarische Veranstaltung, wie man heute sagen würde. Sein Missionsfeld war Europa, er hatte noch nicht den Gedanken, Missionare in ferne Länder zu senden. Weltmission entstand erst im 18.Jahrhundert, als der Calvinismus sich in Neuengland verbreitete, durch ihn auch die großen Erweckungen. Die evangelische Gemeinde und Mission bekam durch den Pietismus neue Impulse und Gestalt (Spener, Francke, Zinzendorf).

Zu Anfang des 19.Jahrhunderts erlebte die Kirche eine bibelgläubige Bewegung gegen den durch die Aufklärung verbreiteten Vernunftglauben. Es kam zugleich auch zu einer Vereinigung der lutherischen und reformierten Schwesterkirchen. Die Kirchenunion führte jedoch zu einer Schwächung der reformierten Gemeinden und hatte eine zunehmende Verweltlichung zur Folge. So kam es wieder zu Spaltungen innerhalb der protestantischen Landeskirchen. Unter dem herrschenden Rationalismus und dem vordringenden Sozialismus erstarb das geistliche Leben, es kam zu neuen Bewegungen außerhalb der Kirche. Die Prüfungsstunde gegen die neuen Geister war auch eine Gnadenstunde der Kirche, es fanden vielerorts Erweckungen statt (Siegerland), aus denen sich die Gemeinschaftsbewegung bildete mit besonderen Bibelstunden. Im „Gnadauer Verband", der dem Zweck dient, das christliche Gemeinschaftsleben zu pflegen und die evangelistische Botschaft zu bezeugen, vereinigen sich viele Gemeinschaftsverbände und Missionsvereine. Es entstehen zunächst zu dieser Zeit viele neue Gemeinschaften mit neuen Sonderlehren, von denen einige bis heute weltweit erhalten geblieben sind. Es gibt aber gleichzeitig auch zahlreiche Bestrebungen, die Einheit der Gläubigen wieder sichtbar darzustellen, so durch die „Evangelische Allianz".

Die neuen Gemeinschaften stellen sich zum Teil als Sekten heraus. Sie verstehen sich als Erben der Reformation und bekennen, nur die Heilige Schrift als Grundlage zu haben. Einige meinen jedoch, gewisse Lehren ausscheiden zu müssen, die angeblich aus nicht-christlichen Quellen in die Kirche eingedrungen sind. Andererseits wollen sie biblische Lehren wiederentdeckt haben, die in der langen Kirchengeschichte vergessen worden seien. Die einen nun ließen diese und jene alte Kirchenlehre fallen, die anderen fügten neue „Offenbarungen" hinzu, welche die Kirchenväter und Reformatoren nicht gekannt haben. Den Irrlehren und Irrtümern sind nun in dieser Zeit keine Schranken mehr gesetzt. Mächtigen Auftrieb gibt diesen neuen Sekten die Erwartung der Wiederkunft Jesu, sie verstehen sich als „Endzeitgemeinden" und setzen in der damaligen Wiederkunftseuphorie ein Datum für die Entrückung fest. Der Tag geht vorüber, die Gläubigen sind tief enttäuscht und dem Spott ausgesetzt.

Dennoch hält man an der Naherwartung fest, organisiert sich weiter als Gemeinschaft und gibt sich die Form einer Freikirche. Zu dieser Zeit wurden die Weichen für die gegenwärtige Lage im evangelikalen Raum gestellt. Aus den „Abweichungen der Kirche" haben insbesondere die Sekten und Freikirchen Kapital geschlagen. Durch ihre Missionen und Aktionen verbreiteten sie eine kirchenfeindliche Einstellung unter der Bevölkerung. Viele verließen die Kirche und schlossen sich einer Freikirche oder Sekte an. Mit dem Kirchenaustritt setzte auch eine „Reichsflucht" ein, d.h. ein Aufgeben des Evangeliums vom Reiche Gottes, wie es Jesus und die Apostel gepredigt haben. Der Zustand der Kirche verschlechterte sich nun rapide.

Unter den Bewegungen, welche die „Einheit des Leibes" darstellen wollten, ist die in England entstandene „Brüderbewegung" die hervorragendste. Ihr führendster Kopf war John Nelson Darby, seine Lehren fanden besonders in Deutschland und im angloamerikanischen Raum Anhänger. Darüber hinaus haben sie durch die Scofieldbibel weltweit starke Verbreitung gefunden, besonders seine prophetischen Ansichten. Die Prophetie war ihm wichtiger als die Mission, weil nach seiner Ansicht der Abfall und das Ende der Kirche nahte; es galt jetzt, nur noch die letzten Seelen zu retten. Der ganze prophetische Fahrplan der „Brüder" war auf die Entrückung ausgerichtet, danach die Gerichte über die Welt, Tier, Antichrist, große Drangsal über Israel, dann das tausendjährige Reich waren die Hauptthemen. Doch es sollte alles ganz anders kommen. Die Probe, was hohe Bekenntnisse und absoluter Wahrheitsanspruch wert sind, kam für die gesamte Kirche im letzten Jahrhundert.

Schon lange schwebte er in der Luft, zuerst in den Köpfen griechischer Philosophen. Doch erst der Marxismus machte den Sozialismus zu einer Massenbewegung. Beide unterscheiden sich darin, dass Ersterer materialistisch und atheistisch ist, der Sozialismus hingegen idealistisch und humanistisch. Letzterer machte im Laufe der Zeit im Westen einige Wandlungen durch und nahm verschiedene Ausprägungen an. Eine derselben war die „christlich-soziale Bewegung" mit den Forderungen nach „sozialer Gerechtigkeit". Ohne darauf aufmerksam zu werden, dass der Feind auf dem Plane war, die Kirche auszuschalten. Unklarheit und Unentschiedenheit wurde ihr zur Versuchung, sich mit dem getarnten Feind in einen Frieden der Verständigung einzulassen; man einigte sich auf Mittellinie. Der Sozialismus drang in die Volkskirche ein und stellte sich als religiös, sogar als urchristlich dar. Für die Kirche war dies die Stunde der Versuchung. Sie wollte nicht zurückstehen bei dem Bemühen, das Los der Arbeiterschaft zu verbessern. Wer wollte etwas dagegen sagen? Aber es war nicht Aufgabe der Kirche, sich sozialpolitisch zu betätigen, sondern vielmehr das Evangelium zu verkündigen und die Menschen ins Reich Gottes einzuladen. Christliche Unternehmer waren ohnehin sozial und haben die Arbeiter nicht unterdrückt oder ausgenutzt.

Der Feind hatte nun die Basis erreicht, um die Kirche von allem zu lösen, was an die wahre Bedeutung ihres Namens und Auftrages erinnerte: Nicht von der Welt zu sein, Absonderung, himmlische Gesinnung. Die Kirche konnte nur noch zusehen, wie im letzten Drittel des 19. Jh. viele sozialistisch-demokratische Parteien entstanden, um politische und soziale Reformen in Europa durchzusetzen. Ihre Mitglieder rekrutierten sich in Deutschland hauptsächlich aus der evangelischen Kirche.

Die Kirche Christi war in der Welt immer die bedrohte Kirche, weniger infolge Leiden und Verfolgung als durch Verführung und Nachahmung. Hier war das Einfallstor für die Welt, welche von innen heraus ihre Kraft schwächte. Als dann der äußere Druck kam, versagte sie. Der Geist des Sozialismus westlicher Ausprägung hat die Gestalt und Ordnung und Lehre der Kirche nach innen und außen mehr verändert als irgend ein anderer früherer Einfluss. Die Kirche ließ sich vom Zeitgeist bestimmen, erst geistlich, dann sittlich, institutional und personal.

DER NATIONALSOZIALISMUS

Und während ich achtgab, siehe, da kam ein Ziegenbock von Westen her über die ganze Erde, und er berührte die Erde nicht; und der Bock hatte ein ansehnliches Horn zwischen seinen Augen. Und er kam bis zu dem Widder mit den zwei Hörnern, den ich vor dem Flusse hatte stehen sehen; und er rannte ihn an im Grimme seiner Kraft. Und ich sah ihn bei dem Widder anlangen, und er erbitterte sich gegen ihn, und er stieß den Widder und zerbrach seine beiden Hörner; und in dem Widder war keine Kraft, vor ihm zu bestehen. Und er warf ihn zu Boden und zertrat ihn, und niemand rettete den Widder aus seiner Hand.

Es handelt sich bei dem Ziegenbock in der Antike um die Auseinandersetzung des griechischen Reiches mit dem medopersischen Widder. Darius hatte die Griechen herausgefordert, war aber inzwischen so geschwächt durch Gesetzlosigkeit und Sittenverfall, dass er bei dem griechischen Gegenangriff und in den Feldzügen Alexanders des Großen eine leichte Beute des Feindes wurde; die Armee Alexanders greift die Perser an, wie im Fluge eroberte er das große Weltreich bis Indien, wo er das Ende der Welt vermutet.

„Der jüdische Historiker Flavius Josephus (37-100 n.Chr.) berichtet, dass Alexander im Jahre 330 vor Christus in Jerusalem war und der Hohepriester Jaddua ihm eine Schrift des Propheten Daniel gereicht hat. Als er das Kapitel 8 liest, erkennt sich der makedonische Eroberer und Bezwinger Persiens selbst darin. Seine eigentlichen Vorbilder aber waren die Helden *Achilles* und *Herakles* aus der griechischen Mythologie. Er war überzeugt, selbst eine große, übergeordnete Aufgabe zu erfüllen und hielt sich selbst für einen Sohn Gottes. Er will die Welt erobern und die Völker unter seiner Führung vereinigen" (faktum 9/2004).

War nicht Adolf Hitler desselben Geistes wie Alexander? Ist dieser nicht das Gegenbild des Reichskanzlers gewesen oder hat er sich ihn gar zum Vorbild genommen? Hitler war vielen Deutschen der Erlöser, Christen sahen in ihm den Mann, den Gott gesandt hatte. Denn in den „goldenen zwanziger Jahren" förderten die Sozialisten allerlei Unsittlichkeit (BH, Seidenstrümpfe), wogegen Sittlichkeitsvereine (Weißes Kreuz) kämpften. Nach dem verlorenen Krieg 1914-18 kamen national-sozialistische Bestrebungen auf, die in der rechtsradikalen „Nationalsozialistischen Deutschen Arbeiterpartei" (NSDAP) Gestalt annahmen. Durch die Wirtschaftskrise und Massenarbeitslosigkeit Anfang der 30er-Jahre war der Boden für die Nationalsozialisten bereitet, eine Mehrheit zu gewinnen. Fast das gesamte Kirchenvolk wählte 1933 die Hitler-Partei. Viele gläubige Christen waren geneigt, das Nazi-Regime zu unterstützen. Man versprach sich davon, dass Hitler Arbeit beschaffte und durch eine autoritäre Staatsführung Zucht und Ordnung im Lande wiederherstellte. Die linken Parteien, die für den Internationalismus kämpften, hatten verloren und wurden später verboten. Die Täuschung der Nazis über ihre wahren Ziele und Absichten war umso wirksamer, als bei dem Volk vaterländische und heldische Gefühle geweckt worden waren und diese angeblich mit der christlichen Lehre in Einklang zu bringen seien. Dann erst ließen sie die Katze aus dem Sack und propagierten den neuen Glauben. Unter Hitler kam es zum ersten Mal in der Geschichte zum „Kirchenkampf". Die Kompromisse und Zugeständnisse, welche die Kirche bis dahin schon gemacht hatte, waren den Nationalsozialisten völlig ungenügend.

Ich zitiere aus den „Erinnerungen" meines Vaters aus der Nazizeit:

Die neue Regierung gab sich ihrerseits christlich und bekannte sich zu einem positiven Christentum, wie es im Parteiprogramm hieß. Außerdem führte man oft Aussprüche des Führers über den Nutzen des Christentums an, dessen ganze Geisteshaltung in

„Mein Kampf" aber eine durchaus antichristliche Geisteshaltung verriet.

Aus „Mein Kampf" ist das Antichristentum dieses *größten Befreiers der Menschheit* und seine nihilistische *erlösende Lehre* aus der Schule Machiavellis (den Friedrich I. ein Ungeheuer nannte) und Nietzsches (der im Wahnsinn endete), mit wenigen Zitaten nachweisbar:

„Am Ende siegt ewig nur die Sucht der Selbsterhaltung. Unter ihr schmilzt die sogenannte Humanität als Ausdruck einer Mischung von Dummheit, Feigheit und eingebildetem Besserwissen wie Schnee in der Märzensonne. Im ewigen Kampfe ist die Menschheit groß geworden – im ewigen Frieden geht sie zugrunde." (Seite 148)

Auf Seite 385 und 506 ist von der Unduldsamkeit und dem Fanatismus des Christentums die Rede.

„Nur aus dieser fanatischen Unduldsamkeit heraus konnte sich der apodiktische Glaube bilden. Diese Unduldsamkeit ist sogar die unbedingte Voraussetzung für ihn."

„Selbst die Religion der Liebe ist in ihrem Wirken nur ein schwacher Abglanz des Wollens ihres erhabenen Begründers; allein ihre Bedeutung liegt in der Richtung, die sie einer allgemeinen menschlichen Kultur-, Sittlichkeits- und Moralentwicklung zu geben suchte." (Seite 230)

„Die völkische Weltanschauung entspricht dem innersten Wollen der Natur, da sie jenes freie Spiel der Kräfte wieder herstellte, das zu einer dauernden gegenseitigen Höher-züchtung führen muss, bis endlich dem besten Menschentum, durch den erworbenen Besitz dieser Erde, freie Bahn gegeben wird zur Betätigung..." (Seite 422)

„Der völkischen Weltanschauung muss es im völkischen Staat endlich gelingen, jenes edlere Zeitalter herbeizuführen, in dem die Menschen ihre Sorge im Emporheben des Menschen selbst erblicken..." (Seite 494)

„Die größte Lüge ist, das Judentum sei eine Religion. Die jüdische Religionslehre... in erster Linie eine Anweisung zur Erhaltung reinen Blutes..." (Seite 363)

„Wer die Hand an das höchste Ebenbild des Herrn (Arier) legt, frevelt am gütigen Schöpfer dieses Wunders und hilft mit an der Vertreibung aus dem Paradies." (Seite 421)

„Indem ich mich des Juden erwehre, kämpfe ich für das Werk des Herrn." (Seite 69)

„Was haben unsere Regierungen getan, um in dieses Volk wieder den Geist stolzer Selbstbehauptung, männlichen Trotzes und zornigen Hassens hineinzupflanzen?

... jeden einzelnen dieser Punkte (des Versailler Vertrages), dem Gehirn und der Empfindung dieses Volkes so lange einzuprägen, bis der gemeinsame Hass ein einziges Flammenmeer geworden wäre, aus dessen Gluten dann stahlhart e i n W i l l e emporsteigt und ein Schrei sich herauspresst: Wir wollen wieder Waffen!

... muss in dem Gehirn des kleinsten Jungen zur glühenden Bitte werden: HErr, segne unseren Kampf!" (Seite 714)

Das Bekenntnis der Partei zu einem positiven Christentum wurde allerdings später geklärt, als man offen sagte, dass die christlichen Wertungen „Liebe", „Sanftmut", „Demut" ersetzt würden durch die Begriffe „Ehre", „Heldentum", „Heroismus".

Man hielt das Christentum nützlich, soweit es dem Erreichen ihrer Zwecke dienlich war, denn sie verfolgten auf diese Weise das Ziel, die Kirchen zu vereinigen, zu verschmelzen und über ein Haupt zusammenzubringen.

Wie es möglich war, dass die Masse der Christen in Deutschland dieser Verführung und dem Verführer verfallen konnte, zeigt eben, wie sehr der Horizont vom Diesseits erfüllt war.

(Das „Judenbuch" in der Nazizeit, S. 28 ff)

Und in dem Widder war keine Kraft, um vor ihm zu bestehen. Und er warf ihn zu Boden und zertrat ihn, und niemand rettete aus seiner Hand. Die ev.Kirche kam völlig in die Hand der Nazis, hingegen blieb die katholische Kirche von ihnen durch das Konkordat weitgehend verschont. Die Nationalsozialisten waren auf einen langen und schweren Kampf mit der Kirche gefasst gewesen. Wie erstaunt waren sie, dass sie kaum Widerstand fanden. Das hatten sie, nach ihrem eigenen Bekenntnis, nicht für möglich gehalten. So schnell wie Polen und Holland fielen, so leicht fiel ihnen die Kirche in die Hände. Im Anfang suchten sie die Kirche zu stürmen, indem die SA geschlossen in die Kirche kam. Sie ließen sich ins Presbyterium wählen, die alten biederen Presbyter mussten dann abtreten. Auf diese Weise wollten sie die Kirche erobern. Die nationalsozialistischen „Deutschen Christen" (DC) bestürmten die Kirche mit ihrem nationalen Evangelium, das viel griechisches Gedankengut enthielt, und richteten ihr Glaubensbekenntnis auf. Darin fehlte nicht „Gott" und „Allmächtiger" und „Vorsehung", auch von „Jesus Christus" sprachen sie, aber sie meinten einen ganz anderen damit. Sie brachten deutlich zum Ausdruck, dass ihr Gott im deutschen Blut blühe, im Willen, in der natürlichen Kraft des Menschen, ihr Christus offenbarte sich im heldischen Menschen.

Nach und nach wuchs die Abneigung und der Widerstand gegen die Anstrengungen und Bestrebungen der „Deutschen Christen". Es entstand die sogenannte „Bekenntnisbewegung", deren Führung namhafte Männer der Kirche übernahmen. Es fanden große Zusammenkünfte in Westdeutschland statt, und es wurde ein Glaubensbekenntnis formuliert, worin die alten Glaubenssätze noch einmal herausgestellt wurden („Barmer Erklärung"). Doch der große protestantische Kirchenkörper war unterjocht. Das NS-Regime war entschlossen, den Widerstand der Bekenntnisbewegung zu brechen. Wenn die verschärften Maßnahmen und Verordnungen nicht den gewünschten Zweck erreichten, setzt man eben die Gestapo ein und wandte brutale Gewalt an. Aber es leuchteten auch einige Sterne, die aber um ihres mutigen Zeugnisses willen ins KZ kamen.

Am härtesten traf die freien Gemeinden und Gemeinschaften der Angriff des Ziegenbocks, an erster Stelle die darbystische „Versammlung". Welch eine bevorrechtigte Stellung nahmen sie ein, welch ein hohes Bekenntnis hatten sie, welche hehren Grundsätze vertraten sie, ihr Ruhm war der prophetische Durchblick. Alle anderen Kirchen und Gemeinden hatten ja nicht so die Wahrheit wie sie. Mit der Machtübernahme des Nationalsozialismus war auch schon der Geist desselben in der Mitte der „Brüder" wirksam und machte sich breit. Als aber 1937 alle nichtorganisierten Gemeinden und damit auch die „Versammlung" verboten wurde, brach über Nacht ihr ganzes Brüdertum und Lehrsystem zusammen; ihre Prophetie erfüllte sich an ihnen selbst. Nun wurde offenbar, wie hohl und kraftlos das Ganze war, wie nichtig und wertlos ihr großes Bekenntnis. Anerkanntermaßen hatten sie viel Erkenntnis, aber man war völlig blind über den eigenen praktischen Zustand. Viele Gläubige waren erschüttert, manche buchstäblich zu Boden geworfen, als das Verbot bekannt wurde. Die Versammlungstür wurde geschlossen, Gottesdienste durften nicht mehr stattfinden.

In dieser Bestürzung eilten einige ihrer Vertreter nach Berlin, um dort um Gnade anzuhalten, wurden aber abgewiesen. Ein neuer Versuch, eine Versammlungserlaubnis zu erhalten, hatte Erfolg. Die Regierung gestattete, einen „Bund freikirchlicher Christen" zu gründen. Dabei mussten sie auch den Arierparagraphen akzeptieren und das staatliche Führerprinzip übernehmen. Die Regierung bestimmte den „Reichsbeauftragten" (Dr.Becker), der im Sinne der nationalsozialistischen Weltanschauung der religiöse Betreuer war. Von ihm wurde für jede einzelne Gemeinde ein „Ortsbeauftragten" berufen. Die Versammlungen standen unter Beobachtung, Juden durften sich nicht mehr blicken lassen, alttestamentliche Texte wurden gemieden. Schlimmer konnte man sich die Erniedrigung kaum vorstellen.

Die dem „Bund" nicht beitraten (etwa 5%), wurden verfolgt, wenn entdeckt wurde, dass sie sich im Geheimen, meist in Privatwohnungen versammelten.

Und der Ziegenbock wurde überaus groß. Und als er stark geworden war, zerbrach das große Horn, und vier ansehnliche Hörner wuchsen an seiner Stelle nach den vier Winden des Himmels hin.

Auf der Höhe seines Ruhmes und seiner großen Siegeszüge wird Alexander krank und stirbt. Er hat die ganze damalige Welt gewonnen, aber seine Seele eingebüßt. Nach seinem plötzlichen Tod (323 v.Chr.) stritten sich seine Feldherren um die Nachfolge, so dass sein Reich bald zerfiel. Es entstanden daraus die vier Reiche der Diadochen, die von vier Königen regiert wurden, deren Machtkämpfe besonders das Land Israel in Mitleidenschaft zogen.

Zwischen Alexander dem Großen und „unserem großen Führer“ gibt aus auffallende Parallelen. Hitler, der zweite Alexander, wollte ebenfalls die Welt erobern. Auf der Höhe seiner Macht brach er einen Krieg vom Zaune und überrannte im Westen und Osten die Länder, rannte sich aber dabei selbst den Kopf ein. Mit dem „Zusammenbruch“ fiel auch der so gepriesene „heldische Mensch“ in sich zusammen, das Führerhorn zerbrach, die ganze nationalsozialistische Idee war zerstört. Sein „tausendjähriges Reich“ währte wie auch bei jenem nur ganze zwölf Jahre.

Die Kirche in der Kulturrevolution

Nach dem 2. Weltkrieg wurde Deutschland in vier Besatzungszonen aufgeteilt. Von Bedeutung ist, dass die Demokratie wieder eingeführt wird wie vor dem Krieg in der Weimarer Republik. Die demokratische Regierungsform hat nicht die gleiche Macht wie eine Diktatur, zumal die Gewaltenteilung in Legislative, Exekutive und Judikative eine Machtkonzentration verhindern soll. In den Wahlkämpfen rangen vier große Parteien um die Vorherrschaft. Die Gefechte fanden im Plenarsaal statt, zum Glück keine blutigen, weil die Stühle festgeschraubt waren.

Für einen Augenblick lebte unser Kirchen-Widder auf. Die wiedererlangte Freiheit erlaubte einen Neuanfang, aber es war nur eine Restauration, denn eine wirkliche Buße fand nicht statt. Nach dem Versagen in der Hitlerzeit kamen sie bald unter ein neues Joch. Der erste Fall des Ziegenbocks war nur eine Vorstufe gewesen zu einem noch größeren Verhängnis. Satan, der Weltbeherrscher der Finsternis, legte der Gemeinde eine neue Schlinge. Die Demokratie wurde ihr zum Fallstrick.

Die Kirche hatte mit der Welt das Führerprinzip geteilt und dieses nach dem verlorenen Krieg wieder gründlich verworfen und verdammt. KZ, Judenverfolgung, Auschwitz …, man hatte ja von all dem nichts gewusst. Jede Erinnerung an die Nazizeit wurde verdrängt, ein Vergleich des Nazi-Deutschland mit dem heutigen Rechtsstaat ist beleidigend. Selbst was damals gefördert wurde und einen hohen Wert besaß wie Familie und Muttersein, darf nicht mehr erwähnt werden. Eva Hermann, die beliebte Fernsehmoderatorin, hat es den Job gekostet.

Es währte nicht lange, da war die Kirche wieder zeitgeistkonform und richtete ihr Fähnchen nach der Politik. Alle waren plötzlich pro Israel, die Juden das auserwählte Volk; die Verheißungen der Propheten erfüllten sich an Israel (1948), meinte man. Doch alles war von den militanten Zionisten inszeniert, von dem sich selbst thoratreue Juden distanzieren. Erfüllt hat sich in Wahrheit die Weissagung Daniels „in der letzten Zeit des Zornes", diesmal an der Kirche in der „Endzeit".

Und aus dem einen von ihnen kam ein kleines Horn hervor, und es wurde übermäßig groß gegen Süden und gegen Osten und gegen die Zierde. Und es wuchs bis zum Heere des Himmels, und es warf von dem Heer und von den Sternen zur Erde nieder und zertrat sie.

Die Basis für das Entstehen des „kleinen Hornes" war die demokratische Freiheit und das humanistische Bekenntnis. Aus kleinem Anfang strebte eine neue, und zwar außerparlamentarische Bewegung zur Mündigkeit und Macht und wird „ausnehmend groß". Die linken Parteien begünstigten, ja beförderten das Emporkommen der jungen Sozialisten, die mit marxistischen Parolen auf die Barrikaden gehen. Nach kaum mehr als 20 Jahren setzt sich in 1968 eine neomarxistisch-freudianische Studenten-Bewegung durch und bewirkt eine Kulturrevolution mit dem Ziel einer Wertezerstörung größten Ausmaßes. Ihrem Freiheitsdrang musste die christliche Kultur vollständig weichen. „Wir haben es geschafft, die sexuellen Grenzen zu erweitern, die Emanzipation der Frau zu fördern und die Kultur des Gehorsams gründlich zu beseitigen", bekennt ein ehemaliger 68er (Spiegel). „Der Marsch durch die Institutionen" erreicht die Kultusministerien, Schulbücher und Lehrpläne wurden auf die neuen Ziele eingeschworen. Ihr Programm war die Sexualisierung der Gesellschaft, angefangen bei den Schulkindern. Erstaunlich schnell hatte die emanzipatorische Pädagogik in den Schulen Eingang gefunden bzw. wird ohne Wissen der Eltern und dann gegen ihren Willen durchgesetzt. Erziehungsziel ist die Beseitigung jeglicher Autorität, hoch lebe die antiautoritäre Erziehung.

Anders als das kleine Horn an dem vierten Tier, stößt dieses Horn gezielt in heilige Bereiche, auch in die „Zierde" vor. In der Geschichte ist es das Land Israel und Jerusalem, in unserer zeitgemäßen Deutung ist es der kirchliche Bereich, das Reich Gottes und die christliche Gemeinde und Familie, die „herrlichste Zierde der Nationen" (Jer.3,19). Die christliche Familie war bis dahin im gesellschaftlichen Umfeld noch eine heile und heilige Welt, sie soll verwüstet werden. Eltern unterschätzen die Gefahr, ihre Kinder sind schutzlos der Indoktrination ausgesetzt. Das „Heer des Himmels" und die „Sterne" sind Diener Gottes, Lehrer des Wortes, Verkünder des Evangeliums, Glaubenszeugen, gläubige Väter und Mütter, die ihre Kinder noch in der Zucht und Ermahnung des HErrn erziehen – diese alle will es zur Erde erniedrigen und entmachten, damit sie nichts mehr gelten vor der Welt und von der Gesellschaft geächtet, ihr gleichgemacht werden. Dabei spielt der Feminismus eine wesentliche Rolle, der die „Gleichberechtigung der Frau" bewirken und die biblische Ordnung und Unterordnung auflösen will. Das alles ist heute bereits verwirklicht, aber auch die verheerenden Folgen dieser Verwüstung sind sichtbar. Die Genderisten wollen in irrsinniger Weise die Geschlechter vertauschen, sie formem mit staatlicher Unterstützung sogar die Sprache feministisch um. Und die Kirche schweigt dazu und macht mit.

Selbst bis zu dem Fürsten des Heeres tat es groß; und es nahm ihm das beständige (Opfer) weg, und die Stätte seines Heiligtums wurde niedergeworfen. Und das Heer wurde dahingegeben ... um des Frevels willen. Und es warf die Wahrheit zu Boden und handelte und hatte Gelingen.

Jetzt greift es direkt in die Gemeinde ein und bestimmt den Gottesdienst. Das „beständige" bezieht sich jedoch nicht allein auf das Opfer, zweifellos steht das Lamm Gottes dann nicht mehr im Mittelpunkt, sondern alles Beständige an göttlicher Ordnung und Einrichtung nimmt es weg, neuerdings auch das Verständnis von Ehe und Familie. Die gesellschaftlichen und politischen Diskussionen spielen auch mit in die Gemeinden hinein.

Dieses „es“ ist eigentlich „er“, der „Gesetzlose“, der „sich selbst erhöht über alles was Gott heißt oder ein Gegenstand der Verehrung ist, so dass er sich in den Tempel Gottes setzt und sich selbst darstellt, dass er Gott sei“ (2.Thess.2). Paulus hat hier offensichtlich den Frevler in Dan. 8 vor Augen, sieht ihn schon in der Gemeinde sitzen als einen Abgefallenen, der das christliche Bekenntnis hat, aber kein Gewissen mehr von Sünde und allen Geboten Gottes widersteht; er bezeichnet ihn als „Mensch der Sünde, der Sohn des Verderbens“, kurz der „Gesetzlose“. Derselbe ist selbstverständlich nicht ein Einzelner, sondern ein endzeitlicher Typ, in den Psalmen und Sprüchen in Einzahl und Mehrzahl als Gegensatz zu dem Gerechten charakterisiert. Jesus spricht nirgendwo von einem Einzelnen, der kommen soll, sondern von falschen Christussen; Johannes bezeichnet ihn als Antichrist, nicht unbedingt anti d.h. gegen, sondern statt, anstatt (griech). Bei dem Apostel Judas sind es die Gottlosen.

In der altt. Geschichte war es freilich ein Einzelner, „der König frechen Angesichts und der Ränke kundig“, bekannt als Antiochius IV. Epiphanes. Er entweihte den Tempel und opferte Schweine auf dem Altar, für die Juden wahrhaft ein Greuel! Die Geschichte der Makkabäer (Apokryphen) berichtet von dessen Greueltaten. Dieser frevelhafte Mensch ist die Vorausabbildung, ein Modell des gesetzlosen Menschen, den die Apostel in ihren Briefen angesichts des Abfalls vor Augen haben. Ein Einzelner kann sich unmöglich in den Tempel der Gemeinde setzen; er könnte dann nur in einer Gemeinde sitzen und nicht in jeder. Die Idee eines kommenden Weltherrschers sitzt tief in den Köpfen, aber der wird nie kommen. Es ist vielmehr der Geist der Welt in den Vielen, der die Gesetzlosigkeit in den Gemeinden einführen und viele damit anstecken will. Gerade davor warnt ja der Apostel die Thessalonicher: „Schon ist das Geheimnis der Gesetzlosigkeit wirksam“.

Die Gemeinden wissen es nicht, und ihre Prophetie lässt es gar nicht zu, dass der Antichrist bzw. der Gesetzlose bereits in ihrer Mitte sitzt. Deshalb muss die Gesetzlosigkeit offenbar gemacht werden. Dann wird man auch leicht die Gesetzlosen erkennen, die gerne als solche verborgen bleiben wollen. Bei dem Urteil über verweltlichte Gemeinden müssen wir auch bedenken, dass noch Gerechte darin sind.

Noch einmal: „Handelte und hatte Gelingen". Da muss ihm ja kein Widerstand mehr entgegengesetzt worden sein. Vielleicht hat man sein Handeln sogar gefördert. Wenn man alle ernsten Bibelstellen, die von der Verantwortlichkeit des Gläubigen reden, auf Ungläubige abwälzt, leistet man dem Abfall in den eigenen Reihen Vorschub. Braucht man sich da zu wundern, wenn das junge Geschlecht das Wort Gottes nicht mehr ernstnimmt, ein Geschlecht, das keine echte Bekehrung erlebt hat, keine Gottesfurcht kennt, sich nicht an das Halten der Gebote gebunden fühlt, wie die Welt lebt, aber sich alle kostbaren Verheißungen und Segnungen des ewigen Lebens aneignet. In diesem Geiste „handelt es und hat Gelingen".

Daniel hört einen Heiligen von dem „verwüstenden Frevel" sprechen. Wie lange soll das noch währen? **Und er sagte zu mir: Bis zu zweitausend dreihundert Abenden und Morgen; dann wird das Heiligtum gerechtfertigt werden.** Also ungefähr sechs Jahre sollte der Frevler wirken können. Es wurde ihm erklärt, dass das Gesicht auf die Zeit des Endes geht, „bis dahin sind noch viele Tage" (V.17 u.26). Bis zum Eintreffen des Gesichts sollte es noch 350 Jahre dauern. Was Daniel hier noch nicht wissen konnte: Wenn der Tempel so verunreinigt werden sollte, diesmal von den Heiden, dann musste er ja errichtet sein. Vielleicht waren ihm aber auch die Weissagungen Jesajas (44,28) und Hesekiels (40) bekannt. Die jüdische Gemeinde sollte noch einmal gereinigt, wenn nicht gar aufgelöst und beseitigt werden „in der letzten Zeit des Zornes". Denn der Messias würde eine neue Gemeinde aus Juden und Heiden gründen.

Rechnet man die Tage als Jahre, dann sind es von der Eroberung des persischen Reiches durch Alexander d. Gr. (330 v. Chr.) bis in unsere Tage ungefähr 2300 Jahre. Das würde mit dem heutigen verdorbenen Zustand der Gemeinde übereinstimmen.

Vergleichen wir noch einmal den einhörnigen Ziegenbock, der eine Entsprechung in der Nazizeit hat, mit dem kleinen Horn, dem Auswuchs aus der Mitte der vier demokratischen Hörner. Es ist immer noch der Ziegenbock, aber mit umgekehrten Vorzeichen, vorher nationalsozialistisch, jetzt internationalsozialistisch, neomarxistisch. Was vorher positiv war, ist jetzt negativ. War ihr Christus einst heldisch und völkisch, den Willen und die Ehre des Menschen erhebend, ist er jetzt mitleidig und sozial, aber persönliche und natürliche Bindungen und Ehre verachtend. Sein neues Evangelium ist ein humanes, mitmenschliches, soziales Evangelium. Wenn die Söhne heute die Nazizeit verdammen, so vergessen sie, dass ihre Väter einst mitgemacht haben, so wie heute die Söhne mitmachen und dem falschen Christus huldigen. Heutige Parolen lauten, dass echtes Christentum sich in der Sozialethik beweise; man müsse sozial denken, sich sozial verantwortlich wissen, sozial handeln. Fehlen tut in ihren Begriffen nur noch die soziale Buße und soziale Vergebung. Auf jeden Fall wird man bei rechtem sozialen Verhalten sozial gerechtfertigt bis zur sozialen Erlösung. In den Schulen heißt das: soziale Kompetenz erwerben, das heißt Anpassung (an die Zügellosen), Toleranz und Akzeptanz (des Unzüchtigen).

Ein neues Evangelium

Bibeltreue Gemeinden werden sich von der sozialistischen Begrifflichkeit entschieden abwenden. Denn Gemeinde Gottes ist kein sozialer Verein. Hier sagt man nicht „sozial" und „human" oder „tolerant", das würde nun gar nicht passen in einer bibeltreuen Gemeinde. Besser klingt, man soll mehr „den anderen sehen" und „einander anerkennen". Dabei ist nicht auf „Äußerlichkeiten" zu sehen, denn die „Liebe deckt alles zu". Die heimgegangene 95jährige gläubige Schwester würdigte man auf der Nachfeier mit einem Tadel. Sie wäre sehr gegen Hosen gewesen, aber jetzt, da sie im Himmel sei, wüsste sie, dass es nicht auf das Äußere ankomme, sagte die junge Frau. Wie pietätlos und ehrfurchtslos, eigentlich frevelhaft. „Wie hat sich die Gemeinde verändert seit wir weg sind", sagte eine andere zu ihrem Tischnachbar.

Darum wählen sie einen Prediger, der nur Schönwetter prophezeit, der sanft und süß von Liebe und Gnade predigt und von einer „Endzeit" nichts weiß. Die moderne Zeit lässt mehr Freiheiten zu, jeder kann selbst entscheiden. Wer fragt da noch nach dem Willen Gottes, nach Seinen Geboten? Man hat sich einen Christus zurechtgemacht, der durchaus den eigenen Gefühlen, dem eigenen Willen und Wunsch entspricht. Schöne Predigten im akademischen Stil sind immer ein ästhetischer Genuss, dazu die moderne Musik. Diese „Sozialprediger" dienen nicht dem HErrn Christus, „sondern ihrem eigenen Bauche, und durch süße Worte und schöne Reden verführen sie die Herzen der Arglosen" (Röm.16,18).

Bibelkritik wird natürlich in „bibeltreuen" Gemeinden verworfen. Dennoch treiben sie eine Art Textkritik. Katastrophal sind ihre Umdeutungen der Offenbarung, um den Antichrist möglichst in fernere Zeiten zu verlegen und mit den unmöglichsten Gestalten zu verbinden, die erst noch aus den Toten auferstehen müssten. Selbst leicht verständliche Texte über den Tag des HErrn und dem ihm voraufgehenden Abfall werden verdreht. Es darf einfach nicht wahr sein, dass wir es jetzt und heute schon mit dem Gesetzlosen zu tun haben.

„Durch seine Klugheit wird der Trug in seiner Hand gelingen", sagt Gabriel von dem Gesetzlosen. Es ist wirklich ein Meisterstück des Antichristen, in der Offenbarung „falscher Prophet" genannt, wie er die Prophetie auslegt. Viele sind ihm auf den Leim gegangen, denen er das politische Israel als auserwähltes Volk Gottes verkauft hat. Selbst orthodoxe Juden merken, dass ihr Staat nichts mit Gott und den prophetischen Verheißungen zu tun hat, sondern ein Produkt des politischen Zionismus ist; nicht einmal Zionisten gelten als echte Juden.

Unter dem kleinen Horn, heute ein großes Horn, haben wir wieder den Sozialismus in Reinkultur, wie ihn Marx verkündet hat, es ist die Religion der Neomarxisten. Statt diktatorisch ist er jetzt demokratisch, statt Arbeiterbewegung ist er nun eine Gesellschaftsbewegung, alle Schichten der Gesellschaft durchdringend. Anders als in seiner quasireligiösen humanistischen, hedonistischen, materialistischen und auch pseudowissenschaftlichen Form hätte er sich gar nicht so entfalten können. So wurde er zur Religion der Gesellschaft und zum Religionsersatz vieler, die nicht mehr wissen, was Ostern ist (62%). Immer mehr wenden sich von der Kirche ab. Nicht mehr die zehn Gebote sind richtunggebend für die Menschen, sondern die Meinungen der Gesellschaft, leider auch für viele Christen. Man betrachte nur den Bereich Bildung und Erziehung. Und ihr Vertrauen setzen die Gläubigen nicht mehr auf Gott, sondern auf die Versicherungen und Absicherungen. Wer würde es noch wagen, wenn er nicht pflichtversichert ist, keine Krankenversicherung zu haben? Unsere Väter waren da mutiger und machten wunderbare Erfahrungen mit Gott und Seiner rechtzeitigen Hilfe in Krankheitsfällen.

Der Sozialismus in dieser letzten Form ist so mehr oder weniger deutlich das Thema in allen Kirchen, wobei man sich fleißig biblischer Texte bedient, die im Sinne des Mitmenschen umgedeutet werden. Im Mittelpunkt steht der Mensch, nicht Christus, alles dreht sich um den Menschen und seine Befindlichkeit. Man fragt nicht mehr nach dem gnädigen Gott, sondern nach dem gnädigen Mitmenschen. So fanatisch sie vorher die Selbstbewusstheit des Menschen erhoben, so leidenschaftlich eifern sie jetzt für die Selbstbemitleidung, alle sollen sich schwach und hilfsbedürftig fühlen. Das sieht sehr christlich aus und setzt doch Christus vollkommen beiseite. Es sind Scheinchristen, „die eine Form der Gottseligkeit haben, aber seine Kraft verleugnen" (2.Tim.3,5).

Dieses neue Evangelium der Antichristen macht die Heiligen mit der Welt gleich. Die Gesetzlosen haben eine Ideologie, in der gläubig und ungläubig vereint sein können und zusammen dieselben Ziele verfolgen. Wer da nicht mitmacht und sich absondert, gilt als unsozial, gesellschaftsfeindlich, kirchenfeindlich, fundamentalistisch. Da haben wir wieder den gleichen Zwang wie im Dritten Reich, nur unter anderer Flagge.

Die soziale Gesellschaft ist mittlerweile eine sexualisierte Gesellschaft. Noch ist vornehmlich die kath.Kirche ein Hemmschuh auf dem Weg zu einer sittenlosen, chaotischen und ideologischen religionslosen Gesellschaft, aber die moralischen Aufrufe des Papstes werden den antichristlichen Trend nicht stoppen können. Der

Gesetzlose sitzt schon fest in den Volkskirchen, verkappte Antichristen haben in der EKD Sitz und Stimme. Das allgemeine Kirchenvolk sieht das nicht und merkt das nicht, bedrückt sind nur die wahren Gläubigen.

Das 500.Jubiläumsjahr der Reformation hat gezeigt, dass die evangelische Kirche vollends in der Hand der Antichristen mit ihrer Toleranzreligion ist. Ihre Hauptsprecherin, Margot Käßmann, leugnet die Grundtatsachen des christlichen Glaubens, die Wahrheit der Bibel, die übernatürliche Geburt Jesu und seine Auferstehung und Himmelfahrt. Von der Reformation bleibt da nichts mehr übrig.

Ein Brief an Frau Kässmann (von Dr. Hans Penner)

In IDEA-Spektrum 41/2016 schrieben Sie, eine Konsequenz der Bildung sei *»heute der historisch-kritische Umgang mit der Bibel«*. Diese Behauptung ist deshalb falsch, weil die Historisch-Kritische Theologie (HKT) nicht wissenschaftlich ist aus zwei Gründen:

Wissenschaftliche Aussagen können einen hohen Grad an Wahrscheinlichkeit aufweisen, sind aber niemals absolut. In der Wissenschaft können und müssen Hypothesen aufgestellt werden. Diese Hypothesen dürfen jedoch niemals verabsolutiert werden. Die HKT verabsolutiert ihre Hypothesen und ist deshalb nicht wissenschaftlich. Ich verweise auf das Buch *»Das Ende der historisch-kritischen Methode«* des ehemaligen württembergischen Landesbischofs Professor Gerhard Maier.

Die HKT beruht auf dem heute obsoleten kausal-mechanistischen Weltbild des vorletzten Jahrhunderts. Der Ihnen wahrscheinlich unbekannte Tübinger Theologe Professor Karl Heim hatte sich ausführlich damit befasst, dass die Grundlagenkrise der Physik in den 1920er Jahren dazu geführt hatte, das kausal-mechanistische Weltbild aufzugeben, welches ein wesentliches Hindernis war, Christ zu sein.

Sie sind diesem veralteten Weltbild verhaftet, deshalb haben Sie in einem SPIEGEL-Interview (30/2013) gesagt, dass Joseph Ihrer Meinung nach der leibliche Vater von Jesus gewesen sei. Mit dieser Behauptung erklären Sie das Apostolische Glaubensbekenntnis, das die Christen aller Denominationen eint, für falsch. Damit behaupten Sie auch, dass Maria den Verkündigungsengel angelogen hätte. Außerdem behaupten Sie damit, dass Jesus nicht der Sohn Gottes sei und distanzieren sich von der Kernaussage des Christusglaubens. Folglich entspricht es Ihrer eigenen Aussage, dass Sie keine Christin sind.

Wenn die Evangelische Kirche in Deutschland Sie als »Reformationsbotschafterin« berufen hat, bedeutet das in aller Klarheit, dass die Evangelische Kirche keine christliche Kirche ist, sondern ein Religionsverein. Das bedeutet außerdem, dass sich die Evangelische Kirche in diesem Jahr von der Reformation verabschiedet. Diesen Abschied von der Reformation feiert die Evangelische Kirche als eine Art Karneval.

„Eine Scheibe von Blei wurde aufgehoben; und da war ein Weib, welches inmitten des Ephas saß. Und er sprach zu mir: Dies ist die Gesetzlosigkeit" (Sach.5,6-8). Gewisse Personen in der Kirche verkörpern geradezu die Gesetzlosigkeit durch Toleranz gegen alles Sündhafte und Fremdreligiöse. Der nackte Luther auf dem Sockel vor der Stadtkirche – widerlich anzusehen –, ist ein Denkmal für die Blöße der Reformation. Damit fordern sie geradezu den „richtenden Gott", dem Luther durch die Gnade entrinnen konnte, heraus. Wittenberg ist gefallen, die Reformation ist geschlagen.

Die Gesetzlosen haben inzwischen im Geiste des Hornes das reformatorische Bekenntnis vollständig verändert. Die Befreiung vom Gesetz ist zu einer Rechtfertigung der Freiheit für das Fleisch geworden. Alles was bisher als unverrückbar und beständig galt ist geändert, sowohl der äußere Rahmen als auch die inneren Werte des Gottesdienstes. Gottesfurcht, Zurechtweisung, Überführung von der Sünde haben hier keinen Platz, Gemeindezucht wird nicht mehr geübt, es sei denn an den Zeugen der Wahrheit.

Der Geist der Gesetzlosigkeit bestimmt das Programm, die Predigt, das Liedgut, den Gesang, das Opfer, kurz der ganze Gottesdienstbetrieb ist auf den Menschen zugerichtet und nicht auf Gott. Nur die Heiligen spüren die starke Veränderung seit 30,40 Jahren, und sie leiden darunter. Nichts ist mehr wie früher, überlieferte gute Formen sind abgeschafft, Traditionen, die Jahrhunderte gepflegt wurden, werden als unzeitgemäß verworfen. „Und er warf die Wahrheit zu Boden und handelte und hatte Gelingen". Die Wahrheit über die wirkliche Lage wird geleugnet. „Alles im Heiligtum hat der Feind verderbt" (Ps.74,3).

Dem Gesetzlosen ist nichts mehr heilig, Anständigkeit, Sittsamkeit, Schamhaftigkeit, Keuschheit gibt es nicht mehr. Sieh, wie dieses unzüchtige Weib, Frau des Predigers, sich da vorne hinstellt. Und die Jugend im Sexaufzug Jesuslieder songt und der Greuel mehr. Man ist weltoffen geworden, „wir sind offen für neue Ideen und moderne Meinungen" (CVM). Hier hat das Horn leichtes Spiel und ein gutes Agitationsfeld. Unter ihm haben nicht mehr die Brüder das Wort, sondern die Jugend. Unterwürfig gemacht sind die Alten, man schaut den Jungen nach den Augen. Sie gestaltet jetzt den Gottesdienst, die Texte, die Musik. Von Ehrfurcht keine Spur mehr, die Wahrheit wird nicht mehr geliebt, Ermahnungen und Zucht sind tabu. **Und das Heer wurde dahingegeben, samt dem beständigen, um des Frevels willen.**

Plötzlich steht der Erzengel Gabriel vor Daniel. „Als er herzutrat, erschrak ich und fiel nieder auf mein Angesicht. Und er sprach zu mir: Merke auf, Menschensohn! Denn das Gesicht geht auf die Zeit des Endes". Erschrocken von dieser Ankündigung sank er wiederum betäubt zu Boden. Gabriel richtet ihn auf und eröffnet ihm, dass zuerst noch das persische Reich kommt, (es ist ja noch das babylonische) danach der Grieche mit dem einen Horn, dann erst die vier und zuletzt das kleine Horn. Es sollte also nicht zu seiner Zeit geschehen. Dennoch ist Daniel entsetzt über die Deutung des Gesichts, er ist jetzt ganz gewiss: Das Gesicht war kein flüchtiger Traum. Gabriel versichert ihm die Wahrheit, dass alles so kommen wird, wie er es gesehen hat:

Der Widder mit den zwei Hörnern, den du gesehen hast, das sind die Könige von Medien und Persien. Und der zottige Ziegenbock ist der König von Griechenland. Und das große Horn, das zwischen seinen Augen war, das ist der erste König. Und dass es zerbrach und dass vier andere an seiner Stelle auftraten, bedeutet: Vier Königreiche werden aus der Nation aufstehen, aber nicht mit seiner Macht. Und am Ende ihrer Königsherrschaft, wenn die Abgefallenen das Maß vollgemacht haben, wird ein König aufstehen, frechen Angesichts und der Ränke kundig. Und seine Macht wird stark sein, jedoch nicht durch seine eigene Macht.

Wir haben die Erfüllung bis hierher kurz skizziert. Doch was Gabriel nun auslegt, erfüllt ihn mit Entsetzen. Und auch mich packt des Entsetzen, da dieses Gesicht genau auf die gegenwärtige Situation der Gemeinde zutrifft, nicht erst in ferner Zukunft „wenn der Antichrist kommt", denn er ist da, **und er wird erstaunliches Verderben anrichten und wird erfolgreich sein und handeln. Und er wird die Starken und das Volk der Heiligen verderben. Und durch seine Klugheit wird der Trug in seiner Hand gedeihen. Und er wird in seinem Herzen großtun, und unversehens wird er viele verderben.**

Die Auslegung Gabriels geht viel weiter als das Gesicht selbst, er zeigt ein Szenarium, das bis in den privaten Bereich geht und persönliche Betroffenheit auslöst. Alle die Sicherheitslehren werden dadurch in Frage gestellt. So z.B. die (Irr)Lehre, dass ein Gläubiger nicht verloren gehen kann, egal wie er lebt; einmal bekehrt, ist für immer bekehrt; natürlich sagen das nur die „Bekehrten". Ebenso die calvinistische Erwählungslehre, wonach vor Grundlegung der Welt an schon feststeht, wer er erwählt ist und wer verworfen ist; natürlich wissen das nur die „Erwählten"; „erwählt ist, wer heilig lebt" (Spurgeon). Oder die zehn Jungfrauen im Gleichnis; fünf davon sind so klug, dass sie nicht zu den törichten gehören. Die Aufteilung der Menschheit in Gläubige und Ungläubige machen natürlich nicht die Ungläubigen. Der Antichrist lässt alle in diesem Glauben und verdirbt sie zugleich. Erstaunlich naiv zu glauben, man sei davon nicht betroffen. Im Anfang der Gemeinde entschied sich, was gläubig und ungläubig war an dem Glauben an Jesus Christus als den Sohn Gottes, in der Reformation an dem Evangelium der Gnade Gottes, in der Offenbarung Jesu Christi sind die Gläubigen diejenigen, „welche die Gebote Gottes halten und den Glauben Jesu" (Offb.14,12).

„Erstaunliches Verderben anrichten" heißt auch, man würde es nicht für möglich halten. Wie jener frevelhafte König Schweine auf dem Altar im Heiligtum opferte, so machen es auch jetzt die Schweine selbst und opfern dem Sexkult, zugleich verhüten sie die Fruchtbarkeit und töten das werdende Leben. Perverser Sex ist keine Sünde mehr, sondern „sexuelle Vielfalt". ihre Täter werden obendrein von der Kirche gesegnet. Die Gesetzlosigkeit nimmt überhand, und das in einer Kirche, die nach Christus benannt ist. Der Antichrist richtet gewaltiges Verderben an, und die ihm wehren, werden diskriminiert.

Und was ist mit den „wir Starken" (Röm.15,1)? Wo sind sie? Sind denn alle unsere großen Brüder schwach geworden? Plötzlich ist die Gesetzlosigkeit im eigenen Haus. Die Väter sind nicht mehr Herr im Hause, die Kinder bestimmen den Ton. Erwachsene Kinder verachten ihre gottesfürchtigen Eltern und erheben sich wider sie. Emanzipierte Frauen übernehmen das Steuer, ihre Männer ordnen sich ihnen unter; etliche fühlen sich sogar wohl dabei.

Wir fragen, warum Gott dieses Verderben zulässt, dass auch „die Starken und das Volk der Heiligen" darunter fallen? Das stellt vieles von ihnen/uns bisher Geglaubte in Frage. Offenbar wollte Gott sie auf etwas Neues vorbereiten. Als Jesus kam, „saß das Volk in der Finsternis, es hat in Ihm ein neues Licht gesehen, und denen, die im Lande und Schatten des Todes saßen, Licht ist ihnen aufgegangen" (Matth.4,16). So auch in der Offenbarung Jesu Christi. Am Ende jeder Versuchung schafft Gott den Ausgang. Die Zeit des Frevlers ist begrenzt, er muss sich aber erst bis zum Höchsten steigern.

Und gegen den Fürsten der Fürsten wird er sich auflehnen, aber ohne Menschenhand zerschmettert werden. Auf dem Höhepunkt seines Treibens kommt er zu Fall. Zuletzt musste der

Frevler die Juden anflehen, für ihn zu beten. Ob zuletzt auch der Gesetzlose unserer Tage noch um Gnade flehen wird?

Und das Gesicht von den Abenden und von den Morgen, wovon gesprochen worden, ist Wahrheit; und du verschließe das Gesicht, denn es sind noch viele Tage bis dahin.

Und ich, Daniel, war dahin und war einige Tage krank. Dann stand ich auf und verrichtete die Geschäfte des Königs. Und ich war entsetzt über das Gesicht, und niemand war da, der es verstand.

Wenn „das Heiligtum gerechtfertigt werden wird" ist damit schon angedeutet, dass Gott das ganze jüdische System beseitigen wollte, um dem ewigen Reiche Gottes unter dem Fürsten der Fürsten den Weg zu bahnen. In Kap. 2 u. 7 ist das schon angesagt. Für Daniel war das was dieses kleine Horn anrichten sollte, eine schmerzliche Vorstellung, sie hat ihn krank gemacht. Wen sollte das unberührt lassen? Auch wir müssen uns damit abfinden, dass die gegenwärtige Gemeinde in einem ähnlichen Auflösungsprozess ist, sie wird von innen her zersetzt und zerschlagen. Verfolgung könnte sie stärken, Verderbnis muss sie als Heilsanstalt wertlos und überflüssig machen. Sie mag weiterhin als religiöser Verein bestehen, aber für Gott und die Heiligen existiert sie nicht mehr. Wir erwarten wie Abraham „die Stadt (Gemeinde), welche Grundlagen hat, deren Baumeister und Schöpfer Gott ist" (Hebr.11,10).

Daniels Demütigung (Kap. 9)

Man könnte meinen, dass Daniel noch unter dem Schock des vorigen Gesichtes steht, als er dieses Gebet in seinem Kämmerlein spricht. Es war das erste Jahr der Regierung Darius, als er schon als Vorsteher in dessen Diensten stand. Tatsächlich aber müssen nach Kapitel 8 bis zu diesem Zeitpunkt 30 Jahre vergangen sein. Denn nach dem Tod Belsazars (Kap.5,30) kam zuerst Kores, danach Darius (Kap.6). Hier erwartet ihn eine neue Prüfung des Glaubens, welche ihn ins Gebet treibt. Das neue Gesetz mit der Androhung der Löwengrube, machen ihm, obwohl in der Gunst des Königs stehend, Angst. Welch eine mörderische Gesellschaft umgab ihn hier in fremdem Land fern der Heimat. Wie lange waren sie schon im Reich der Chaldäer gefangen, und wie lange sollte es noch währen in dem nun folgenden? Zwar waren die Juden unter den persischen Königen frei und konnten, wenn sie wollten, nach Jerusalem zurückkehren, aber er selbst stand im Dienste des Königs. Daniel forscht in den prophetischen Schriften: *„Siebzig Jahre für die Verwüstung Jerusalems sollten vollendet werden"*, hatte Jeremia geschrieben, „dann werde ich mich euer annehmen und mein gutes Wort an euch erfüllen, euch an diesen Ort zurückzubringen" (29,10). Diese Zeit musste jetzt um sein. Vielleicht war Daniel jetzt selbst schon 70 oder älter.

Der König Kores hatte den Wiederaufbau des Tempels in Jerusalem angeordnet, aber die Stadt lag noch wüst, die Mauer war zerstört. Ein trauriges Bild bot sich den aus der Gefangenschaft Heimgekehrten. Daniel konnte dies nur erahnen, oder ihm wurde davon berichtet, wie Nehemia (1). Dreimal des Tages betete er mit dem Angesicht nach Jerusalem. Gerade als er betend und flehend vor seinem Gott auf den Knien lag, fanden ihn die Häscher. Das Unglück war beschlossen, sein Ende gekommen.

Da muss ihm die ganze trostlose Lage seines Volkes bewusst geworden sein.

Und ich richtete mein Angesicht zu Gott, dem Herrn, um ihn mit Gebet und Flehen zu suchen, in Fasten und Sacktuch und Asche. Und ich betete zum Herrn, meinem Gott, und ich bekannte und sprach: Ach Herr! Du großer und furchtbarer Gott, der den Bund und die Güte denen bewahrt, die ihn lieben und seine Gebote halten! Wir haben gesündigt und verkehrt und gesetzlos gehandelt, und wir haben uns empört und sind von deinen Geboten und von deinen Rechten abgewichen. Und wir haben nicht auf deine Knechte, die Propheten, gehört...

Wenn wir den niedrigen Zustand der Gemeinde in unseren Tagen betrachten, wenn uns unsere persönliche Lage als Kinder Gottes bewusst wird und wir uns sorgen um unsere Kinder, treibt es auch uns auf die Knie. Dann fragen wir auch, wie lange HErr? Warum hast du das entsetzliche widernatürliche und antichristliche Verderben, das uns jeden Tag begegnet, zugelassen? Der sexuellen Verführung und Unordnung sind am meisten unsere Kinder ausgesetzt und können sich kaum dagegen wehren. In Kap. 7 u. 8 ist uns ja die Änderung von „Zeiten und Gesetz“ durch das Tier angekündigt worden, und heute ist es voll eingetroffen. Hätte Gott es nicht verhindern können? „Mein ist die Rache, ich will vergelten, spricht der Herr. Und wiederum: Der Herr wird sein Volk richten“. Das steht nicht nur im Alten Testament, das trifft auch das Volk des neuen Bundes (Hebr.10,30). Gott kann die Teufel auf uns loslassen zur Prüfung unseres Glaubens wie bei Hiob. Doch bei uns hat es offenbar auch noch andere Gründe: „um dich zu demütigen, um dich zu versuchen, um zu erkennen, was in deinem Herzen ist, ob du seine Gebote beobachten würdest oder nicht“ (5.Mo.8,2).

Wir kommen nicht umhin, Gottes Wege und Gerichte mit uns anzuerkennen. Wie kann es sein, dass wir dennoch gesegnet sind, wie wir uns gerne einreden, wenn es schon wieder eine Trennung in der Gemeinde gegeben hat? In einem Ort waren zwei Gemeinden, heute sind es fünf durch Spaltungen, die eine dreimal wegen Gesetzlichkeit, die andere zweimal wegen gesetzloser Bestrebungen. Und immer noch alle gesegnet? Immer noch Frieden im Herzen, Freude im Herrn, Kraft für den Tag, Sieg im Kampf? Wir machen uns etwas vor, wenn wir glauben, die gute Gemeinschaft, die Liebe und Hilfsbereitschaft untereinander seien schon der Beweis des Segens von oben. Das kann man auch als Hauskreis oder Notgemeinschaft haben, dafür braucht man nicht unbedingt eine Gemeinde. Die Welt bietet ähnliche Gruppen an, sie hat für alle Fälle Hilfsgemeinschaften und Gesprächskreise, wo man sich austauschen kann.

Das geistliche Niveau der Gemeinden ist auf einem Tiefpunkt angekommen, zur Auferbauung fehlt die wahre geistliche Speise. Der Dienst am Wort besteht nur noch aus einer Rezension alter Betrachtungen und Schriften oder aus Moralpredigten und Erzählungen, die man einmal gelesen oder gehört hat. Das lebendige Wort Gottes selbst kommt nur in einzelnen Versen zur Sprache, das Alte Testament fast gar nicht, es sei denn als Geschichte. In vielen Gemeinden füllen Programme den Gottesdienst aus: Ansagen, Chor, Lieder, Gedichte, Anspiele. Und das finden die meisten Besucher schön so.

Andererseits beklagen wir die Zeit, wir regen uns auf über die Gottlosigkeit in der Gesellschaft, wir üben scharfe Kritik an der Regierung, die durch ihre Gesetzgebung die größte Sittenlosigkeit aller Zeiten fördert und in den Medien verbreiten lässt. Und wir erheben uns über die zunehmende Gesetzlosigkeit und Verweltlichung in vielen Gemeinden, weil wir ja noch bibeltreu geblieben sind. Aber wir fragen nicht wie Daniel, ob wir denn nicht auch zu alledem mit beigetragen haben und uns demütigen müssen.

Daniel wird in Hesekiel (14) in einem Atemzug mit Noah und Hiob genannt, welche gerechte und vollkommene und gottesfürchtige Männer waren, aber niemand erretten konnten, nur ihre eigene Seele. Sie waren nicht sündlos, und Daniel hielt sich auch nicht dafür; er bekennt seine persönliche Sünde und macht sich mit der Sünde des Volkes eins.

Allgemein ist man mehr an dem Schluss des Kapitels interessiert als an dem Anfang. Unsere anerkannten Ausleger haben uns auf die falsche Fährte geführt, indem sie lehren, das Ganze würde gar nicht uns betreffen, sondern die Juden. So rätseln sie weiter an den „70 Wochen" und dem angeblich noch kommenden „Fürsten" herum. Wollen wir jedoch die „Verwüstungen", die wir gerade erleben, richtig beurteilen, müssen wir uns zuerst einmal mit der Demütigung Daniels beschäftigen und diese uns zu eigen machen. Der Offenbarung der geheimnisvollen Stelle geht eine Demütigung voraus, eine gottgemäße Betrübnis über unsere Sünden und Abweichungen und Lieblosigkeiten und die der Gemeinde und des ganzen Volkes Gottes. Es ist wahrlich an der Zeit, dass wir uns tief in den Staub beugen und ein Bekenntnis der Schuld ablegen. Wir sind ja längst an dem Punkte angelangt, die Zeit ist dafür reif und die Umstände nötigen uns, wo wir Vers für Vers das Gebet Daniels durchgehen müssen. Solange wir uns nicht demütigen, demütigt der HErr uns. Ohne Buße keine Wiederherstellung. Das erste Sendschreiben würde schon Grund genug sein zur Buße: „Ich habe wider dich, dass du deine erste Liebe verlassen hast. Gedenke nun, wovon du gefallen bist, und tue Buße ..." (Offb.2,4). Obwohl der HErr alle gottesdienstlichen Werke und Einstellungen in Ephesus in Ordnung findet, stimmt doch die Herzenseinstellung zu Ihm nicht mehr, und damit fehlt die Hauptsache. Es ist nicht ein Nach-lassen der Liebe in der ersten Frische, wie es gerne gedeutet wird, sondern ein Verlassen, im Klartext eheliche Untreue. Jesus ist eifersüchtig auf Seine Gemeinde, die Sein Weib ist (Eph.5,22-33), weil sie fremdgeht, weil sie den jetzigen Zeitlauf liebgewonnen hat (2.Tim.4,10). Der Fall zieht in 4.Mo.5 eine priesterliche Untersuchung nach sich. Diese findet auch in der Offenbarung statt: „Ich überführe und züchtige so viele ich liebe. Sei nun eifrig und tue Buße!" (Offb.3,19). Von dem wirklichen Zustand des Priestertums der Gläubigen zeugt der Prophet Maleachi, der dem Sendschreiben an Laodicäa entspricht.

Buße ist angesagt. Dafür muss zuerst einmal das Gewissen aufgeweckt werden, um sich der Schuld bewusst zu sein. Dies erreicht der HErr durch die Zucht, das Gericht und die Leiden der Endzeit. Musste es denn soweit kommen? „Dein Leben ist eine Schande". Von diesem Wort in einer Predigt getroffen reiste Modersohn zu einer Pastorenrüstzeit. Alle dort Versammelten lagen nachher auf den Knien und bekannten ihre Sünden. Danach gab es eine Erweckung. In einer anderen Bußversammlung von Brüdern benetzten aller Tränen den Boden wegen des schlechten Zustandes des Gesamtzeugnisses. So etwas gab es noch vor 1oo Jahren, doch heute scheint es auf Einzelne wie Daniel beschränkt zu sein.

Unter dem Gemeindevolk hat sich in den letzten Jahrzehnten eine große Gleichgültigkeit eingeschlichen. Statt das Blut Jesu zu rühmen, beherrschen Wohlstand und Geldliebe das Denken und die Gespräche, eine irdische Gesinnung bestimmt das Handeln, aus dem allerlei Böses entsteht: Weltförmigkeit, Stolz, Eitelkeit, Hurerei und Götzendienst; Prediger leben in unerlaubten Liebesbeziehungen, in den Gemeinden Neid und Streit, Ungerechtigkeiten, Cliquenbildung, Afterreden, Verleumdung und der Übel mehr. Der niedrige Zustand ist die Folge einer oberflächlichen Predigt, einseitige Betonung der Gnade, Verschweigen der ganzen Wahrheit, Leugnen der Verantwortlichkeit des Gläubigen und des Gerichts, Duldung von falschen Lehren und Begeisterung für das politische Israel. Allein die Sendschreiben genügen, um alle Abweichungen und Fehlentwicklungen ins göttliche Licht zu stellen. Die epochale, kirchengeschichtliche Deutung diente nur dazu, alles auf die Volkskirchen abzuwälzen und sich in Philadelphia selbst bestätigt zu finden; man nimmt einfach Gottes Wort nicht mehr ernst.

Die Gemeinde hörte nicht mehr auf die Stimme des Geistes. Die Sünde wurde nicht mehr gerichtet, die Ungerechten geduldet und bekamen die Herrschaft, die Guten aber wurden ausgeschieden, treue Zeugen und Mahner mundtot gemacht. Es mangelte nicht an dem übergemeindlichen prophetischen Dienst. „Stimmen und Blitze und Donner" warnten, sie kündeten das Eingreifen Gottes an (Offb.8,5). Doch man hörte nicht auf sie, weil „sie nicht von uns waren". Die Stimme des Propheten ist verstummt. In archivierten Schriften und Büchern liest man noch ihre Klagen und Seufzer.

Wir haben nicht auf deine Knechte, die Propheten gehört, welche in deinem Namen zu unseren Königen, unseren Fürsten und unseren Vätern und zu allem Volk des Landes geredet

haben. Dein, o Herr, ist die Gerechtigkeit, unser aber die Beschämung des Angesichts, wie es an diesem Tage ist...

Wäre nicht Christus Seiner Gemeinde treu geblieben – wir wären verloren. Er liebt noch immer Sein Volk, das Er teuer erkauft hat, aber Er muss Seine Liebe mit dem goldenen Gürtel der Wahrheit zurückhalten und es den Feinden überlassen. Wir waren nicht anders zu belehren. Das war auch in der Zeit des alten Bundes Seine Weise. Deshalb sind diese Wege für uns aufgeschrieben, „du verkauftest dein Volk für ein Geringes und hast nicht hochgestellt ihren Preis" (Ps.44,12).

Möchte doch Gott uns für das Überhandnehmen der Gesetzlosigkeit, das uns umgibt, einmal die Augen öffnen, dass es um unsertwillen geschehen ist. Wäre die Kirche ihrem Herrn treu geblieben, wäre die Welt überführt worden, wie es im ersten Teil des Buches Daniel geschehen ist. Nun aber werden wir überführt. Wir haben gar keinen Grund uns darüber zu erregen, wie schlecht die Welt ist, wie die Unmoral wächst und Gewalt und Verderben zunehmen – das gehört zum Wesen der Welt, deren Fürst Satan ist. Wenn der Abgrund geöffnet ist, kommt wie aus einem tätigen Vulkan alles Böse und Teuflische daraus hervor. Das muss uns nicht wundern, denn Satan hat freies Spiel, die Menschen zu verführen, die nicht das Siegel Gottes an ihren Stirnen haben, das heißt nicht die Gesinnung des Geistes des Lebens haben (Offb.9; Röm.8,1-11).

Unsere Verantwortlichkeit als Kinder Gottes ist ungleich größer als die Welt. Gott will unter Seinem Volke geheiligt werden, und deshalb legt Er hier einen strengeren Maßstab an, wie das Beispiel Israels im alten Bunde zeigt. „Versammelt mir meine Frommen, die meinen Bund geschlossen haben beim Opfer! ... denn Gott ist es, der richtet" (Ps.50,5). Wie haben das unsere geistlichen Führer, Evangelisten und Lehrer verkannt. Die verantwortlichen Brüder haben kein Gericht mehr gehalten in der Gemeinde, so dass das Böse wie ein Sauerteig weiterwirken konnte. Stattdessen haben sie die Seelen in eine falsche Sicherheit eingewiegt und damit der Verführung ausgesetzt, ja geradezu zum Abfall verleitet. Die Rede, kein Unglück wird über euch kommen, das Gericht kommt nur über die Welt, und zwar nach der Entrückung der Gemeinde, war fatal. Und dann kam das Unglück. „Sie heilten die Wunde der Tochter meines Volkes leichthin und sprachen: Friede, Friede! Und da ist doch kein Friede. Denn von ihrem Kleinsten bis zu ihrem Größten sind sie allesamt der Gewinnsucht ergeben, und vom Propheten bis zum Priester üben sie Falschheit" (Jer.6). Dazu hat der HErr nicht geschwiegen und durch Seine Knechte deutlich warnen lassen, dass das Gericht am Hause Gottes anfängt. Zuerst bei uns! betont Petrus (1.Petr.4,17-19).

Der HErr hat über das Unglück gewacht und es über uns kommen lassen ... Unter dem ganzen Himmel ist keines geschehen wie dasjenige welches an Jerusalem geschehen ist.

Unser „Jerusalem" liegt weit hinter uns, ebenfalls mindestens 70 Jahre. Und dann werden wir plötzlich aus unserem Traum wach und merken, dass wir uns in Babylon befinden. Bei den Juden geschah die Wegführung in Etappen, bei den Christen war der Übergang schleichend. Dann kommt plötzlich ganz unvermittelt ein Wort an unser Ohr, das der Geist den Gemeinden sagt: „Gefallen, gefallen ist Babylon, die große ..." (Offb.14,8). Und wir sind gemeint. Das kann doch nicht sein, Babylon ist Rom. Auch, aber Altbabylon. Das Neubabylon aber bildet der Evangelikalismus. Wie sollte Gott Sein Volk dort herausrufen, wenn es nicht darin wäre? (Offb.18,4).

Daniel hat die Lage voll erfasst, er beschönigt nichts und macht auch für sich keine Ausnahme:

„Ganz Israel hat dein Gesetz übertreten und ist abgewichen, sodass es deiner Stimme nicht gehorcht hat. Und so hat sich der Fluch und der Schwur über uns ergossen, welcher im Gesetz Moses, des Knechtes Gottes, geschrieben steht, weil wir gegen ihn gesündigt haben ... Herr, nach allen deinen Taten der Gerechtigkeit lass doch deinen Zorn und deinen Grimm sich wenden von deiner Stadt Jerusalem, deinem heiligen Berge!"

Ein großes Hindernis für die Rückführung ist die falsche Israellehre. Die Kirche hat von jeher geglaubt, dass die Gläubigen des neuen Bundes „Gottes Israel" sind, und das „Jerusalem droben" unsere Mutter ist, wie es der Galaterbrief ausführlich und schlüssig für den „Samen Abrahams" darlegt, zu dem seit jeher nur die Glaubenden gehören (Gal.3 u.4). Das war das Bekenntnis aller Reformatoren, bis der Dispensationalismus, der im 19.Jahrh. aufkam, das Volk Gottes in ein himmlisches und ein irdisches teilte. Das „irdische Volk", die Juden, die durch den Zionismus Auftrieb bekamen, wieder ein eigenes Land zu besitzen, sei das auserwählte Volk Gottes, an dem sich noch die Verheißungen der Propheten erfüllen würden. Gemeinde und Israel wurden so in Gegensatz zueinander gebracht, für die Gemeinde die Entrückung, für Israel das tausendjährige Reich. Diese Lehre ist im Evangelikalismus weit verbreitet und wurde mit der Staatsgründung Israels 1948 zu einem Politikum. Die Frage, wer nun zu diesem vermeintlichen Israel in den vergangenen 2000 Jahren gehörte oder heute gehört, wurde stets ausgeblendet oder ihr ausgewichen. Tatsache ist, dass alle Menschen, auch die Juden, Generation für Generation, die nicht an das Evangelium geglaubt haben, verloren gegangen sind. Und für die heute Lebenden gilt dasselbe: „Wer da glaubt und getauft wird, wird errettet werden; wer aber nicht glaubt, wird verdammt werden" (Mark.16,10). Ein irdisches Israel existiert nicht mehr, es wurde am Kreuz an dem Einen gerichtet und begraben. Auferstanden ist ein neues Israel nach dem Geiste (Hes.37). Die Hoffnung Israels hat Paulus in der Auferstehung Christi verkündigt, und damit nichts Anderes gesagt, „was auch Moses und Propheten geredet haben, dass es geschehen werde" (Apg.26,6-8 u.23).

Gottes Volk heißt seit Jakob und bis heute Israel, wie es das Bild des Ölbaums in Röm.11 nicht deutlicher machen könnte. Gottes Israel ist nie verstoßen oder ausgelöscht worden. Eine andere Frage ist, wer gehört dazu? Paulus zählt nur die Glaubenden dazu, er selbst und ein Überrest nach Wahl der Gnade. Von den Millionen, die aus Ägypten zogen, blieben nur zwei übrig, die an die Verheißung, in das Land von Milch und Honig zu kommen, glaubten. Die übrigen aber sind wegen ihres Unglaubens in der Wüste gefallen (Hebr.3,15-19). Unsere Israelpropheten unterschlagen diese Wahrheit, sie verherrlichen etwas als Israel, in dem es keinen einzigen echten Juden im Sinne vom Röm.2,28.29 gibt. Die wahre Beschneidung aber ist die Taufe auf den Namen Jesu.

Ebenso blieb von der Wegführung nach Babel nur ein geringer, aber bußfertiger Teil übrig. Der Ruf zur Rückkehr erging an alle in dem großen persischen Weltreich, aber nur ein Überrest kehrte zurück (Esra 1). Die meisten hatten sich in den Ländern, wohin sie zerstreut waren, ansässig gemacht und vermischten sich mit den Nationen, hörten also auf Israel zu sein. Es ging ihnen doch gut, sie hatten Häuser gebaut und Weinberge gepflanzt. Wozu dann in ein wüstes Land zurückkehren? Von Sehnsucht keine Spur wie bei allen „die auf das Irdische sinnen" (Phil.3,18.19). In Babylon war es gut sein, nachdem die Bedrückung aufgehört hatte. Das Bild von den guten und schlechten Feigen, das Jeremia sieht (24), unterscheidet Israel und Israel, ebenso Christen und Christen.

Offenbar war es der Zweck der Wegführung, um allein das Echte wieder zurückzuführen. Wer von Israel war, sollte nach der Gefangenschaft daran geprüft werden, ob sie nach Gott fragen „mit eurem ganzen Herzen, mich anrufen und hingehen und zu mir beten" (Hes.29,10-14). Wer aus Israel ist, wird in Esra und Nehemia neu geprüft, „ganz Israel" wird neu definiert (Esra 2,59; 6,21; 10,5; Neh.7,73). Die später Hinzugekommenen machten das Israel nicht ganzer, sondern den Kreis nur größer. Entscheidend war eine Reinigung von allem Fremden in Reue und Buße; Esra veranstaltete eine Bußversammlung, er betete ähnlich wie Daniel (Esra 9, Neh. 9).

Und abermals findet Jahrhunderte später eine Sichtung statt, wer aus Israel ist und wer nicht. Prüf- und Eckstein ist der Glaube an den wahren Israel Gottes, Jesum Christum. So musste sich auch dieses Wort erfüllen: „Und es wird geschehen im ganzen Land, spricht der Herr: zwei Teile davon werden ausgerottet werden und verscheiden, aber der dritte Teil davon wird übrigbleiben" (Sach.13,8). Wer dieses Wort glaubte, blieb übrig. Denn „so viele ihn aber aufnehmen, denen gab er das Recht, Kinder Gottes zu sein, welche nicht aus Geblüt, noch aus dem Willen des Fleisches, noch aus dem Willen des Mannes, sondern aus Gott geboren sind" (Joh.1,12.13). Das Gesetz, natürliche Abstammung und Geschlechtsverzeichnisse haben nun keine Bedeutung mehr, sie sind nutzlos und eitel (Tit.3,9).

Unsere blinden Propheten wollen uns weismachen, dass jenes heutige politische, ungläubige, zum großen Teil agnostische „Israel" das auserwählte Volk sei. Wozu auserwählt? In der Hitlerzeit hat kein Bruder in der Versammlung über die Propheten gepredigt, im Gegenteil, die Juden seien ein Fluch. Wieso eigentlich standen die Juden bis ins 20.Jahrh. unter dem Fluch? – Wer hat ihn nach dem Krieg weggenommen? Als die Politik wieder pro Israel war, erfüllten sich plötzlich die alttestamentlichen Verheißungen. Da es nach 70 Jahren dort nicht weitergeht, müssen die Juden noch durch die „große Drangsal". Wie verlogen sind doch unsere Israelpropheten, so verlogen wie einst die Propheten im alten Israel, die das Volk irreführten und dadurch mit an der Wegführung schuldig geworden sind. Auch die Gerechten zogen mit in die Verbannung, und nur die Bußfertigen kamen zurück. So konnte nach Gottes Plan ein Neuanfang gemacht werden.

Ein Israel nach dem Fleische kennen wir nicht mehr (2.Kor.5,16). Daniel hat ein gänzlich anderes Israel vor Augen. Er selbst ist Teil des Volkes der Heiligen und daher auch von den Leiden mitbetroffen. Anders unsere Bibellehrer, sie haben die große Wehklage auf die fleischlichen Juden abgewälzt. Wenn Johannes schreibt: „Siehe, er kommt mit den Wolken, und jedes Auge wird ihn sehen, auch die ihn durchstochen haben. Und Wehklagen werden seinetwegen alle Stämme des Landes (Geschlechter der Erde). Ja, Amen" (Offb.1,7). Meint er die Juden? Vielleicht haben das einige apostolische Väter oder Origenes so verstanden. Von den heute lebenden Juden hat Ihn keiner durchstochen. Das waren Christen, wer könnte es anders sein als die Seinen Namen bekennen, Ihn aber in den treuen Zeugen verkennen. Die Kirchengeschichte liefert genügend Beispiele von Verfolgung und Mord. Inquisition, öffentlicher Prozess, Scheiterhaufen – die Sünden der Kirche sind bis zum Himmel aufgehäuft. Die Offenbarung richtet sich an die christliche Kirche, nicht an die Welt. In der eigenen Gemeinde (Pergamus) wurde der Leib Christi im Geiste durchstochen, seelisch gemartert, zerteilt. Es gibt so viele Antipas, denen Unrecht geschah. Wegen dieser Ungerechtigkeiten und Sünden hat Gott über das Unglück gewacht, und es über uns kommen lassen, wie es an diesem Tage ist. Und eben dieses Israel nach dem Geiste leidet unter dem gegenwärtigen Zustand. Die Masse der Bekenner aber liebt die Welt und verliert sich darin.

Für die meisten Christen, wenn nicht für 99 %, ist das himmlische Jerusalem etwas Fremdes und Unbekanntes. Sie haben es nie gesehen, noch können sie eine Beschreibung davon geben. Sie haben daher keine Beziehung zu ihrer Mutter, die Liebe zu ihr müsste erst geweckt werden. Eine Tochter Jerusalems zu sein und zu Israel zu gehören sind sich nur wenige bewusst. Die ganze Wahrheit davon liegt unter Schutt und Trümmer. Dies zeugt von einem schweren Gericht an der Gemeinde Gottes, woran wir noch zu tragen haben.

Wie war das denn mit unserer heiligen Stadt im Anfang? Für unsere Väter, die Apostel, war das Jerusalem droben eine wohlbekannte Stadt. Sie war der Inbegriff der Herrlichkeit Gottes und des Lammes. In ihren besten Tagen blühte die heilige Stadt, alles glänzte von reinem Golde göttlicher Wahrheit und Gerechtigkeit in Christo; alles war rein und lieblich, ihr ganzes Gebiet war hochheilig. Dort lebten die Heiligen als Priester und Könige, regierten und bezeugten das Zeugnis Jesu und lobten Gott im Heiligtum. Und dann kam der Abfall und das Gericht und die Wegführung – nach Babylon.

Und nun höre, unser Gott, auf das Gebet deines Knechtes und auf sein Flehen; und um des Herrn willen lass dein Angesicht leuchten über dein verwüstetes Heiligtum! Neige, mein Gott, dein Ohr und höre! Tue deine Augen auf und sieh unsere Verwüstungen und die Stadt, welche nach deinem Namen genannt ist! Denn nicht um unserer Gerechtigkeiten willen legen wir unser Flehen vor dir nieder, sondern um deiner vielen Erbarmungen willen. Herr, höre! Herr, vergib! Herr merke auf und handle; zögere nicht, um deiner selbst willen, mein Gott! Denn deine Stadt und dein Volk sind nach deinem Namen genannt.

Es ist Deine Gemeinde, Dein Heiligtum, wo Du verheißen hast in der Mitte derer zu sein, die in Deinem Namen versammelt sind. Es ist Dein Volk, das Du mit Deinem teuren Blut erkauft hast. Um Deines großen Namens willen erbarme Dich unser, HErr Jesus!

Während Daniel noch redete und betete – es war also nicht nur ein Gedankengebet, sondern vernehmlich ausgesprochen – und knieend seine Sünde und die Sünde seines Volkes bekannte. Daniel schloss sich nicht von der Sünde des Volkes aus. Mehrere Male sagt er: „wir haben gesündigt, wir haben gesetzlos gehandelt". Auch seine persönliche Mitschuld an dem Unglück, wodurch auch immer, bekennt er vor seinem Gott. Es war die Zeit des Abendopfers, das er selbst, fern von Jerusalem, einsam in seinem Zimmer, nicht bringen konnte, aber sein Gebet war ein Speisopfer. Da bekam er Besuch von oben: der Erzengel Gabriel, den er schon im Gesicht im Anfang gesehen hatte (Kap. 8,16-18), steht plötzlich vor ihm und spricht ihn an: „Ich bin ausgegangen, um dich Verständnis zu lehren. Im Anfang deines Flehens ist ein Wort ausgegangen, und i c h bin gekommen, um es dir kundzutun; denn du bist ein Vielgeliebter."

Was ist das Besondere, dass er Vielgeliebter genannt wird? Sind nicht alle Gläubigen vielgeliebt? Aber nicht alle gehen so in die Gedanken Gottes ein wie Daniel. Viele beklagen sich über die Umstände statt Gottes Wege anzuerkennen. Doch Daniel hat in tiefer Beugung mit seinem Bußgebet zu Gottes Herz gefunden. Dem teilt Gott auch Seine Gedanken und Geheimnisse mit, woran andere nur rätseln. Das ist auch der Grund, warum die Offenbarung nicht verstanden wird und die schlimmsten Dinge da hineindeuten, an denen sie selbst nicht beteiligt sind.

Die 70 Jahrwochen

So merke auf das Wort und verstehe das Gesicht: Siebenzig Wochen sind über dein Volk und über deine heilige Stadt bestimmt, um die Übertretung zum Abschluss zu bringen, und die Ungerechtigkeit zu sühnen und den Sünden ein Ende zu machen und eine ewige Gerechtigkeit einzuführen, und Gesicht und Propheten zu versiegeln, und ein Allerheiligstes zu salben.

In diesen Worten ist alles schon enthalten, was Jesus am Kreuze vollbracht hat: Die Sühnung für unsere Sünden, die Gerechtigkeit

Gottes, die uns durch den Glauben an Sein Blut gerecht macht, das Hohepriestertum Christi, durch den auch wir zu Priestern geworden sind und Zugang haben ins Allerheiligste, die Gemeinde als heiliger Tempel im Herrn, und die Erfüllung aller Propheten in Christo. Das ganze Zeugnis Jesu und der Apostel kommt in diesem einen Vers zum Ausdruck, und zugleich die Wiederherstellung der Gemeinde als neues Jerusalem, wie Jesajas weissagt und Petrus wiederholt und Johannes schon gesehen hat: „Wir erwarten aber, nach seiner Verheißung, neue Himmel und eine neue Erde, in welcher Gerechtigkeit wohnt" (Jes. 65,17; 2.Petr.3,13; Offb.21,1). Paulus bezieht dies auf den Einzelnen, „wenn jemand in Christo ist, da ist eine neue Schöpfung; das Alte ist vergangen, siehe, alles ist neu geworden" in Christo" (2.Kor.5,17).

Gabriel erklärt weiter: „So wisse denn und verstehe: Vom Ausgehen des Wortes, Jerusalem wiederherzustellen und zu bauen, bis auf (den) Messias, den Fürsten, sind sieben Wochen und zweiundsechzig Wochen." Hier ist ein Sprung von Kores bis auf den Messias. Das ganze Geschehen des Wiederaufbaues in den Büchern Esra und Nehemia wird übergangen. Es wird lediglich von dem Ruf Kores ausgegangen, welchen er in seinem ganzen Königreich verbreiten ließ: „Wer irgend unter euch aus seinem Volke ist, mit dem sei sein Gott und er ziehe hinauf nach Jerusalem, das in Juda ist, und baue das Haus des Herrn, des Gottes Israels." Das Wiederaufbauwerk mag in oder nach den 7 Wochen (Jahren) begonnen haben. Daniel weiß von dem Ruf Kores, er selbst aber nimmt nicht an dem Werk in Jerusalem teil. Und jetzt hört er von Gabriel, dass dieses nur ein vorübergehender Wiederaufbau ist und wieder verschwinden wird, bis durch das Sühnopfer des Messias die ewige Gerechtigkeit eingeführt wird. Aber betrachten wir die 70 Wochen im Einzelnen.

Aus den Wochen sind tatsächlich Jahrwochen geworden, wie sich leicht nachrechnen lässt: Der Ruf Kores erging im Jahre 453 v. Chr., bis zum öffentlichen Auftreten des Messias, als Jesus 30 Jahre alt war – also im Jahre 30 unserer Zeitrechnung –, waren es 7 plus 62 = 69 Wochen = 483 Jahre. Es „werden Straßen und Gräben wiederhergestellt und gebaut werden, und zwar in Drangsal der Zeiten". Das ist eine Anspielung auf die bedrängnisvolle Zeit des Wiederaufbaues Jerusalems, wobei allerdings dem Tempelbau und Mauerbau keine Erwähnung getan wird. Übergangen wird auch die moralische und geistliche Verwüstungszeit, (wovon in Kap.8 berichtet wird, in Kap.11 ausführlich). Durch den Messias sollte ein noch größeres Wiederherstellungswerk entstehen. Insofern hat Jesus eigentlich die „Straßen und Gräben gebaut", nämlich den Weg dem Volke bereitet zum Heil.

Und nach den zweiundsechzig Wochen wird der Messias weggetan werden und nichts haben. Die letzte Woche hatte mit dem öffentlichen Dienst Jesu begonnen, nach dreieinhalb Jahren, zur Hälfte der Woche wurde „der König der Juden" gekreuzigt und weggetan. Dies hatte Pilatus als Beschuldigungsschrift in drei Sprachen, auf Hebräisch, griechisch und lateinisch, oben über dem Kreuz geschrieben. Dies tat er nicht aus sich selbst, die ganze Welt sollte erfahren, dass ein Messias nach dem Fleische nicht mehr existiert, er wurde „ausgerottet" – ein starker Ausdruck, der deutlich macht, dass die Juden vergeblich auf einen Messias warten. Als König der Juden für die Aufrichtung eines irdischen Reiches wird Er nicht wiederkommen. Es gibt kein irdisches Reich mehr, denn „mein Reich ist nicht von dieser Welt" (Joh.18,36). Ein messianisches Reich ist ein alter jüdischer Traum und leider auch ein christlicher, der nicht in Erfüllung gehen kann, weil der Messias weggetan wurde; durch Seinen Tod wurde Er aller irdischen Hoffnung beraubt, wie einer, dem man alles weggenommen hat, sogar das Leben. Ultraorthodoxe Juden erkennen den Staat Israel nicht an, weil er demokratisch ist, vielmehr warten sie auf den Messias und sein Königtum in ihrer Vorstellungswelt.

Nicht allein ihr König ist weggetan, sondern auch „die Stadt und das Heiligtum wurden zerstört, und das Ende davon wird die überströmende Flut sein; und bis ans Ende Krieg, Festbeschlossenes von Verwüstungen". Es blieb in der zweiten Hälfte der letzten Jahrwoche nichts, aber auch gar nichts Gottesdienstliches für die Juden mehr übrig. Denn „zur Hälfte der (letzten) Woche wird er Schlachtopfer und Speisopfer aufhören lassen". Zwar hatte Er einen festen Bund mit den Vielen für eine Woche (die 70. Woche) geschlossen – es war bereits der neue Bund –, aber für die Juden eben nur dreieinhalb Jahre, weil sie ihren König verwarfen. Der Bund existierte aber weiter, bis heute und bis zur Erscheinung des neuen Jerusalem. Die Vielen waren dann die aus den Nationen. Das Abendmahl erinnerte uns sonntäglich an „den neuen Bund in seinem Blute" (Luk.22,20).

Eine Schwierigkeit scheint „das Volk des kommenden Fürsten" zu bilden. Dieser Fürst ist jedoch kein anderer Fürst, sondern derselbe wie der zuvor angekündigte Messias, den Fürsten, nämlich Jesus Christus. „Wir haben ihn (Stephanus) sagen hören: Dieser Jesus, der Nazaräer, wird diese Stätte zerstören und die Gebräuche verändern, die uns Moses überliefert hat" (Apg.6,14). Sie haben richtig gehört, nur dabei unterschlagen, dass nicht Jesus die Stadt und das Heiligtum zerstört, sondern das Volk, die Römer, die einmal Jesus als Herrn und König annehmen sollten. Aber Jesus hat das vorausgesagt, „denn dieses sind Tage der Rache, dass alles erfüllt werde, was (durch Daniel) geschrieben steht" (Luk.21,22). Das ist Geschichte. Gott wollte das ganze ungerechte jüdische System beseitigen.

„Und wegen der Beschirmung der Greuel wird ein Verwüster kommen, und zwar bis Vernichtung und Festbeschlossenes über das Verwüstete ausgegossen werden". Der Verwüster waren die Römer, wie oben gesagt. „Wenn ihr nun den Greuel der Verwüstung, von welchem durch Daniel, den Propheten geredet ist, stehen sehet an heiligem Orte, dass alsdann die in Judäa sind auf die Berge fliehen …" (Matth.24,15ff). Der Grund dieser Verwüstung ist die Beschirmung der Greueltat an Jesus, denn sie wollten es nicht wahrhaben, dass sie ihren Messias so schändlich behandelt und ermordet haben. Der Fall Jerusalems und die Zerstörung des Herodianischen Tempels geschah nach dem jüdischen Aufstand (66-70 n.Chr.). Eine Million Juden sollen in der Stadt Schutz gesucht haben, aber es wurde ihnen zum Fallstrick und zum Untergang. Es müssen schreckliche Tage gewesen sein für die, die nicht mehr aus Jerusalem fliehen konnten. Der jüdische Geschichtsschreiber Josephus berichtet darüber. Die Jünger Jesu haben sich rechtzeitig aus der Stadt entfernt, weil sie den Worten Jesus geglaubt haben.

Seit dem Kreuz und der Auferstehung Jesu währt nun die letzte Hälfte der 70.Jahrwoche von unbestimmter Dauer, mittlerweile fast 2000 Jahre, auch als „letzte Tage" bezeichnet, die wir Endzeit nennen; die meisten Endzeitler beschränken die Endzeit auf die letzten 200 Jahre, was auf die industriellen und ideologischen Umwälzungen im 19. Jahrh. zurückzuführen ist, die ein neues Forschen im prophetischen Wort, insbesondere der letzten Jahrwoche bewirkten. Die letzten dreieinhalb Jahre werden dem Buchstaben nach in der Offenbarung (11,12 u.13) wieder aufgegriffen, um die (Heils-)Zeit der Heiden zum Abschluss zu bringen und das neue Jerusalem einzuführen. Das Ende der dreieinhalb Jahre weiß nur der Vater, jedoch können wir an den Zeichen der Zeit erkennen, dass es nicht mehr lange dauern wird und Jesus wiederkommt und alles neu macht. „Diese Worte sind gewiss und wahrhaftig" (Offb.21,5-6; 22,20).

In eben diesen letzten zwei Jahrhunderten haben gewaltige Mächte der Finsternis die Gesellschaft verändert und sind auch in die Kirche und Gemeinde eingeströmt. Durch die Wirksamkeit des Sozialismus und anderer Ismen, in den vergangenen 70 Jahren besonders stark die vier Tiere (Dan.7; Offb.13), haben sich viele Gemeinden verändert, zum Teil so negativ, dass man sie kaum noch als Gemeinde ansprechen kann. Der überströmenden Flut des Zeitgeistes vermochten sie nichts entgegenzusetzen. Machen wir uns keine Illusionen, das Festbeschlossene von Verwüstungen ist auch über der Christenheit im Westen verhängt. Wir haben das bereits in Kapitel 8 beklagt. Es nützt aber nichts, allein den Abfall zu beklagen, uns darüber zu empören, dagegen Sturm zu laufen, wenn das Festbeschlossene vollzogen wird. Mit der Abstimmung zur „Ehe für Alle" ist die lang umkämpfte letzte Bastion gefallen. Ihre Befürworter nennen sich zu allem Hohn Christen, in Wahrheit sind sie Antichristen, gesetzlos und gottlos. Mögen sie triumphieren, aber nicht mehr lange. Eine Gewissensentscheidung wiederum war das von keinem Politiker, denn es fehlte der Bezug zum Worte Gottes. Weiteren sittlichen Verwüstungen und sexuellen Verirrungen steht nun nichts mehr im Wege. Der Mehrheitsbeschluss wurde von höherer Hand geleitet, zu ihrem eigenen Verderben.

Der Jubel der Homos, jetzt heiraten zu können, ist nur von kurzer Dauer. Ebenso wie die Lebenspartnerschaft gewöhnlich nicht lange halten und die Partner wieder wechseln, wird es auch mit ihrer Ehe sein. Nur ist dann die Scheidung schwieriger und kostet Geld, möglicherweise auch Unterhalt, wenn Kinder zurückgelassen werden. Über dies alles hinaus werden sie „den gebührenden Lohn ihrer Verirrung an sich selbst empfangen" (Röm.1,27).

Im Augenblick beschäftigt uns der große Abfall der christlichen Welt und der Kirche, die Verweltlichung der Gemeinden und das Leben vieler Bekenner in Gesetzlosigkeit und Ungerechtigkeit. Das alles wird seinen Abschluss finden mit der Erscheinung des neuen Jerusalem als Braut des Lammes. Alle lauen Gemeindesysteme werden beseitigt werden, sie hatten nur für eine begrenzte Zeit Bedeutung, um Erweckungen zu bewirken. Diese aber sind sämtlich bald wieder verflacht, abgefallen, in Tradition und Religion erstarrt. Erweckung lässt sich nicht übertragen, jede Generation muss neu erweckt werden. Maleachi beschreibt den lauen Zustand des Judentums und besonders des Priestertums, welches unter Esra und Nehemia einmal aufgeblüht war – eine genaue Kopie des laodicäischen Christentums, wie es sich heute darstellt, welches der HErr ausspeien wird. Gemeinde Gottes der nachbabylonischen Zeit wurde nach dem Kreuz neu definiert, dasselbe geschieht vor der Erscheinung Seines zweiten Kommens. Nur noch ein Überrest vom Überrest fürchtete den Herrn, welchem Er die Verheißung gibt, Ihm „zum (Sonder-)Eigentum zu sein an dem Tage, den ich machen werde ... und ihr werdet die Gesetzlosen zertreten, denn sie werden Asche sein unter euren Fußsohlen an dem Tage, den ich machen werde, spricht der Herr" (Mal.3,16-18; 4,1-3).).

„... und die Ungerechtigkeit zu sühnen und den Sünden ein Ende zu machen und eine ewige Gerechtigkeit einzuführen". Wahre Kinder Gottes haben schon immer daran geglaubt, dass Christus die Ungerechtigkeit gesühnt, ja auch die Sünde der Welt getragen hat; Er ist unsere Gerechtigkeit, das Sündenleben hat aufgehört, wir sind durch den Glauben gerechtfertigt worden, um ein integres, gerechtes gottwohlgefälliges Leben zu führen. Daher haben wir Freimütigkeit zum Eintritt in das Heiligtum durch das Blut Jesu (Hebr.10,19). Das Heiligtum aber hat Er selbst eingeweiht durch den Vorhang hin, das ist sein Fleisch. Er ist auch der Hohepriester, der „Diener des Heiligtums, welches der Herr errichtet hat, nicht der Mensch" (Hebr.8,1-2).

Eine sündlose gerechte Welt kann es nicht geben, solange sündige Menschen auf der Erde leben. Es gibt nur ein Friedensreich von Gott, ein Leben in Gerechtigkeit und Frieden in Christo Jesu für jeden Glaubenden. „Ja, es wär' zum Weinen, wenn kein Heiland wär'; aber Sein Erscheinen bracht' den Himmel her." (CL 70)

Eine grosse Mühsal (Kap. 10)

Im dritten Jahre Kores, des Königs von Persien, bekam Daniel eine neue Offenbarung, und zwar über den Weitergang des Reiches unter den persischen Königen. Nach dem glorreichen Sieg Kores über Babylon und der Unterstützung der heimkehrenden Juden war inzwischen eine traurige Veränderung im Reich eingetreten. Dass das Werk in Jerusalem in „Drangsal der Zeiten" geschehen sollte, war Daniel bereits mitgeteilt worden. Doch was er jetzt von dort hörte, ähnlich wie Nehemia (1,3) übertraf seine Befürchtungen. Er war so traurig über die Entwicklung in Jerusalem, dass er drei volle Wochen fastete und auf eine Antwort von Gott wartete. Dann erschien ihm der HErr Selbst, aber in einer Gestalt, die ihn sehr erschreckt.

Am vierundzwanzigsten Tage des ersten Monats, da war ich am Ufer des großen Stromes, das ist der Hiddekel (Tigris). Und ich erhob meine Augen und sah: und siehe, da war ein Mann in Linnen gekleidet und seine Lenden waren umgürtet mit Gold von Uphas; und sein leib war wie ein Chrysolith, und sein Angesicht wie das Aussehen des Blitzes, und seine Augen wie Feuerfackeln, und seine Arme und seine Füße wie der Anblick von leuchtendem Erze; und die Stimme seiner Worte war wie die Stimme einer Menge.

Auf die Männer, die bei ihm waren, fiel ein großer Schrecken, so dass sie flohen und sich verbargen. Daniel blieb allein übrig und sah das große Gesicht, in ihm blieb keine Kraft, er wurde bleich vor Furcht bis zur Entstellung. Und vor der Stimme der Worte, die er hörte, sank er betäubt zu Boden auf sein Angesicht. Dann rührt ihn eine Hand an und macht, dass er auf seine Kniee und Hände emporwankt. Der Mann spricht so freundlich zu ihm: Daniel, du vielgeliebter Mann! Ich habe dir etwas mitzuteilen, fürchte dich nicht, Daniel.

Hatte der Apostel Johannes nicht eine ganz ähnliche Erscheinung, als er die Offenbarung bekam? Der Mann in Linnen bei Daniel ist Derselbe „gleich einem Menschensohn, angetan mit einem bis zu den Füßen reichenden Gewand", dem sich Johannes gegenübersah (Offb.1). Bei Johannes ist Er hingegen „an der Brust umgürtet mit einem goldenen Gürtel", und Sein „Angesicht leuchtet wie die Sonne in ihrer Kraft", bei Daniel ist Sein Aussehen wie der Blitz. Der Unterschied hat sicher eine Bedeutung: Die Lenden umgürtet hemmt die Kraft, Er lässt dem Abfall seinen Lauf bis zum Ende. Kapitel 11 wird uns das zeigen. In der Offenbarung ist es anders, mit der Brust umgürtet hält Er die Liebe und Zuneigung zu Seiner untreuen Gemeinde zurück, Er tritt dort als Hohepriester und König auf und richtet mit dem Schwerte Seines Mundes, um den Abfall zu beenden.

Dem Strom des Abfalls, woran der Hiddekel erinnert, lässt Gott freien Lauf, bis die streitenden Mächte sich selbst zu Grunde richten. Gott schreitet nicht ein, offenbart aber Seinen Knechten, was im „Buche der Wahrheit" darüber verzeichnet ist. Darin finden wir wichtige Informationen wie die Gesetzlosen taktieren. Wichtig auch für alle, die den Abfall aufhalten wollen, was vergeblich ist. Versuchen wir ihn heute und hier einzudämmen, bricht es an anderer Stelle wieder ein. Das ist sehr entmutigend, ja zum Krankwerden wie Daniel. Doch wir sollen auch wissen, dass der Abfall zu seinem Ende kommen wird, aber nicht durch Menschenhand. Wie denn? Das beantwortet uns ausführlich das letzte Buch der Bibel. Das Buch Daniel zeigt uns den Lauf der Dinge in der Welt und der Kirche, die Offenbarung das Einschreiten Gottes zu Gunsten Seines Volkes. Man kann die Offenbarung nicht verstehen, ohne Daniel verstanden zu haben.

Beide Erscheinungen Christi, sowohl in Seiner Offenbarung als auch in Daniel, sind für uns aufgezeichnet, damit wir den HErrn Jesus kennen und fürchten lernen als den Heiligen und Wahrhaftigen. Daniel war so erschrocken über das Gesicht, dass er keine Kraft behielt und zu Boden sank. Auch Johannes erging es ähnlich: „Als ich ihn sah, fiel ich zu seinen Füßen wie tot". Es ist schon ein Zeichen des Abfalls, wenn wir den HErrn nicht mehr fürchten.

Auf gottesfürchtige Leser des Buches fiel stets „ein großer Schrecken, und sie flohen und verbargen sich". Sie fürchteten sich, das große Gesicht zu betrachten und sich an die Deutung zu wagen. Diese sind Gott angenehmer als jene Schriftgelehrten und Ausleger, welche behaupten, Daniel sei Geschichte oder ferne Zukunft nach uns, oder die Offenbarung gehe uns als Gläubige nichts an, sie sei Kirchengeschichte (Kap.1-3), ab Kap.4 seien wir nicht mehr auf dem Schauplatz, die Gemeinde sei dann schon entrückt. Stehen wir doch heute mitten im Geschehen, und die Entrückung verzieht und wird weiter verziehen, bis die Braut des Lammes wieder erkennbar ist, gereinigt durch die Gerichte. Der große Strom wird weiter strömen, mal höher, mal flacher, aber dennoch weiter bis „das Schwert dessen, der auf dem Pferde saß", die Gesetzlosen richtet (Offb.19,21). Aber Gott greift gelegentlich in den Strom ein und holt größere und kleinere Fischschwärme mit dem Netz des Evangeliums heraus, sprich Erweckung.

Fürchte dich nicht, Daniel! Denn von dem ersten Tage an, da du dein Herz darauf gerichtet hast, Verständnis zu erlangen und dich vor deinem Gott zu demütigen, sind deine Worte erhört worden; und um deiner Worte willen bin ich gekommen.

Während der ganzen drei Wochen seines Fastens war ein unsichtbarer Kampf im Gange gewesen um die Wahrheit. Der Fürst des Königsreichs Persien, vermutlich Kores, widerstand dem Sohne des Menschen, bis Michael, einer der ersten Fürsten, kam, um ihm zum Siege zu verhelfen. Brauchte Jesus den Beistand eines Engels? Als Er in Gethsemane betete um die Ergebenheit seines Willens unter den Willen des Vaters, den bitteren Kelch der Leiden anzunehmen, „da kam ein Engel aus dem Himmel und stärkte ihn" (Luk.22,43). Der Sieg von Golgatha wurde in Gethsemane errungen.

Das erklärt auch den obigen Kampf. Wie war es möglich, dass der gute Geist Kores, den Gott selbst erweckt und gerufen hatte, nach drei Jahren ein Gegner Gottes wurde? Warum wehrte dieser sich dagegen, dass der HErr zu Daniel kam? Kores war kein Gegner des Werkes Gottes in Jerusalem. Hatte er es doch befohlen und unterstützt. Aber er war ein Gegner des Geistes des HErrn geworden. Vielleicht verband er mit dem Werk Gottes die Hoffnung auf eine bessere Zeit und Festigkeit für sein Reich. Es sollte aufwärts gehen, der Wiederaufbau Jerusalems, vor allem des Tempels, die Wichtigkeit des Gesetzes Gottes garantierten den Königen Persiens Ordnung und Frieden (Esra 6,8-12). Daniel aber sind „Drangsal der Zeiten" angekündigt bis auf den Messias, er weiß auch schon von dem Untergang des großen persischen Reiches und dem darauf folgenden Verderben seines Volkes (Kap.8,6,19-21).

Stellen wir uns vor, Daniel wäre zu jener Zeit in Jerusalem gewesen und hätte das, was Gabriel ihm bisher offenbart hatte, dort kundgemacht, was wäre die Reaktion der Bauenden in Jerusalem gewesen? Das Heiligtum sollte wieder geschändet, ja zerstört werden, der Messias von seinem eigenen Volk beseitigt werden – man hätte ihm genauso widerstanden wie Kores dem HErrn, ja ihn als Schwarzseher, als falschen Propheten bezeichnet. Doch gerade die Wahrheit über den kommenden Abfall hätte sie in Jerusalem nüchtern, demütig und wachsam gehalten, sie wäre das Bewahrungsmittel vor dem Abfall gewesen. Denn die Weissagung ist ein Zeichen den Glaubenden, nicht den Ungläubigen (1.Kor.14,22).

Blicken wir noch einmal zurück auf die Erweckungen im 19.Jahrh. Die Brüderbewegung, die eine Erweckung der Gläubigen war, ist ein Paradebeispiel dafür, wie man den Abfall leugnen kann. Wer rechnet schon damit, wenn eine Bewegung oder Erweckung gerade begonnen hat. Ganz richtig hatte man sich als Philadelphia verstanden und Esra und Nehemia zum Vorbild genommen, aber die Möglichkeit des Abfalls ausgeschlossen. Erwartete man doch täglich die Entrückung, ja man verfiel in eine Entrückungseuphorie. Die ganze Schrift haben sie erforscht, auch sich an dem Buch Daniel versucht, aber es blieb für sie immer ein Geheimnis, zumal es verschlossen bleiben sollte bis zur Zeit des Endes.

Zwischen Kores und Daniel hatte sich ein Widerstand eingeschoben, ja ein Geisteskampf entsponnen, der aber in einer höheren Sphäre ausgetragen wurde und beiden gar nicht bewusst war. Daniel erfährt davon erst jetzt. „Und ich bin gekommen, um dich verstehen zu lassen, was deinem Volke am Ende der Tage widerfahren wird." Was soll er dazu sagen? Daniel ist davon sehr getroffen, auch von der Schwere des Kampfes, er schaut zur Erde und verstummt. Bis ein anderer, den Menschenkindern gleich, seine Lippen berührt und er wieder reden kann. Er muss wieder bekennen, dass das Gesicht ihn so niedergeworfen hat, Wehen haben ihn überfallen, so dass er keine Kraft mehr hat als müsse er sterben.

Wiederum rührt einer, von Aussehen wie ein Mensch, seine Lippen an und sprach zu ihm: „Fürchte dich nicht, du vielgeliebter Mann! Friede dir! sei stark, ja, sei stark!" Gott ist nicht unmenschlich, Er weiß, dass wir schwache, furchtsame und sündige Menschen sind. Den heiligen Gott so direkt wie Daniel im Gesicht zu sehen können wir nicht aushalten, Er muss sich uns menschlich zeigen, er nimmt hier für einen Augenblick menschliche Gestalt an. Als die Zeit erfüllt war, kam Er als Mensch, vom Weibe geboren, in die Welt. Der Vater sandte Seinen Sohn, der Gott offenbarte, durch Ihn redete und Sein Wesen zeigt. Wenn wir Jesus so betrachten, ergeht es uns wie Daniel: „Als er in dieser Weise mit mir redete, fühlte ich mich gestärkt und sprach: Mein Herr möge mit mir reden, denn du hast mich gestärkt."

Daniel wird nun in eine weitere Auseinandersetzung des HErrn mit dem abgefallenen Fürsten von Persien eingeweiht. Dieser Streit fand mit dem letzten Fürsten Persiens statt, als der Fürst von Griechenland kam, was schon in Kap.8,5-7 kurz angedeutet ist. Der HErr wollte zu Gunsten der Heiligen zurückkehren, "um mit dem Fürsten von Persien zu streiten". Das würde den Fürsten von Griechenland ermutigen, wider Den zu streiten, Der sich für Sein Volk verwandte. Der Krieg ging auch über das Land Israel hinweg. Es war ein zwei-Fronten-Krieg, einerseits gegen den gesetzlichen Geist (Religion, Persien), auf der anderen Seite gegen den gesetzlosen Geist der Welt (Philosophie, Griechentum). „Und es ist kein einziger, der mir wider jene mutig beisteht, als nur Michael, euer Fürst."

Die Knechte Gottes haben heute den gleichen Kampf in den Gemeinden und Versammlungen. In erster Linie kämpfen sie gegen die geheuchelte Bruderliebe, die gesetzliche Frömmigkeit und die Selbstgerechtigkeit. Hier erfahren wir die böseste Art des

Widersachers. Gleichzeitig müssen wir den eindringenden Geist der Weltförmigkeit abwehren und die Gesetzlosigkeit verurteilen, die eine Form der Gottlosigkeit ist. Für die Treuen und Entschiedenen ist diese Auseinandersetzung heute meist schnell beendet: Entweder sie schweigen, oder man schließt sie kurzerhand aus. Wir brauchen in diesem Kampf einen, der uns mutig beisteht, und das ist Michael, unser Fürst. Er kämpft mit seinen Engeln den Kampf gegen den Teufel, den Verkläger der Brüder, und siegt (Offb.12,7-9).

Nichts als Abfall und Auseinandersetzungen (Kap. 11)

LIBERAL VS. KONSERVATIV

Und auch ich stand im ersten Jahre Darius, des Meders, ihm bei als Helfer und Schutz.

Was war denn da für ein Geisteskampf im ersten Jahre Darius? Die Anklage gegen Daniel, die zur Folge hatte, dass er in die Löwengrube geworfen wurde. Wer hat da für Daniel gekämpft, dass er sie unversehrt überstand? Michael, euer Fürst. Und der HErr stand ihm bei als Helfer und Schutz und verschloss den Rachen der Löwen.

Nach dem Streit des HErrn bzw. Michaels mit dem Widersacher, entspann sich ein Kampf der Kontrahenten untereinander: „Und nun will ich dir die Wahrheit kundtun: Siehe, es werden noch drei Könige in Persien aufstehen, und der vierte wird größeren Reichtum erlangen als alle; und wenn er durch seinen Reichtum stark geworden ist, wird er alles gegen das Königreich Griechenland aufregen." Die Kampagne gegen Griechenland ist dem letzten Perserkönig übel bekommen, wie wir bereits in Kap.8,7 erfahren haben; er wurde von dem griechischen Ziegenbock angerannt und niedergeworfen und zertreten. Da hat ihm kein Herr und kein Michael geholfen. So ist das, wenn man auf eigene Stärke vertraut. An sich waren die Perser ja gottesfürchtige Könige, aber den Kampf gegen die Griechen, das ist noch ein anderes Gebiet. Wir lernen persönlich daraus, zwar konsequent unserem Gewissen zu folgen, aber den linken Staat, der seine Ideologie aus der griechischen Philosophie speist, nicht herauszufordern.

Die Geschichte im vorletzten Kapitel des Buches knüpft in Kap. 8 an und geht weiter mit seinen Erben (vier Hörner). Besonders mit der Auseinandersetzung von zwei Richtungen, dem König des Nordens und dem König des Südens und ihren Nachfolgern, beschäftigt sich das Buch der Wahrheit. Dieses Buch umfasst nicht nur ein Kapitel, sondern viele Kapitel der Weltgeschichte. Es ist auch nicht nur einfach ein Geschichtsbuch, sondern erklärt auch aktuelles Geschehen. Gott schreibt Geschichte im Voraus insoweit sie Bedeutung hat für Sein Volk, in der vorliegenden Geschichte des Abfalls gibt Er die wesentlichen Merkmale und Aktionen der Rivalen, die um die Vorherrschaft kämpfen, an. Noch immer haben wir „die Zeiten der Nationen", deren Ende der große Abfall ist, der Gottes Volk in eine ebenso große Drangsal führt. Die Grundtypen der Kontrahenten, die zu Feinden werden, sind immer und zu allen Zeiten die gleichen. In allen Bereichen, in der Politik, in der Gesellschaft und leider auch in der Kirche, die wir hier besonders im Auge haben, geht es um Einfluss und Macht. Beide Könige wollen die Oberhand behalten, ihr Verhältnis wird zunehmend kritischer; im Endkampf unterliegt der eine, aber auch der andere kommt zu seinem Ende. Folgen wir den Etappen im Einzelnen. Örtlichkeiten sind nicht angegeben, Namen werden nicht genannt, vieles ist nur angedeutet und umschrieben und erfordert deshalb eine genauere Betrachtung.

Mit dem „tapferen König" in den Versen 3 und 4, worin Alexander d. Gr. zu erkennen ist, haben wir uns bereits früher ausführlich beschäftigt. Nachdem sein Reich zertrümmert und zerteilt ist, entsteht ein Machtkampf unter seinen Obersten.

Und der König des Südens, und zwar einer von seinen Obersten, wird stark werden. Und einer wird stark werden über ihn hinaus und wird herrschen: seine Herrschaft wird eine große Herrschaft sein. Und nach Verlauf von Jahren werden sie sich verbünden; und die Tochter des Königs des Südens wird zu dem König des Nordens kommen, um einen Ausgleich zu bewirken. Aber sie wird die Kraft des Armes nicht behalten, und er wird nicht bestehen noch sein Arm; und sie wird dahingegeben werden, sie und die sie eingeführt haben, und

der sie gezeugt, und der sie in jenen Zeiten unterstützt hat.

Die politische Entwicklung mit dem kleinen Horn haben wir bereits in Kap.8 gesehen, nun aber findet mehr ein innerkirchliches Ringen statt. Was politisch links und rechts genannt wird, ist im kirchlichen Raum liberal und konservativ. Die politische Einheit des Dritten Reiches hatte auch eine kirchliche Einheit mit ihm zur Folge, vereinigt für Volk und Reich. Als es zerfiel, bildeten sich die vier großen Parteien. Die Kirche aber war in zwei Hälften gespalten, einerseits die Volkskirchen mit politischer Ausrichtung, die andere Hälfte bildeten die Freikirchen, welche eine lebhafte evangelistische Tätigkeit entwickelten, wofür der konservative König des Südens steht. Für seinen Obersten stehen bekannte Pfarrer und Evangelisten, deren Glaube sich in der Nazizeit bewährt hatte und die jetzt freimütig hervortraten.

Nach ihnen kamen andere, die nicht die Kriegszeit miterlebt hatten oder verfolgt wurden, und die fühlten sich sehr stark, indem sie meinten, die Welt mit dem Evangelium erobern zu können. Das war in den 60er Jahren, große evangelistische Feldzüge erregten Aufsehen und zogen die Menschen an. Es war die Zeit der Zeltevangelisationen (Janzteam). Einer der ganz großen Weltevangelisten war Billy Graham. Seine Werbemanager konnten Hunderttausende in Stadien versammeln.

Alles war groß, amerikanisch, Begeisterung weckend, besonders in Allianzkreisen. Hörte man doch „klares Evangelium", sanfte Musikbegleitung rührte die Gefühle an, nach vorne zu kommen, wobei aber Bestellte den Anfang machten. Viele Menschen schlossen auf den Großveranstaltungen „Frieden mit Gott". Hinter den Kulissen begann dann das Gerangel der Gemeinden um die Seelen. Hier sollte die reizvolle „Tochter des Königs des Südens" einen Ausgleich bewirken. Liberal oder konservativ spielte hier noch keine Rolle, denn in jener Zeit waren noch alle konservativ. Es ging vielmehr um die Stellung zur Welt, Anpassung oder Absonderung. Davon hörte man kein Wort in der Predigt, darum brauchte auch keine weitere Entscheidung gefällt zu werden, Hauptsache die Leute hatten sich „für Christus entschieden", damit war die Differenz ausgeglichen.

Doch was ist bei diesem Seelenhandel herausgekommen, was ist von der Frucht übriggeblieben? Billy spricht von 2%, und die sind im Wesen noch unerlöst, seelische Christen, die sich selbst und anderen zur Last fallen. Keine Kraft, keine Entschiedenheit, halb Welt, halb Christus, im Grunde unglücklich. In den 70er Jahren gingen denn auch die Besucherzahlen rapide zurück. Plakate und Einladungszettel animierten nicht mehr. Man hatte Mühe, ein paar Leute ins Zelt zu bekommen. Meist kamen nur Gläubige.

In dem folgenden Abschnitt geht es nicht mehr um Ausgleichen, sondern es entsteht ein Kampf durch den Widerstand des Königs des Südens gegen liberale Kräfte, die die bestehenden Ordnungen und Werte relativieren.

Doch einer von den Schösslingen ihrer Wurzeln wird an seiner Statt aufstehen; und er wird gegen die Heeresmacht kommen, und wird in die Festungen des Königs des Nordens eindringen und mit ihnen nach Gutdünken verfahren, und wird siegen. Und auch wird er ihre Götter samt ihren gegossenen Bildern, samt ihren kostbaren Geräten, Silber und Gold, nach Ägypten in die Gefangenschaft führen; und er wird Jahre lang standhalten vor dem König des Nordens.

Gegen die bereits erwähnte 68er-Bewegung machten jetzt konservative Kräfte mobil. Was mit den Kindern in der Schule geschah, die Einführung der Sexualerziehung ohne Befragung der Eltern, die anitautoritäre Erziehung, der Unterricht sollte demokratisch sein, die inhaltliche Veränderung der Schulbücher, empörte Lehrer und Eltern. Es wimmelte nur so von obszönen und elternfeindlichen Texten in den Deutschbüchern. Die Evolutionstheorie konnte einige Jahre zuvor noch abgewehrt werden. Doch nun stand der Affe schon gleich auf dem Biologiebuchdeckel, im Buchinnern Seiten über Sexualität mit Zeichnungen.

Gegen den neuen Geist der Schule wehren sich Lehrerschaft und Elternvereine mächtig, es ging ja um ihre Sprösslinge, letztlich um die Familie. Schon erschienen die ersten Bücher gegen die neue Pädagogik. „Schülermanipulation" von Schoeck, „Alarm um die Schule" von Immanuel Lück und andere christliche Pädagogen deckten die ideologische Indoktrination auf. Zum Glück war es möglich, in die Festungen des Königs des Nordens, die Schulpflicht, mit der Gründung von freien christlichen Bekenntnisschulen einzudringen. Das Grundgesetz gewährleistete ja das Recht auf Errichtung von Privatschulen. Das war ein Sieg. Die „Schule auf biblischer Basis" (Grundlagen und Ziele Evangelischer Bekenntnisschulen, AEBS) konnte mit dem christlichen pädagogischen Konzept all das „nach Ägypten in die Gefangenschaft führen" was die Kulturzerstörer und Kinderschänder durchsetzen wollten. Jahre lang hatten sie damit Erfolg, die Zahl der Bekenntnisschulen erhöhte sich bundesweit beträchtlich. Aus den gleichen Bedenken gegen die Schule nahmen christliche Eltern ihre Kinder heraus und unterrichteten sie selbst. Das verwickelte sie in einen schweren Kampf mit den Behörden, aber Gott half ihnen zum Siege, der Staat musste den Hausunterricht (Homeschooling) dulden.

Noch einmal macht der König des Nordens einen Vorstoß in das Reich des Königs des Südens, kehrt aber unverrichteter Dinge wieder „in sein Land zurück" (V.9). Die Position gläubiger Christen ist ihm zu stark, sie gehen keinen Schritt zurück, so dass er nachgeben muss. Seine Götter und Götzenbilder muss er vergessen, aber sein Gold und Silber findet inzwischen bessere Verwendung. Schule muss nicht neu erfunden werden, man kann auf Bewährtes zurückgreifen und neue Schätze sammeln.

Aber seine Söhne werden sich zum Kriege rüsten und eine Menge großer Heere zusammenbringen; und einer wird kommen und überschwemmen und überfluten. Eine wahre Flut von gottlosen und unsittlichen Einflüssen überschwemmte in den siebziger Jahren das Land der Reformation. Inzwischen waren die Medien ganz in der Hand der Linksliberalen und verbreiten ihre Ideologie. Sogar bis in die Kirchen drangen sie ein, wenn diese nicht schon von den 68er unterwandert waren. Dagegen erbitterte sich der König des Südens **und wird ausziehen und mit ihm, dem König des Nordens streiten; und dieser wird eine große Menge aufstellen, aber die Menge wird in seine Hand (des Königs des Südens) gegeben werden. Und wie die Menge weggenommen wird, wird sein Herz sich erheben; und er wird Zehntausende niederwerfen, aber nicht zu Macht kommen.**

Es sind also durchaus Erfolge bei dem König des Südens zu verzeichnen, die ihm Mut machen. Dennoch bekommt er keine Macht, die Oberhand behält der sozialliberale König des Nordens trotz seiner großen Niederlage. Dieses Hin und Her hängt mit den wechselnden Regierungen zusammen. Mal sind die Roten (SPD) in der Mehrheit (1969-1982), mal die CDU, jeweils bilden sie die Landes- oder die Bundesregierung und bestimmen die geistige, sittliche und moralischer Ausrichtung. Koalitionen zwischen beiden gab es in jenen Jahren nicht.

Und der König des Nordens wird wiederkommen und eine Menge aufstellen, größer als die frühere; und nach Verlauf der Zeiten von Jahren wird er mit einem großen Heer und mit großer Ausrüstung kommen.

Jetzt geht es um mehr als um liberal und konservativ. Unter der Rot-Grünen Bundesregierung (1998-2005) sowie durch die Rot-Grüne Landesregierung NRW (1970-2005, 2010-2017) waren die größten Anstrengungen und Gesetzesänderungen gegen christliche Werte und generell gegen das Christentum. Die Grünen, Nachkommen der 68er (Joschka Fischer, Jürgen Trittin), werten Ehe und Familie ab, fördern Abtreibung, sexuelle Exzesse, Sex mit wechselnden Partnern, beliebige Beziehungen, Pädophile, Lebenspartnerschaften, Unterstützung der Homobewegung, Homoehe usw., Frühsexualisierung in den Schulen, Gender-Ideologie und dergleichen widernatürliche und schändliche Dinge, wie sie im alten Rom herrschten (vgl.Röm.1).

In jenen Zeiten werden viele aufstehen gegen den König des Südens; und Gewalttätige deines Volkes werden sich erheben, um das Gesicht zu erfüllen, und werden zu Fall kommen. Wer sind die Aufständischen gegen den König des Südens? Die eigenen Leute, die vorher noch für ihn kämpften. Wer biblische Werte vertritt, wird angegriffen, selbst von Mitchristen. Wer anderer Meinungen ist als die Gesetzlosen, wer gegen den Zeitgeist redet oder gar demonstriert, z.B. gegen Abtreibung, wird niedergemacht. Doch den „Gewalttägigen deines Volkes" muss auch gesagt werden, dass sie mit Gewalt nichts erreichen, weder die Gesetzlichkeit (im Süden) abzuschütteln noch die Gesetzlosigkeit (von Norden) aufzuhalten. Die Dinge gehen ihren Gang, ob man sich dagegen empört oder nicht.

Und der König des Nordens wird kommen und einen Wall aufwerfen und eine befestigte Stadt einnehmen; und die Streitkräfte des Südens werden nicht standhalten, selbst sein auserlesenes Volk wir keine Kraft haben, um standzuhalten. Und der, welcher gegen ihn gekommen ist, wird nach seinem Gutdünken handeln, und niemand wird vor ihm bestehen, und er wird seinen Stand nehmen im Lande der Zierde, und Vertilgung wird in seiner Hand sein.

Die Lage wird ernster. Die Uneinigkeit im eigenen Lager hat die Front gegen den Feind aus dem Norden geschwächt; der „Wall" lässt kein Überlaufen mehr zu, die Positionen liegen fest. Die Gesetzlosigkeit wird noch nicht wahrgenommen, aber sie wirkt bereits geheimnisvoll; der Gesetzlose hat unentdeckt seinen Stand in der Gemeinde genommen, schafft Altbewährtes ab und führt Neues ein. Wer jetzt immer noch die falsche Lesart im 2. Thessalonischerbrief glaubt, die Gemeinde oder der Heilige Geist würden ihn zurückhalten, der träumt. Wahrheit ist, dass der Gesetzlose versucht, den Tag des HErrn zurückzuhalten, weil er dann gerichtet wird. Deshalb will er vorher noch möglichst Viele verderben, auch „Starke und das Volk der Heiligen" (Kap.8,24). Die Verwechslung von Ursache und Wirkung macht selbst entschiedene Christen kraftlos und machtlos. Gerade Letztere sind besonders scharfe Kritiker anderer Gemeinden, vergessen aber, dass sie selbst betroffen und Teil des großen Szenariums sind.

Der Gesetzlose hat keine ethischen Werte mehr, er handelt nach eigenem Gutdünken, so dass ihm niemand etwas entgegensetzen kann; Konsens über Werte kommt nicht mehr zustande. Was sind überhaupt noch Werte und wer bestimmt sie? Auf einer Kultusministerkonferenz konnte man sich nicht einmal darüber einigen, welche Werte nun gelten sollen. Angesichts der Flüchtlingskrise diskutiert man über eine „Leitkultur", sehr kontrovers, weil man von der biblisch-christlichen Kultur weit abgekommen ist, leider auch die Kirche. Wahrheit ist für viele Zeitgenossen relativ, es gibt nicht nur die eine Wahrheit, sondern viele. Sprüche wie:

man kann das so und so sehen, sind bereits gängiges Bibelgespräch selbst bei bibeltreuen Christen. Wenn dieser Standpunkt mehrheitlich in der Gemeinde (Zierde) vertreten wird, dann bleibt von der Wahrheit des Evangeliums nicht mehr viel übrig.

Und er wird sein Angesicht darauf richten, mit der Macht seines ganzen Reiches zu kommen, indem er einen Ausgleich im Sinne hat, und er wird ihn bewirken; und er wird ihm eine Tochter der Weiber geben, zu ihrem Verderben; und sie wird nicht bestehen, und wird nichts für ihn sein.

Die Macht seines ganzen Reiches verdankt der Antichrist den Medien und den Bildungseinrichtungen Schule und Uni. Was sie lehren und verbreiten, ist ein Menschenbild in purer Sittenlosigkeit und Nacktheit. Liberal kann man den König des Nordens schon nicht mehr nennen, vielmehr verfolgt er eine Befreiung aller von allen überkommenden Werten. Ein Hindernis für die restlose Entblößung sind ihm nur noch die frommen „Fundamentalisten".

Der König des Südens hatte vorher versucht, seine Tochter anzubieten (V.6), was nun umgekehrt geschieht: Der König des Nordens will seinerseits einen Ausgleich bewirken, indem er eine Frau anbietet, wahrscheinlich eine Tochter loser Weiber, gekleidet wie eine Hure; sie soll mit der Liebe und ihren weiblichen Reizen werben, die Südseite für die neue Moral und Freiheit zu gewinnen. Dabei stößt sie auf totale Ablehnung. Eine Feministin, zweimal geschieden, dreimal abgetrieben, scheitert natürlich bei „Erzkonservativen" und fällt in ihr eigenes Verderben zurück; es sei denn, sie kann überführt werden und bekehrt sich. Solche Fälle sind ja nicht selten.

Und er wird sein Angesicht nach den Inseln hinwenden und viele einnehmen; aber ein Feldherr wird seinem Hohne ein Ende machen, dazu noch seinen Hohn ihm zurückgeben.

Der mißglückte Ausgleichsversuch lässt ihn nach den „Inseln" ausschauen. Vielleicht gibt es ja doch einzelne Christen, leider mehr als vermutet, die sich von ihm einnehmen lassen und die schamlose Mode mitmachen und wer weiß was sonst noch. Das ist schon schlimm. Aber sie alle werden von einem „Feldherr", der das Feld behält, sehr beschämt werden. In den USA geschieht das gegenwärtig durch die neue konservative Regierung. Trump macht dem Hohn der Linken ein Ende, dazu gibt er ihnen und vor allem den Medien ihren Hohn zurück.

Auch in Deutschland können sich die Machtverhältnisse plötzlich ändern. Hoffentlich. Gott kann das bewirken zu Gunsten Seines Volkes. Ein Beispiel ist auch die Wende in der Sowjetunion. Dort werden wieder die alten Kulturwerte gepflegt gegen den dekadenten Westen. Manche Christen wandern nach Russland aus.

Und er (der Antichrist) **wird sein Angesicht nach den Festungen seines Landes hinwenden, und wird straucheln und fallen und nicht mehr gefunden werden.** Er ist jetzt auf der Flucht und sucht einen sicheren Zufluchtsort, aber der Sittenstrolch fällt über seine eigenen Beine oder buchstäblich über andere auf einer Demo. Damit ist die Moralzerstörung seiner Söhne am Ende, wenigstens ihr bisheriges Vorgehen.

GESETZLOS VS. GESETZLICH

Und an seiner Statt wird einer aufstehen, welcher einen Eintreiber der Abgaben durch die Herrlichkeit des Reiches ziehen lässt.

Die Geschichte des Abfalls geht weiter, auch wenn stille Zeiten eintreten. Bisher haben wir den Einfluss des Abfalls in der Welt auf das Reich Gottes gesehen. Nun aber geht es um den Abfall im Reich selbst, in der Gemeinde und ganz persönlich. Hier gibt es keine Fronten wie im Krieg zwischen Norden und Süden. „Eintreiber der Abgaben", o, das geht an unser Geld – eine der schlimmsten Vorstellungen für Wohlstandschristen. Das Wohlstandsdenken beherrscht mehr oder weniger alle, eine andere Art von Abfall vom Glauben des Evangeliums. Man ist reich und üppig geworden an weltlichen Gütern und Schätzen. Aber je mehr unser Sinn auf das Irdische geht, auf Stellung, Besitz, Geld, Luxus, teure Autos, prächtige Häuser, Reisen, umso ärmer werden wir innerlich. Die Väter des Glaubens hatten einst wie Paulus „um der Vortrefflichkeit der Erkenntnis Christi Jesu willen" irdischen Gewinn für Verlust geachtet, auf Karriere und Vorteile verzichtet und waren geistlich reich geworden (Phil.3,7-11). Der Jugendfreund meines Vaters meinte, man müsse doch mit dem Pfund, das der HErr einem gegeben habe, wuchern, und ist dabei Millionär geworden. Vater aber hatte, wie er sagt, „alle an sich vorbeirauschen lassen" und wählte die Schmach Christi für den größeren Reichtum (Hebr.11,26). Er hatte wenig Geld, aber einen großen Glauben und machte wunderbare Erfahrungen mit Gott.

Der Gesetzlose wirkt weiter im Reiche Gottes, er möchte den Gläubigen alle geistlichen Segnungen rauben, und das kann er, wenn wir am Geld hängen. Endzeitpropheten nutzen diese Angst aus und schüren sie noch mehr durch falsche Deutungen der Apokalypse: Teure Zeiten, Antichrist, EU-Tier, nicht mehr kaufen können usw., ständig andere Visionen vom Malzeichen.

Für Dinge, die wir schön und begehrlich finden und unbedingt haben wollen, obwohl wir sie gar nicht brauchen, zahlen wir jeden Preis, aber für die Mission zu spenden, da wird gerechnet. „Abgaben" entrichten, abgeben sollten wir um des HErrn willen alles. Die Hebräer haben sogar den Raub ihrer Güter mit Freuden aufgenommen, „da ihr wisset, dass ihr für euch selbst eine bessere und bleibende Habe besitzet" (Hebr.10,34). Dem „Eintreiber" sollten wir keine Gelegenheit geben, auch wenn er eine Zahlkarte mitschickt. Das bringt keine Freude, bewirkt auch keine Freigebigkeit. Paulus packt das Thema ganz anders an, er führt den Korinthern das Beispiel der Gemeinden Macedoniens vor Augen, „deren tiefe Armut übergeströmt ist in den Reichtum ihrer Freigebigkeit" (2.Kor.8,2). Vor allem die Gnade des HErrn Jesus Christus, Der um unsertwillen arm wurde, „auf dass wir durch seine Armut reich würden" (8,9), sollte uns in Seiner Nachfolge immer vor Augen stehen. Dann benötigen wir keinen „Eintreiber", mit ihm muss man auch nicht streiten. Er wird **in wenigen Tagen zerschmettert werden, und zwar weder durch Zorn noch durch Krieg,** einfach durch die Gnade. Durch Wohltun und Mitteilen ist dem Abfall in den Materialismus gewehrt, „denn einen fröhlichen Geber hat Gott lieb" (2.Kor.9,7). Das Kapitel über Geben und Nehmen schließt mit dem wunderbaren Ausruf: „Gott aber sei Dank für seine unaussprechliche Gabe!"

Und an seiner Statt wird ein Verachteter aufstehen, auf den man nicht die Würde des Königtums legen wird; und er wird unversehens kommen und durch Schmeicheleien sich des Königtums bemächtigen. Wieder ein anderer Typ. Nach dem Eintreiber mit gesetzlichen Forderungen nun der Schmeichler. Den Eintreiber kann man schnell erkennen, den Schmeichler nicht so leicht. Schmeicheleien sind dem geistlichen Menschen widerlich, aber fleischliche Christen fallen meist auf Schmeichler herein. Dieser kommt mit gespielter Freundlichkeit, redet den Leuten nach dem Mund, will sich beliebt machen, und „durch süße Worte und schöne Reden verführt er die Herzen der Arglosen" (Röm.16,18). Er ist ein falscher Brudergeist, sehr geltungssüchtig und Trug übend. Von diesen Typen gibt es viele, und sie stellen sich bald in den Vordergrund.

„Ein Verachteter"? Warum war er verachtet? Wahrscheinlich wegen seiner unsoliden oder gar ausschweifenden Lebensweise. Davon hat er sich abgewandt, aber nun strebt er nach dem Dienst am Wort. Er will die Schrift auslegen, lehren, ermahnen. Das passt aber nicht zu dem Königtum in Jesu, dessen er sich eigenwillig bemächtigt. Er kann die Jugend belehren, er kann evangelistisch tätig sein, aber die Heiligen belehren bedarf eine tadellose Vergangenheit, auch eine gewisse altersgemäße Reife und Bewährung. Auf seine gute Redegabe soll man nicht hereinfallen.

Bei der herrschenden falschen Vorstellung, der Antichrist sei ein kommender Weltherrscher, der die Gemeinde verfolgen werde, wird nicht bedacht, dass er einen Werdegang hat. Die Geschichte des Abfalls in Dan.11 wird uns zeigen, dass dieser gesetzlose Typ sich aus kleinsten Anfängen entwickelt und in der Gemeinde seinen Ursprung hat. Plötzlich ist er so stark, dass er sich des Königtums bemächtigen kann und Gemeinden in kurzem radikal verändert. Dem Apostel Paulus steht diese Entwicklung in den Gemeinden der Nationen vor Augen, denn „schon ist das Geheimnis der Gesetzlosigkeit wirksam" (2.Thess.2). Der Gesetzlose aber ist ein Sohn der Gemeinde ohne Gottesfurcht, woraus sich weiterer Abfall ergibt.

Und die überströmenden Streitkräfte werden vor ihm überschwemmt und zertrümmert werden, und sogar ein Fürst des Bundes. Denn seitdem er sich mit ihm verbunden hat, wird er Trug üben. Und wird hinaufziehen und mit wenig Volk Macht gewinnen.

Als man endlich merkte, dass der Weltgeist in die Gemeinden eindrang, haben sich viele dagegen erhoben. Doch zu spät, wenige Stimmen genügten, um zum Beispiel die neue Mode durchzusetzen. Die Brüder stellten jedem anheim, nach seinem Gewissen zu handeln, und natürlich handelten die jungen Mädchen ohne Gewissensbedenken und erschienen bald in Hosen. Konservative Meinungen wurden von den modernen Ansichten regelrecht überschwemmt, galten als rückständig, gesetzlich oder der Tradition verhaftet.

Und wie steht der Neue zu dem „Fürst des Bundes“? Dann muss man ihn fragen, wie er zu den Geboten Gottes steht. In der Gemeinde aufgewachsen, aber nie seine Verlorenheit erkannt, oder bei einer Evangelisation „bekehrt“ gemacht, bekennt er sich zu Jesus ohne wirkliche Verbindung zum HErrn zu haben. Er weiß nicht, was Heiligkeit ist, „ohne welche niemand den Herrn schauen wird“ (Hebr.12,14). Das philadelphische Gemeindebekenntnis ist nachgesprochen, seine Bruderliebe ist geheuchelt. Von daher ist zu verstehen, dass er „sich selbst erhöht über alles, was Gott heißt oder ein Gegenstand der Verehrung ist, so dass er sich in den Tempel Gottes setzt und sich selbst darstellt, dass er Gott sei“ (2.The.2,4). Bibelkenntnis und -erkenntnis, Rezitieren bekannter Wahrheiten macht ihn groß – aber „auf diesen will ich blicken: auf den Elenden und den, der zerschlagenen Geistes ist, und der da zittert vor meinem Worte“ (Jes.66,2). Genau das fehlt ihm. Was ihn aber auszeichnet sind „die Wahrheiten, die schon im 1.Jahrhundert verloren gegangen sind, hat er wiederentdeckt und auf den Leuchter gestellt.“ Also gleich nach den Aposteln ist vieles an kostbarem Glaubensgut vergessen worden und die ganze Kirchengeschichte hindurch nicht wieder bekannt geworden, bis die große Erkenntnis im 19.Jahrh. kam. Was die Kirchenväter gelehrt haben, was die Reformatoren bekannt und geschrieben haben, ist in seinen

Augen nicht lesenswert. „Lies die Schrift“, und du kommst zu meiner Erkenntnis. Damit wird jedes Hinterfragen seiner Erkenntnis abgeblockt. Es sind nicht viele, nur „wenig Volk“, aber ihre Macht besteht in ihrem absoluten Wahrheitsanspruch und der Verbreitung ihrer Literatur.

Unversehens wird er in die fettesten Gegenden der Landschaft eindringen und tun was weder seine Väter noch die Väter seiner Väter getan haben: Raub und Beute und Gut wird er ihnen zerstreuen und wider die Festungen seine Anschläge ersinnen, und zwar eine Zeitlang.

Nun kommt die Jugend mit ins Spiel. Seit sie nicht mehr mit ihren Gedanken, mit dem Herzen schon gar nicht, bei den Gottesdiensten ist oder gar nicht mehr kommen will, wird ihr ein ungebührlich hoher Platz eingeräumt. Man möchte sie ja nicht verlieren. Früher lief die Jugend so nebenher, es gab nicht einmal Jugendstunden, und doch war es ganz selbstverständlich, sonntags mit in die Versammlung zu gehen, nach Väter Sitte sogar zweimal, morgens und nachmittags. Das war einfach unser Platz, und wir fühlten uns wohl dabei.

Woher kommt es, dass die jungen Leute auf einmal kritisch werden, sie schätzen nicht mehr das hohe Glaubensgut der Väter. Das was von jeher Ordnung, Sitte, Gebot, Überlieferung war, wird ihr zum Zwang. Für den Apostel Johannes war das ein Zeichen, dass sie Antichristen geworden sind. Das ist die richtige Bezeichnung, denn sie sind anti, das heißt gegen alles Frühere, sie hassen das Wort Gebote. Bei Johannes entfernten sie sich, weil ihnen die Erinnerung daran zuwider war, und gegen die Autorität der Apostel kamen sie nicht an. „Sie sind von uns ausgegangen, aber sie waren nicht von uns; denn wenn sie von uns gewesen wären, so würden sie wohl bei uns geblieben sein“ (1.Joh.2,15).

Unter dem Geist, der sich des Königtums bemächtigt hat, sieht es jedoch anders aus: sie bleiben, neue kommen von außen hinein und niemand wehrt ihnen, ja sie werden sogar eingeladen. Würden sie gehen, blieben nur noch die Alten übrig; die Gemeinde würde aussterben, wie das bei konservativen Gemeinden zu beobachten ist. Also muss man die Jungen animieren, hofieren, aber sie bringen den verführerischen Geist des Antichristen mit. Zuerst muss ihnen ihre Musik geboten werden, und die ist sinnlich, dämonisch, teuflisch. Darauf abgestimmt eine Predigt, die auf ihre Befindlichkeiten eingeht. Von dem, was den Vätern und den Vätern ihrer Väter einmal wichtig, geistlich und kostbar war, bleibt nichts mehr übrig.

Schlimm ist, dass er nicht davor zurückschreckt, „wider die Festungen seine Anschläge zu ersinnen". Es gibt „Festungen" im Wort der Wahrheit und der Lehre der Apostel, ernste Schriftstellen im Evangelium, die von Abfall und Gericht reden, damit wir in der Furcht Gottes bleiben und nicht abfallen. Die Väter haben die Stellen ängstlich umgangen, sie fürchteten sich, das Wort Gottes abzuschwächen. Sie haben nicht gewagt, solche Stellen wie 1.Kor.6,9; Gal.5,21, Eph.5,5; Hebr.3,12; 4,11; 10,26 usw. wegzudeuten. Doch gerade gegen diese bestimmten, an Gläubige gerichteten Ermahnungen, ersinnt der Gesetzlose seine Anschläge, um sie auf Ungläubige abzuwälzen. Am liebsten würde er sie ausradieren. Ein solches Ansinnen kann nur der Gesetzlose haben, er möchte einen Freibrief für die Sünde haben. Dieser Bastard hat vielerorts das Sagen in der Nationenkirche, und zwar schon eine Zeitlang. Wie lange noch?

Und er wird seine Kraft und seinen Mut wider den König des Südens erwecken mit einem großen Heere. Und der König des Südens wird sich zum Kriege rüsten mit einem großen und überaus starken Heere; aber er wird nicht bestehen, denn man wird Anschläge gegen ihn ersinnen. Und die seine Tafelkost essen werden ihn zerschmettern; und sein Heer wird überschwemmen, und viele Erschlagene werden fallen.

Der „Verachtete" im vorigen Abschnitt handelt also im Geiste des Königs des Nordens. Der Streit zwischen Norden und Süden geht immer über das Gebiet Israels hinweg, scheint aber die Heiligen unberührt zu lassen. Es ist noch nicht der Endkampf. Noch einmal werden auf beiden Seiten die Kräfte gemessen, mobilisiert. Beide argumentieren mit dem Worte Gottes, jeder behauptet „bibeltreu" zu sein, jeder will die Offenbarung und natürlich auch Daniel richtig deuten. Dass sie irren könnten, der

Gedanke kommt ihnen nicht. Es kommt in diesem Lehrstreit nicht zu einem Unentschieden, sondern der Klügere gibt nach und gibt sich geschlagen. Unbelehrbare kann man nicht überzeugen, die Ereignisse werden sie überführen.

Gemeinschaft miteinander zu haben wird so schwer möglich sein, weil immer wieder diese Anschläge kommen, man sei im Irrtum, gar ein Irrlehrer, lege die Schrift falsch aus. Man geht soweit, ihm die Gotteskindschaft abzusprechen, er sei gar nicht errettet, nicht wiedergeboren, was Ausschluss aus der Tafelkostgemeinschaft bedeutet. Und alle, die den Ausschluss jenes nicht anerkennen, werden ebenfalls erschlagen. In der Reformationszeit bedeutete das den leiblichen Tod, unter dem König Humanismus werden sie mit dem Schwert des Wortes erschlagen. Dazu genügt eine Bibelstelle, falsch angewandt.

Und die beiden Könige: ihre Herzen werden auf Bosheit bedacht sein, und an einem Tische werden sie Lügen reden; aber es wird nicht gelingen, denn das Ende verzieht noch bis zur bestimmten Zeit.

Wem kann man überhaupt noch trauen, einer täuscht den anderen. Gegensätze werden geleugnet, Differenzen mit geheuchelter Bruderliebe zugedeckt. So kann man noch miteinander Abendmahl feiern, am Tisch des Herrn so tun, als sei alles in bester Harmonie. Doch Gott kennt eure Herzen, „dass ihr die Liebe Gottes nicht in euch habt" (Joh. 5,42). Gibt es noch eine tiefere Stufe von Abfall vom Glauben an den lebendigen Gott? Es ist noch nicht der Zeitpunkt, dass das Geheimnis der Gesetzlosigkeit geoffenbart wird, aber die von Gott bestimmte Zeit wird kommen, dass er ans Licht kommt und „der Herr Jesus den Gesetzlosen verzehren wird durch den Hauch seines Mundes und vernichten durch die Erscheinung seiner Ankunft" (2. Thess. 2,8).

Und er wird mit großem Reichtum in sein Land zurückkehren, und sein Herz wird wider den heiligen Bund gerichtet sein; und er wird handeln und in sein Land zurückkehren.

Zum Streiten ist er jetzt nicht mehr aufgelegt. Er hat ja seine Ziele erreicht, die Mehrheit bestätigt ihn, der Quertreiber ist ausgeschaltet, Rechenschaft ist er niemand schuldig. Er muss sich mit allen Mitteln behaupten und jeden Gegner ausschalten. Der neue Bund interessiert ihn wenig, der ist ja für Israel. Sein Handeln war nicht vom Evangelium bestimmt, sondern von seinen eigenen Gedanken. Für eine Korrektur ist er nicht mehr erreichbar, Versammlungsbeschlüsse ob Recht oder Unrecht müssen anerkannt werden.

Zur bestimmten Zeit wird er wiederkehren und gegen den Süden ziehen, aber es wird zuletzt nicht sein wie im Anfang.

Jetzt geht es nicht mehr um gemeindeinterne Angelegenheiten und Auseinandersetzungen, sondern um prophetische Erwartungen. Die inzwischen eingetretenen Ereignisse von außerhalb lenken ihn ab und flößen ihm Angst ein. Er ist gezwungen, sich auf die neue Situation einzustellen. „Denn Schiffe von Kittim werden wider ihn kommen; und er wird verzagen und umkehren." Er, der Selbstsichere, Selbstbewusste und Selbstgerechte bekommt plötzlich Angst. Das können politische Ereignisse sein, manchmal schon ein neuer Gesetzesentwurf oder beängstigende Nachrichten. Er muss ja immer um 12 die Nachrichten hören, um prophetisch auf dem Laufenden zu sein, schrecklich für das zarte Gemüt seiner Frau. Ob er schon ahnt, dass er selbst der Antichrist ist? Die Ansichten oder besser gesagt die Befürchtungen wechseln mit den Tagesereignissen. Um die Zeichen der Zeit zu erkennen, man muss in einer Hand die Bibel haben, in der anderen die Zeitung, rät der alte Prophet in Bethel. Er selbst ist aber ziemlich unbekümmert und lässt den Dingen ihren Lauf; seine Zeit ist ja auch bald abgelaufen, oder er ist schon vorher entrückt.

Mit den „Schiffen von Kittim" kommen vielleicht die aggressiven Atheisten oder es ist der Flüchtlingsstrom, die Schiffe übers Mittelmeer. Jedenfalls alles sehr bedrohlich. Wer sollte da nicht Angst bekommen? Es soll ja alles noch schlimmer kommen. Oder nimmt er das selbst gar nicht so ernst? Alles nur Bluff? Typisch wäre es für die falschen Propheten. Eines aber ist sicher, er wird gegen den heiligen Bund ergrimmen und handeln. Deshalb heißt es Anpassung, wir glauben ja alle an einen Gott. Der heilige Bund ist aber nur zwischen Gott und dem Menschen in Christus gemacht und durch Ihn in Seinem Blute gestiftet, zu dem wir uns in der

Taufe bekennen. Dieser Bund sichert dem Glaubenden Bewahrung und Schutz zu, denn „der Herr ist gütig, er ist eine Feste am Tage der Drangsal; und er kennt die, welche auf ihn vertrauen" (Nah.1,7). Und: „Den festen Sinn bewahrst du in Frieden, in Frieden; der er vertraut auf dich ... (Jes.26,3). Das darf nicht wahr sein, denn dann wäre ja seine ganze evangelikale Prophetie hinfällig.

Verführung und Verwüstung

Erfolg hat er nur bei denen, **welche den heiligen Bund verlassen.** Das sind seine Streitkräfte, die gerne streiten. Mit solchen soll man sich gar nicht erst einlassen, denn „ein Knecht des Herrn aber soll nicht streiten, sondern gegen alle milde sein, lehrfähig, duldsam, der in Sanftmut die Widersacher zurechtweist, ob ihnen Gott nicht etwa Buße gebe zur Erkenntnis der Wahrheit ..." (2.Tim.2,24-26). Sie aber werden zu Schlimmerem fortschreiten, „Und Streitkräfte von ihm werden dastehen; und sie werden das Heiligtum, die Feste entweihen, und werden das beständige (Opfer) abschaffen, und den verwüstenden Greuel aufstellen". Das haben die Kirchenantichristen mittlerweile schon fertiggebracht, indem sie die drei „abrahamitischen Religionen", Judentum, Christentum und Islam, unter einem Gott vereinigen. Man muss schon im Worte Gottes gefestigt sein, um nicht auf die Lüge, „wir glauben doch alle an einen Gott", hereinzufallen. Es gibt nur einen wahren und lebendigen Gott, und das ist der Gott und Vater unseres HErrn Jesus Christus. Der Same Abrahams ist Christus (Gal.3,16), an Ihm, dem Sohne Gottes scheiden sich die Geister, mit Ihm steht und fällt der Glaube. Das Opfer Christi wird mit der Vermischung hinfällig, abgeschafft.

Den „verwüstenden Greuel" aufzurichten heißt Greuel der Heiden einzuführen. Das geschieht, wenn man den Kreuzestod Christi und Seine Auferstehung leugnet und doch im Talar von Jesus Christus predigt. Ein solchen Doppelspiel trieben schon die Juden, weshalb Jesus Seine Jünger an den „Greuel der Verwüstung, von welchem durch Daniel geredet ist" erinnert (Matth.24,15).

Dasselbe wiederholt sich heute in der Theologie der Heidenkirche. Die führenden Kirchenvertreter leugnen die Jungfrauengeburt und die leibhaftige Auferstehung Jesu und zelebrieren das Abendmahl. Wird das Kreuz beseitigt, fällt alles wieder ins Heidentum und in den Götzendienst zurück. Was ist die Verbindung des Heiligen mit dem Unheiligen anders als ein Greuel vor Gott und auch für die Heiligen. Ps.74 findet hier seine entsprechende Erklärung zum Zustand des Heiligtums.

Und diejenigen, welche gottlos handeln gegen den Bund, wird er durch Schmeicheleien zum Abfall verleiten. Mit dieser Verführung nähern wir uns dem natürlichen Menschen und seinem Ego. Um gottlos zu handeln gehört nicht viel, es genügt an sich selbst zu glauben. Das Selbst, selbstbestimmt leben, sich selbst zu verwirklichen spielt in diesem Stadium des Abfalls eine Hauptrolle und bestimmt das Handeln. Es ist ja soviel nachzuholen, um von der ständigen Moralpredigt der Selbstverleugnung und Selbstaufopferung loszukommen. Die Stimme des Schmeichlers sagt: Tue dir selbst Gutes, denke auch mal an dich, du brauchst dir die Bevormundung nicht anzutun, trenne dich doch von diesem verkehrten Mann; mein Bauch gehört mir, ich habe ein Recht auf freie Entfaltung der Persönlichkeit. Der Versucher und Versuchungen sind viele. Die entchristlichte Welt nennt das Emanzipation, die sogar die Abtreibung de facto als legal ansieht. Ein Ziel der Gottlosen in Politik und Kirche ist aktuell, Ehe und Familie aufzulösen.

Erinnern wir uns, dass diese Sprüche erst unter dem dritten, dem griech. Reich zu hören sind. Beim Traumbild in Kap.2 sind es der Bauch und die Lenden von Erz, beim dritten Tier in Kap.7 ist es der Freiheitstrieb und die Triebhaftigkeit, der man folgen will. Wundern wir uns daher nicht, dass die Gesellschaft so sittenlos und unmoralisch geworden ist. Auf diesem Niveau streiten die beiden Parteien miteinander, und wir stehen dazwischen und beteiligen uns an der Debatte, führen sie aber in der Gemeinde.

Aber das Volk, welches seinen Gott kennt, wird sich stark erweisen und handeln. Er sagt nicht, „dein Volk", sondern allgemein das Volk. Das Volk Daniels sind die Heiligen Israels, aber wir befinden uns hier noch unter den Nationen, aus denen das bekennende Volk Gottes stammt. Israel ist zwar von dem Abfall mitbetroffen und leidet darunter, mal von Norden her, mal vom Süden. Das christliche Volk, das seinen Gott kennt, verteilt sich auf die ganze Fläche, es bleibt den biblischen Grundsätzen treu. Wir bezeichnen es als gottesfürchtig, gemeindetreu oder bibeltreu.

Die Verständigen des Volkes werden die Vielen unterweisen ... Sie sind noch aktiv und erheben ihre Stimme gegen die kulturelle Dekadenz durch die Politik, gegen die Verführung in den Medien, die Indoktrination in den Schulen, die Sexualisierung der Schüler. Sie kämpfen für eine moralische Wende und hoffen Deutschland wieder christlich zu machen, aber sie kennen das prophetische Wort nicht. Ich bewundere den Einsatz solcher verständiger Leute, die noch ihren Verstand gebrauchen, ihr enormer Kraftaufwand, ihre Aktivitäten für das Lebensrecht usw. Aber man muss ihnen sagen, wir werden keinen Erfolg haben, vielleicht in Einzelfällen, gegen den sündflutartigen Strom kommt gegenwärtig niemand an. Leute, die nicht gefestigt sind, müssen aufpassen, dass sie nicht mitgerissen werden. Denn wer sich mit Huren, Homos, Abtreibenden und dergleichen Perversen beschäftigt, um sie zu retten, muss auch auf sich selbst achtgeben, das er nicht versucht werde.

Der Widerstand ist zu groß, **sie werden fallen durch Schwert und Flamme, durch Gefangenschaft und Raub, eine Zeitlang.** Gerichtliche Urteile, Gegendemos, sogar Gefängnis und Beraubung, auch Ehre – alles ist ihnen entgegen, am meisten die linke Presse. Doch es **wird ihnen mit einer kleinen Hilfe geholfen werden.** Der HErr lässt sie nicht allein, treten sie doch für Gottes gute Gebote ein.

Viele Christen sind auf ihre Aktionen aufmerksam geworden und unterstützen sie. Aber längst nicht alle haben lautere Beweggründe; „viele werden sich ihnen mit Heuchelei anschließen". Die „Demo für Alle" gegen den neuen Lehrplan bringt einige Tausend zusammen, von denen aber nur wenige zu letzten Konsequenzen bereit sind. Die Teilnahme an der Demo kostet nichts, aber einen Schulstreik wagen oder die Kinder ganz rausnehmen wollen sie doch nicht. Am Ende setzte der Kultusminister doch den Gender-Plan durch. Und mit der Freigabe der Ehe für Homosexuelle kommt noch einiges auf die Kinder zu.

„Von den Verständigen werden einige fallen, um sie zu läutern und zu reinigen und weiß zu machen bis zur Zeit des Endes; denn es verzieht noch bis zur bestimmten Zeit." Dieses „fallen" kann auch ein sittlicher Fall sein. Eine große Gefahr ist das Internet. Und die verständigsten Christen müssen lernen, dass es nicht auf ihr Tun, ihr Werk ankommt, sondern auf Gottes Handeln, wenn Seine Zeit gekommen ist, damit alles allein zur Ehre Gottes ist. Und es kommt die bestimmte Zeit! wo der Antichrist fallen wird.

Das andere Gottesbild

Der König wird nach seinem Gutdünken handeln, und er wird sich erheben und groß machen über jeden Gott, und wider den Gott der Götter wird er Erstaunliches reden.

Er kennt die Bibel wohl, hatte er doch gläubige Eltern – so mancher Atheist stammt aus christlichem Hause und war kirchlich engagiert; Karl Marx soll sogar eine geistliche Betrachtung über das Johannesevangelium geschrieben haben. Wie aber kam es, dass er sich vom Glauben ganz abwandte, ja Gott leugnete und „dem da oben" mit der die Faust drohte? Er hatte keine wirkliche Beziehung zu Gott in Jesus Christus, er wollte frei sein und sich nicht an die Gebote Gottes binden lassen. Das Glück der Liebe und Gnade Gottes blieb Marx wie so vielen seines Geistes verborgen. An dessen Stelle suchten sie andere Geistesquellen, die sie immer weiter von Gott entfernten. Ihr Handeln war nun bestimmt vom eigenen Gutdünken, vom „Guten im Menschen", woraus sie dann ihre Philosophie und Ideologie entwickelten.

Und dann der beängstigte Nachsatz: **Er wird Gelingen haben, bis der Zorn vollendet ist, denn das Festbeschlossene wird vollzogen.** Dass der gottlose Antichrist sich so entfalten kann, ohne dass ihm jemand zu wehren vermag, ist ein Gericht an dem entarteten Christentum. Gott lässt das Böse ausreifen, aber zugleich ist es fest beschlossen, dass die Zeit der Heiden, die das Reich so ruinieret haben, zum Abschluss kommt. Denn der angekündigte Messias wird ein Neues beginnen und Sein Reich verkünden (Matth.4,12 – 5,16). In der Offenbarung vollzieht sich der gleiche Prozess an der Heidenchristenkirche, über die sich Gottes Zorn in den Plagen ergießt, bis der Grimm Gottes vollendet ist (Offb.16). Dann, nachdem Sein Weib sich bereitet hat und das Tier besiegt ist, erscheint das neue Jerusalem.

Der Antichrist in der Welt ist leicht zu erkennen, aber innergemeindlich, in seiner religiösen Gestalt, ist er schwer zu durchschauen. Hier bekennt er sich zu Gott und Jesus, und doch leugnet er „den Vater und den Sohn" (1.Joh.2,22). Er hat ein anderes Gottesbild, er predigt einen anderen Jesus, den Paulus nicht gepredigt hat, er hat einen anderen Geist empfangen, der nicht der Heilige Geist ist, er hat ein anderes Evangelium angenommen, über welches der Apostel den Fluch ausspricht (2.Kor.11,4; Gal.1,9). Viele sind durch ihn verführt worden und ebenfalls Antichristen geworden, auch wenn sie von Jesus schwärmen. Sie haben in Wahrheit keinen Frieden mit Gott. Das lässt sich leicht herausfinden, wenn man sie nach dem Gott der Väter fragt.

Auf den Gott seiner Väter wird er nicht achten, und weder auf die Sehnsucht der Weiber noch auf irgend einen Gott wird er achten, sondern er wird sich über alles erheben. Der Gott der Väter ist veraltet, zu streng, der alles verbot und Züchtigung übte. Ein solcher Gott kann kein liebender Gott sein, also lehnt der Gesetzlose ihn ab. Die Zucht, gar mit der Rute, die hat der Sohn am meisten gescheut; er begrüßt, dass die körperliche Züchtigung gesetzlich verboten ist und unter Strafe steht. Diese Haltung ist antigöttlich, weil die Schrift anders redet (Hebr.12,4-11). Der Antichrist kennt den alten Gott seiner Väter nicht. Deshalb auch der Generationskonflikt, Väter und Söhne verstehen einander nicht und streiten um Grundsätze und Ansichten. Der griechische Freiheitsgeist liegt voll im Trend, und der hat auch die christliche Jugend erfasst.

Die persischen Könige und vielleicht auch Alexander d. Gr. haben den Gott der Väter gekannt und gefürchtet. Das kann man auch von den Vätern des Grundgesetzes sagen, sie wussten, dass man sich vor einem Höheren verantworten muss. Deshalb schrieben sie in der Präambel: „In der Verantwortung vor Gott ...". Die meisten Politiker möchten das am liebsten ändern, ebenso „die Ehrfurcht vor Gott" aus dem Schulgesetz streichen. Wie kann dann noch ein Volk an Gott glauben? Es wäre Sache der Kirche, an die Verantwortung vor Gott zu erinnern. Aber sie kennen den Gott ihrer Glaubensväter nicht. Der Gott, den Luther fürchtete, aber in Christus durch Gottes Gnade lieben lernte, passt nicht zu ihrem Gott der Moderne, die „Bluttheologie" muss abgelegt werden.

Und dann die „Sehnsucht der Weiber", auf die er keine Rücksicht nimmt. Karrierefrauen mit diesem Geist handeln gegen ihre Natur. Ihre Sehnsucht sind Kinder zu haben, Erfüllung als Mutter und Ehefrau, natürlicherweise. Der männliche Typ aber möchte nur sich selbst leben und keine Verantwortung übernehmen. Bei der ein-Kind-Ehe, Familienplanung, Verhütungsmittel spielt der Antichrist mit. Unsere Väter und Mütter haben sich gefürchtet, künstlich in den Geschlechtsakt einzugreifen und ihr Gewissen zu beflecken; sie nahmen alle Kinder aus der Hand Gottes an. Der Gesetzlose aber ist ausgesprochen kinderfeindlich. Eltern gehorchen, Vater und Mutter ehren, war früher, ebenso Kinder „in der Zucht und Ermahnung des Herrn zu erziehen" (Eph.6,1-4). Kinder sollen nicht mehr einfach die Meinung der Eltern übernehmen, sondern zu selbstdenkenden und forschenden Menschen erzogen werden, eine Ansicht, die man auch in gläubigen Kreisen hört, aber klar 5.Mose 6 widerspricht. Wenn der Glaube nicht mehr durch die Eltern weitergegeben wird, ist er den Meinungen der Menschen preisgegeben; die Mehrheit glaubt schon gar nicht mehr. Der theologische Pluralismus leistet dem Vorschub.

An dessen Statt wird er den Gott der Festungen ehren; den Gott, den seine Väter nicht gekannt haben, wird er ehren mit Gold und mit Silber und mit Edelsteinen und mit Kleinodien.

Für diesen materialistischen Gott ist er bereit alles an Schätzen dieser Welt zu geben. Und dieser bietet ihm für sein Gold und Geld Wohlstand und Luxus, Reisen und Vergnügungen, Versicherungen und Absicherungen, Geldanlagen und Vermögen. Er braucht also den Gott der Väter nicht, er hat sich seinen eigenen Gott zurecht gemacht. Der Gott der Väter war ihnen eine Burg, eine hohe Feste, ein Schild, ein Erretter, auf den sie vertrauten und in Sicherheit waren (Ps.144). Weil der Gesetzlose diesen Halt nicht hat, stützt er sich auf menschliche Sicherheiten.

Dies wiederum können seine Väter nicht verstehen, sie kennen diesen seinen Gott nicht. Es ist ein neuer Gott, ein neues Kreuz, denn er liebt die Welt. Und doch lesen beide dieselbe Bibel und besuchen womöglich die gleiche Kirche oder Gemeinde.

Die „Festungen" seines Gottes haben außer den materiellen noch eine religiöse Bedeutung, nämlich in kirchlichen Dogmen, Lehrsätzen und Glaubensbekenntnissen, die ihm eine Sicherheit bieten. Solche sind die Erwählung (Prädestination), die Heilssicherheit (statt -gewissheit), die Taufwiedergeburt etc. Darauf stützt sich auch der Gesetzlose noch – und endet im Feuersee. „Wenn aber ein Gesetzloser umkehrt von seiner Gesetzlosigkeit, die er begangen hat, und Recht und Gerechtigkeit übt: er wird seine Seele am Leben erhalten" (Hes.18,27).

Es ist immer noch eine Errettung möglich, wenn er umkehrt von seinem bösen Wege. Doch das sieht bei diesem gesetzlosen Typ, der Gottes Gebote verabscheut, ziemlich unwahrscheinlich aus, es sei denn, er kommt in eine Lebenskrise, spätestens wenn das Gericht ihn trifft. Freilich ist sein Selbstvertrauen keine so sichere Festung, wie er vorgibt, denn er benötigt andere, die ihn anerkennen. Offenbar hat er ein sehr starkes Geltungsbedürfnis. Für die Väter war es das Wichtigste die Anerkennung Gottes zu haben, was ihnen den Mut gab, Glaubensschritte zu wagen. Bei dem Antichristen hängt alles davon ab, ob Menschen ihm Anerkennung zollen. Sonst fühlt er sich unsicher und minderwertig. Darum verspricht er jedem, der ihn bewundert, ihn wählt, ihn als Gegenleistung zu ehren. Und wer ihm nicht die erwartete Beachtung schenkt, den lehnt er ab und lässt ihn das auch spüren.

Wie sehr um die Gunst der Leute gebuhlt wird, sieht man deutlich bei den Wahlen. Es wird viel versprochen, aber nachher nichts gehalten. Aber so wie jene macht auch dieser König leere Versprechungen, mit großem Munde will er „Herrschaft verleihen über die Vielen und das Land austeilen zum Lohne". Es können ja nicht alle herrschen, am allerwenigsten will er einen Mitherrscher, den er sich erwählt.

Höhepunkt und Fall

Wir treten in dem letzten Abschnitt des Kapitels in die Endphase seines Wirkens ein. **Zur Zeit des Endes wird der König des Südens mit ihm zusammenstoßen.** Ihm, dem König des Südens, sind die Machenschaften des Gesetzlosen nun doch zu arg. Solche Gottlosigkeit! die Gesetzlosigkeit nimmt überhand, auch die natürlichsten Dinge werden pervertiert, der christliche Glaube wird ideologisch umfunktioniert. Hat je ein Volk seine Götter vertauscht? Das muss zu einem Zusammenstoß führen, leider nur im Geiste und auf dem Papier. Denn die Medien stehen ihm nicht zur Verfügung, um die breite Öffentlichkeit zu erreichen. Bleiben ihm nur Petitionen, Flugblätter etc.

Der König des Nordens war auf dem Wege zum Süden zur Umkehr gezwungen (V.30). Er handelte gegen den „heiligen Bund" und verleitete viele zum Abfall. Seine Schmeichelei und Verführung war nicht angreifbar. Doch jetzt, wo er es auf die Spitze treibt, muss er gestellt werden. Gerade jetzt und jetzt gerade setzt er zum Generalangriff an, **er stürmt gegen den Süden an mit Wagen und mit Reitern und mit vielen Schiffen; und er wird in die Länder eindringen und wird sie überschwemmen und überfluten.** Unter Einsatz aller verfügbaren Mittel und der Medien, die sein Sprachrohr sind, dringt er vor. Das Reformationsjubiläum bietet ihm die einmalige Gelegenheit, die Gesellschaft mit seiner humanistisch-sozialistischen Interpretation des Evangeliums zu überschwemmen und alles Ungöttliche zu rechtfertigen. FREI heißt das Motto des 500.Reformationstages (31.10.17), frei vom

Gesetz, endlich frei, sich nach allem gelüsten zu lassen, was dein Nächster hat, auch nach dessen Weibe. Wer wollte ihn strafen? Alles ist erlaubt, wozu man sogar Paulus zitieren kann. Zumindest steht dem Begehren nichts mehr im Wege. Man darf soviel Geld verdienen wollen wie jener, ein Haus haben wollen wie jener, nach einem Auto die Augen sich ausschauen wie jener es hat und dergleichen mehr. Man will ja auch am Wohlstand teilnehmen. Was ist daran unchristlich? Der Gesetzlose geht noch weiter, er glaubt jede sexuelle Perversion rechtfertigen zu können, auch wenn er es selbst nicht tut. Deshalb kämpft er für allgemeine Akzeptanz, und die Kirche beugt sich ihm und segnet alle seine Pläne ab.

Und er wird in das Land der Zierde eindringen, und viele werden zu Fall kommen; diese aber werden seiner Hand entrinnen: Edom und Moab und die Vornehmsten der Kinder Ammon.

Ein Vorgänger hatte bereits einmal seinen Stand im Lande der Zierde genommen (V.16), Er hatte heimlich vieles geändert. Doch am Ende ist jeder Widerstand gebrochen, die Kirche der Nationen ist keine Kirche mehr, sondern ein gottloser Verein, politisch besetzt und politisch korrekt. Von einer christlichen Kultur kann nun keine Rede mehr sein, nicht multikulti, sondern multilumpi, wie man an den zerrissenen Jeans bei Mädchen und Jungen und sogar bei der älteren Generation sehen kann, was auf ihre innere Verkommenheit schließen lässt.

Eine Ausnahme machen Edom und Moab. Man schaue sich die Frauen der Zeugen Jehovas an, wenn sie mit ihrem Wachturm in der Fußgängerzone stehen, oder andere Sekten. Die sind offenbar dem sittenlosen Strolch entronnen, ebenso vornehme Leute, die noch Anstand haben, obwohl sie nicht unbedingt Christen sein mögen.

Und er wird seine Hand an die Länder legen, und das Land Ägypten wird nicht entrinnen; und er wird die Schätze an Gold und Silber und alle Kostbarkeiten Ägyptens in seine Gewalt bringen, und Libyer und Äthiopier werden in seinem Gefolge sein.

Jetzt kommt es heraus, dass er gar keine eigenen Werte hat, mit denen er die ehren wollte, die ihn ehren (V.38). Er raubt sie sich in „Ägypten“. Man kann sich nur wundern, wie biblische und natürliche Begriffe uminterpretiert werden, um dann noch christlich zu erscheinen. Ein Beispiel ist die „Willkommenskultur" aus der „Nächstenliebe" für politische und ideologische Ziele, um das Christentum ganz zu beseitigen und ein Land zu islamisieren. Dem folgen buchstäblich afrikanische „Flüchtlinge" besonders gerne. Sie alle möchten und sollen am Wohlstand des Wunderlandes teilhaben, die neue Heimat ist für sie ein Paradies.

Wenn aber zu viele von Osten und Süden kommen, dann wird selbst den Antichristen angst. Es sollen ja noch zig-Millionen im Anmarsch sein. Denn die bringen eine neue Kultur und Religion mit, und zwar kommt mit ihnen ein recht gewalttätiges Potenzial ins Land. Die Terroranschläge mehren sich, Frauen sind nicht mehr sicher, die Diebstähle und Einbrüche nehmen rapide zu, eine allgemeine Unsicherheit verbreitet sich unter der Bevölkerung. Dass die jungen Afrikaner auf die Weiber so scharf sind, (sie betrachten sie als Huren, und nicht zu Unrecht, denn sie laufen so herum), – in ihren Herkunftsländern herrschten diesbezüglich strenge Sittengesetze, denen sie im freien Westen nicht mehr unterworfen sind. Mit der Islamisierung Europas könnte sich das ändern und dem Antichristen den Garaus machen, wie eine Sure aussagt.

Doch das sind nur Gerüchte, die ihn aber schon erschrecken. Deshalb wütet er so sehr; **er wird ausziehen in großem Grimme, um viele zu vernichten und zu vertilgen.** Wenn er könnte, würde er das buchstäblich tun, aber die Verfassung des demokratischen Staates lässt das nicht zu. Wer am meisten vor ihm erschreckt, das sind leider Christen, die den falschen Propheten glauben.

Und er wird sein Palastgezelt aufschlagen zwischen dem Meere und dem Berge der heiligen Zierde. Der letzte Vers machte es noch einmal deutlich, dass er keinen eindeutigen Standpunkt hat, so selbstsicher er sich auch präsentiert. Er lässt sich nicht einfach der Welt zuordnen, er will auch noch Christ sein, halb hier, halb dort, er steht dazwischen. Auf dem Höhepunkt seiner Selbstdarstellung kommt sein Fall. **Und er wird zu seinem Ende kommen, und niemand wird ihm helfen.** Das Zeugnis der Offenbarung Jesu Christi wird ihn richten und vernichten.

Es wäre traurig, wenn das Buch Daniel hier enden würde. Zu Ende ist allerdings die Geschichte der Nationenkirche, denn Gott wendet sich Seinem Volke der Heiligen, dem unterdrückten und vergessenen wahren Israel, wieder zu. **In jener Zeit wird Michael aufstehen, der große Fürst, der für die Kinder deines Volkes steht.**

Wir haben einen großen Fürsten, der für uns kämpft während jener Zeit, wo Drache, Tier und Antichrist, der auch falscher Prophet genannt wird, die Heiligen bekriegen und vernichten wollen. Der Beistand von Michael gibt dem Überrest Mut und Kraft auszuharren. Derselbe Michael stärkte Jesus in Gethsemane, als Er in ringendem Kampfe war. Der Kampf um die Seelen wird im Himmel ausgefochten, bei dem auch Michael wieder die Hauptrolle spielt: Michael und seine Engel kämpften mit dem Drachen und seinen Engeln, die er besiegte. Sein Sieg zwang den Drachen, die himmlischen Räume zu verlassen, „und es wurde geworfen der große Drache, die alte Schlange, welche Teufel und Satan genannt wird, der den ganzen Erdkreis verführt, geworfen wurde er auf die Erde, und seine Engel wurden mit ihm hinabgeworfen" (Offb.12). Darum hat er große Wut und stürzt sich auf den Samen des Weibes, die erweckten Kinder Gottes. Dem „männlichen Sohn" kann er nichts anhaben, die Offenbarungsgemeinde verfolgt er vergebens. Aber er möchte mit allen Mitteln eine Erweckung verhindern, wozu ihm die vier Tiere dienen. Es soll ja noch eine unzählbare Volksmenge aus der „großen Drangsal" kommen, „und sie haben ihre Gewänder gewaschen in dem Blute des Lammes" (Offb.7). Die größte Drangsal aller Zeiten hat Jesus auf seinem Wege nach Golgatha erduldet, einer für alle. Allein diese Tatsache macht Erweckung möglich.

Und in jener Zeit wird dein Volk errettet werden, ein jeder, der im Buche geschrieben gefunden wird. Es sind die Überwinder, deren Namen nicht ausgelöscht wurden aus dem Buche des Lebens (Offb.3,5), alles echte Söhne Israels. Zu ihnen sollen ja noch viele kommen: **die im Staube der Erde schlafen, werden erwachen zu ewigem Leben.** „Wahrlich, wahrlich, ich sage euch: Wer mein Wort hört und glaubt dem, der mich gesandt hat, hat ewiges Leben und kommt nicht ins Gericht, sondern er ist aus dem Tode in das Leben übergegangen." Jesus spielt deutlich auf Dan.12 an: „Es kommt die Stunde und ist jetzt, dass die Toten die Stimme des Sohnes Gottes hören werden, und die sie gehört haben werden leben". Für die anderen, die das Böse verübt haben, gibt es ein böses Erwachen, für sie ist es eine Auferstehung des Gerichts (Joh.5,24-29). Wie damals, in den Tagen Jesu und der Apostel, wird es auch in der Offenbarung Jesu Christi eine Scheidung geben, die einen drinnen im neuen Jerusalem, die anderen draußen „zum ewigen Abscheu" (Offb.22,14.15).

Und die Verständigen werden leuchten wie der Glanz der Himmelsfeste, und die, welche die Vielen zur Gerechtigkeit weisen, wie die Sterne, immer und ewiglich. Erweckung braucht Verkündigung, Verkündiger aber müssen an Erweckung glauben, glauben aber kann man nur an eine Verheißung, wie sie hier und an vielen anderen Stellen in den Propheten versichert wird. „Denn so viele der Verheißungen Gottes sind, in Christus ist das Ja und das Amen, Gott zur Herrlichkeit durch uns" (2.Kor.1,20). Das sind die Voraussetzungen für Erweckung, damit der Heilige Geist wirken kann. Tote können nicht glauben, sie müssen eine Stimme hören, eine erweckliche Predigt, um erweckt zu werden. Angesichts der großen Gesetzlosigkeit brauchen wir jetzt Prediger der Gerechtigkeit. Es ist unzeitgemäß und unverständig, einem gesetzlosen Geschlecht noch die kostbare Gnade nachzuwerfen. Sie müssen zuerst „überführt werden von Sünde und von Gerechtigkeit und von Gericht" (Joh.16,8). Das ist der Dienst, wie wir ihn bei dem Apostel Johannes in seinen Briefen lesen. Das letzte Buch der Bibel, die Offenbarung, ist ein einziger Dienst des Geistes, eine Weisung zur Gerechtigkeit, vor allem in den Sendschreiben. Zu

diesem Dienst gehört Mut, aber das sind die Sterne am zukünfti-
gen neuen Himmel. Die bisherigen Sterne sind ja alle schon vom
Himmel gefallen (Offb.6,12-17). Wie hätte sonst der Abfall solche
Ausmaße annehmen können.

**Und du, Daniel, verschließe die Worte und versiegele das
Buch bis zur Zeit des Endes.** Es ist die Zeit gekommen, dass das
so lange Zeit geheim gehaltene Buch veröffentlicht wird. **Viele
werden es durchforschen, und die Erkenntnis wird sich mehren.** Ich hoffe, mit meiner Betrachtung etwas dazu beizuragen,
dass die Öffentlichkeit auf das Buch Daniel aufmerksam wird.
Vor allem die Gläubigen die Geschichte der Nationen im neuen
Bunde etwas klarer sehen, ihre Höhepunkte und Glanzzeiten, aber
auch ihren Niedergang und Abfall, womit wir uns heute ausei-
nandersetzen müssen. Die Offenbarung ist das Gegenstück zum
Buch Daniel, um dem Abfall zum Abschluss zu bringen durch das
Zeugnis Jesu. Fehlt uns die Erkenntnis über das Buch Daniel, werden wir auch die Offenbarung nicht verstehen, die nicht versiegelt
ist (Offb.22,10). „Wenn aber jemand von euch Weisheit mangelt,
so bitte er von Gott, der allen willig gibt und nichts vorwirft, und
sie wird ihm gegeben werden" (Jak.1,5).

Daniel sah noch zwei andere göttliche Gestalten am Ufer des
Stromes stehen, **einer hier am Ufer des Stromes, und einer dort
am Ufer des Stromes.** Als ob die beiden darüber gewacht hätten,
dass die Sache nicht ausuferte, denn der Strom Hiddekel steht,
wie wir meinen, für den Abfall. Daniel hatte die lange und traurige Geschichte des Abfalls mit wachsendem Interesse, aber auch
mit großer Sorge, verfolgt. Jetzt soll er hören, wann sie zu Ende
ist. Der in Linnen gekleidete Mann, derselbe wie in Kap.10,4-5,
welcher oben über dem Wasser war, hat die Kontrolle über alles.
Er wird von einem gefragt. **Wie lange wird dauern das Ende
dieser wunderbaren Dinge? Und ich hörte den in Linnen ge-
kleideten Mann, welcher oben über dem Wasser des Stromes
war, und er erhob seine Rechte und seine Linke zum Himmel
und schwur bei dem, der ewig lebt: Eine Zeit, Zeiten und eine
halbe Zeit; und wenn die Zerschmetterung der Kraft des heiligen Volkes vollbracht sein wird, dann werden alle diese Dinge**

vollendet sein. Und ich hörte es, aber ich verstand es nicht; und ich sprach: Mein Herr, was wird der Ausgang von diesem sein? Und er sprach: Gehe hin, Daniel; denn die Worte sollen verschlossen und versiegelt sein bis zur Zeit des Endes.

Von der Zeit des Endes, „eine Zeit, Zeiten und eine halbe Zeit", lasen wir bereits in Kap.7,25, in der das vierte Tier herrscht. Wenn es beseitigt ist, ist auch das Ende der Zeiten der Nationen gekommen. Das Ende sollte jedoch einen glücklichen Ausgang in der Errettung und Auferstehung Israels haben. Für Daniel lag das alles noch in ferner Zukunft, er sollte darüber nicht grübeln, sondern die Worte einfach zur Kenntnis nehmen. Das müssen wir auch, bis Gott uns über diese Dinge Verständnis gibt.

Der Zeitabschnitt des Endes ist die letzte halbe Jahrwoche von unbestimmter Dauer und doch nicht unbegrenzt. Der Abfall lässt sich nicht auf Tag und Monat und Jahr festlegen. Es gibt jedoch eine Vollendung der Dinge; wenn wir mit unserer Weisheit, mit unserer Kraft am Ende sind, erst dann kann Gott ein Neues beginnen. Er möchte einen Neuanfang machen mit Seiner Gemeinde, mit dir und mit mir, und er kann es nur, wenn wir gedemütigt werden, vielleicht buchstäblich zerschmettert am Boden liegen. Den Einen tut der HErr das Herz auf, weil sie die Wahrheit suchen, den Anderen muss er tief erschüttern. **Viele werden sich reinigen und weiß machen und läutern, aber die Gottlosen werden gottlos handeln; und keine der Gottlosen werden es verstehen, die Verständigen aber werden es verstehen.** Verstehen kann man es nur, wenn man es erlebt hat. Zumindest Kapitel 8 -11 können wir nur als Zeitgenossen verstehen, wenn man gesehen hat, was sich heute in der Gesellschaft und Kirche abspielt. Eine Deutung auf die Zukunft wäre sinnlos, weil man ja über Dinge reden würde, die man nicht erlebt hat. Darin wäre sie mit den Gottlosen gleich, denn sie erleben alles positiv, was wir negativ empfinden und bedrängnisvoll erleiden.

Mag die Kraftlosigkeit des heiligen Volkes auch noch so groß sein, es ist immer noch soviel Kraft vorhanden, sich zu reinigen. Ja, gerade weil wir feststellen, dass alles schwach geworden ist, erkennen wir die Notwendigkeit, das Gewand zu waschen in dem Blute des Lammes (Offb.7,14). Dann stellt sich die Kraft zum Überwinden von selbst wieder ein.

Die Gottlosen verstehen gar nichts von prophetischen Dingen, die Verständigen aber verstehen, dass die Gnade Gottes uns unterweist, „auf daß wir, die Gottlosigkeit und die weltlichen Lüste verleugnend, besonnen und gerecht und gottselig leben in dem jetzigen Zeitlauf..." (Tit. 2,12-15).

Es folgen noch Zeitangaben, und zwar „von der Zeit an, da das beständige (Opfer) abgeschafft wird, und zwar um den verwüstenden Greuel aufzustellen, sind tausend zweihundertundneunzig Tage." Es kommt für jeden Einzelnen auf das Ausharren in dieser greulichen Zeit an. Zu den 1260 Tagen werden noch 30 Tage hinzugefügt. Jeder erlebt die Zeit anders, der eine früher, der andere später. „Glückselig der, welcher harrt und tausend dreihundertundfünfunddreißig Tage erreicht!" Worauf sich diese Tage beziehen ist uns wie Daniel verschlossen. „Das Ausharren habe ein vollkommenes Werk, auf dass ihr vollkommen und vollendet seid und in nichts Mangel habt" (Jak.1,4).

Du aber gehe hin bis zum Ende; und du wirst ruhen, und wirst auferstehen zu deinem Lose am Ende der Tage. Wir gehen nicht fehl, dass er sich unter den auferweckten Heiligen befand, die nach der Auferstehung Jesu in die heilige Stadt gingen und vielen erschienen (Matth. 27, 52-53). Möge auch für uns Daniel durch diese Betrachtung wieder lebendig geworden sein, um die Zeit zu erkennen und seinen Glauben nachzuahmen. Gott gebe es!

Die Fortsetzung dieser Botschaft ist das Buch „Geheimnis, Babylon", eine Auslegung der Offenbarung anhand biblischer Vorbilder.

Geheimnis, Babylon
Wie aus einer Hure
eine Jungfrau geworden ist

Die vermehrten Ehekonflikte und Scheidungen sind in erster Linie ein Kirchenproblem. Der Autor sieht die Ursache in dem gestörten Verhältnis von Christus und der Gemeinde, wobei ihm das Bild der Ehe im Epheserbrief vor Augen steht. In der Auslegung der Offenbarung, die wie ein großer Gerichtsprozess erscheint, gehen die Verurteilten durch den Sühnetod des Richters frei aus und versöhnen sich. Die geheimnisvolle Wiederheirat löst am Hochzeitstag einen „Weltkrieg" aus.

Dies alles wird anhand biblischer Vorbilder anschaulich dargestellt.

Novum pro
ISBN 978-3-99038-639-2,
558 Seiten

www.geheimnis-babylon.de

Geisteskampf um Israel

„Endzeit"-Gefechte

Der Autor zieht in diesem Buch gegen die Irrtümer der Endzeit zu Felde und räumt mit der Deuterei von aktuellen Geschehnissen mit der biblischen Prophetie auf. „polizik und Glaube dürfen nicht vermengt werden" (Schenk). Im ersten Teil, „Endzeiterwartungen", greift er noch einmal auf sein erstes Buch, eine geistliche Auslegung der Johannes-offenbarung mit dem Titel „Geheimnis, Babylon", zurück, worin er die gegenwärtige kirchliche und gesellschaftliche Situation analysiert und eine Wende prognostiziert.

Helmut Stücher

Geisteskampf um Israel

„Endzeit"-Gefechte

ISBN 978-3-7386-4393-0,
380 Seiten

www.kulturenwende.de

Vom selben Autor

DAS „JUDENBUCH"
IN DER NAZIZEIT

Erinnerungen eines Nichtwählers

Für die Nazis war die Bibel ein Judenbuch, das sie hassten. Widersprach doch das Evangelium völlig ihrem Weltbild und dem heldischen Menschen. Davon eingeschüchtert, wurden gläubige Juden und das jüdische Buch, vor allem das Alte Testament, in den Gemeinden ein Problem. Dies umso mehr, als die „Versammlung" 1937 verboten wurde und man sich, um sich weiter versammeln zu können, zur nationalsozialistischen Weltanschauung bekennen musste. Nur wenige Gläubige blieben ihrem Bekenntnis treu, wurden aber verfolgt. Unter ihnen Wilhelm Stücher, der 1933 als einziger von seiner Gemeinde nicht gewählt hatte. Seine „Erinnerungen" geben Aufschluss über den Kirchenkampf und die inneren Auseinandersetzungen der „Brüder".
Ein trauriges Kapitel der Brüdergeschichte sucht mutige Bekenner.

ISBN: 978-3-7504-5263-3, 180 Seiten, Format 12 x 19 cm